Japanische Bergarbeiter
in Deutschland
Geschichte und Gegenwart

Hiromasa Mori

ドイツで働いた日本人炭鉱労働者

……………歴史と現実

森 廣正 著

法律文化社

まえがき

　それは，2002年1月12日（土）の夜8時過ぎのことであった。自宅の2階で仕事中，週末で家にもどっていた娘が急いで階段を上がってきた。「電話が鳴ったので出ると，ドイツからのようでドイツ語での会話。英語で話してくれるように言ったが，ドイツ語しか話してくれない」と言う。急いで1階に下りて受話器をとると，確かにドイツ語である。

　約45年前に日本の小城炭鉱（佐賀県）から，ドイツの炭鉱に派遣され，そのままドイツに滞在した角道武利さんの義理の息子さん（娘婿）からの電話で，角道さん死去の知らせであった。とっさに出た言葉は，「ナイン」（違う！）であった。だが，事実は否定しようがない。角道さんが亡くなったのは，1月10日（木），眼科での診察を終えた後の心臓発作による急逝であった。「同じ日本人同胞が近くに住んでいることはわかるが，手元にあるのは日本語なので，誰に連絡したらよいのか」を問い合わせる電話であった。すぐに調べて，数人の名前と電話番号をファックスで送信すると，その日のうちに亡くなられた時の状況を記した文書がファックスで届いた。

　かつて1957年1月から1965年3月までの約8年間に，総数436名の日本人炭鉱労働者が日本から遠く離れ，気候も言葉も習慣も違うドイツ（当時の西ドイツ）のルール工業地域の炭鉱に派遣されて働いた事実は，今日では，日本でもドイツでもあまり知られていない。

　筆者が，この研究に取り組み始めてから，すでに10年以上が経過してしまっていた。従来，ドイツの外国人労働者や日本の外国人労働者問題を主な研究課題としてきた筆者にとっては，「ドイツへ出かけた日本人炭鉱労働者がいた」という少年時代のおぼろげな記憶が脳裏から消えることがなかった。さいわい1990年4月から2年間ドイツで研究滞在する機会を得て，はじめてこの問題の研究に携わることができた。「かすかな記憶」だけを頼りに「全く無の状態」からの研究は困難を極め，研究開始から本書執筆までに10年を超える歳月が経

過してしまった。だが，日本人炭鉱労働者のドイツでの就労は，それが「国境を越えた人の移動」である限り，現在もなお多くの教訓をわれわれに提示してくれている。

　ほぼ50年前に生じた歴史的出来事を主な対象とする本書の意図は，以下の3点に要約できる。第1に，この歴史的な事実をできる限り客観的な記録として残すことである。そのためには，たとえば，何故日本から遠く離れたドイツの炭鉱へ働きにでかけたのか。ドイツと日本，受け入れ側と送り出し側のどちらの国の提案で具体化されていったのか。どれだけの人が，日本のどこの炭鉱からドイツのどこの炭鉱に派遣されたのか。派遣に至る具体的な経過，派遣後のドイツでの生活や，帰国後の生活はどうであったのか，などの多くの疑問に答えなければならない。本書は，ドイツと日本に残されている当時の文献・資料および実際に働きに出かけて帰国した人々や派遣期間終了後もドイツに残り，今日もなお滞在している人々からの聞き取り調査などに依拠している。

　第2に，この歴史的な出来事が提起する今日的な意味を問うことである。そのためには，以下の点が考察されなければならない。ドイツの炭鉱で働いたイタリアをはじめとする多くの国からの外国人炭鉱労働者数に比べると，日本から派遣された炭鉱労働者436名は，数としては決して大きいとはいえない。だが，派遣の具体的な経過は極めて複雑であった。第1陣から第5陣までの合計7回にわたる派遣は，定期的に実施されたわけでもなく，各グループの派遣人数にも違いがみられるなど，派遣グループの性格の違いを反映するものであった。日本人炭鉱労働者の大多数は，3年間の就労を終えた後，日本に帰国した。だが，帰国後，多くの人は炭鉱を離職して他産業に転職したり，自営業に転換することを余儀なくされた。ごく少数であるが，帰国後再びドイツに渡航して，現在もなお滞在している人，再び日本へ帰国した人もいる。また，派遣期間終了後もドイツに残留し，現在も滞在している人もいる。派遣された時期とドイツで就労した炭鉱会社の違いが，残留した人々の傾向に微妙に反映しているともいえる。

　日本に帰国した場合でも，ドイツに在留した場合でも，ドイツでの3年間の坑内労働の経験は，派遣された日本人炭鉱労働者のひとりひとりのその後の生

活に大きな意味をもつことになった。それらは，この問題が「国境を越えた人の移動」であるが故に生じた問題でもあり，教訓でもあるということができる。ここでは，この問題に関与した2つの国（日本とドイツ）の政府，当該企業，そして当事者である炭鉱労働者のそれぞれにとってもつ意味が問われている。

　第3に，この歴史的な事実を，できるだけ多くの人々に知ってもらいたいことである。それは同時に，多くの人々にこの問題が提起している今日的な意味を考えるためのひとつの素材を提供することでもある。日本は，第2次世界大戦後，「人的鎖国社会」といわれるほど，国際的な人の移動，とりわけ外国人の国内での就労に関しては閉鎖的な政策を維持してきた。ドイツへの炭鉱労働者の派遣は，そうした戦後の閉鎖的な社会で生じた出来事であった。

　だが，1980年代以降の日本経済の国際化・グローバル化は，日本企業の外国人労働者の国内での採用を促進した。特に1985年のプラザ合意と，その結果としての円高を契機とするアジア系外国人労働者の増加，さらに1990年6月の改正「出入国管理及び難民認定法」施行後のブラジルやペルーから還流する日系人労働者の急増は，日本も「国際的な人の移動」を避けることができない事態，したがって「人的鎖国政策」を維持することが不可能であることを示している。

　本書が，現代日本の社会問題のひとつである外国人労働者の就労と，それに伴う問題を考えるためのひとつの素材を提供できればさいわいである。

目次

まえがき

序章 研究経過と本書の構成 —————————— 1

1. 研究のはじまり 1
2. ドイツ「ルール地域調査」 3
3. 日本での調査 5
4. 研究の継続 7
5. これまでの文献から 8
6. 本書の構成 12

第1部 ドイツで働いた日本人炭鉱労働者

第1章 ドイツ経済の復興と労働力不足 —————————— 19

1. 戦後西ドイツ経済の再編・復興 19
2. ドイツ石炭産業と労働力不足 24

第2章 日本人炭鉱労働者派遣に至る経過 —————————— 33

1. エネルギー政策の転換と炭鉱労働者派遣 33
2. 受け入れ側ドイツの動き 37
3. 派遣の具体的内容 41
4. 派遣労働者の選抜と派遣 45

第3章 炭鉱労働者の派遣状況「第1次計画」 —————————— 52

1. 派遣の全体状況（第1陣〜第5陣） 52
2. 派遣先のドイツ鉱山会社 58
3. 派遣目的と現実（就労実態）とのズレ 60

(1) 見習い期間の 6 週間　60
　　　(2) 派遣目的と現実とのズレ　63
　　　(3) 炭労の派遣拒否と問題の収束　65
　　　(4) 再交渉団の渡独と第 2 陣の派遣（第 1 次計画の終了）　72
　　4　ドイツでの労働と生活　77
　　　(1) 坑内労働を中心とする労働生活　78
　　　(2) 宿舎を中心とする社会生活　88

第 4 章　第 1 次計画の復活と第 2 次計画 ——— 104

　　1　第 1 次計画の復活　104
　　　(1) 第 3 陣派遣までの経過　104
　　　(2) 第 3 陣の人々　106
　　　(3) 第 4 陣派遣までの経過　109
　　　(4) 第 4 陣の人々　111
　　2　政府間協定と連絡員　114
　　　(1) 連絡員　114
　　　(2) 主席連絡員　115
　　　(3) 日本大使館　116
　　3　炭鉱離職者対策としての第 2 次計画　117
　　　(1) 実施されなかった「炭鉱移民」　117
　　　(2) 炭鉱離職者対策としての労働者派遣　118
　　　(3) 遅れた第 2 次計画（1961 年 6 月〜11 月）　130
　　　(4) 第 2 次計画・第 5 陣派遣までの経過　136
　　　(5) 第 5 陣の人々　140
　　4　「未達成」と「中止」の炭鉱労働者派遣　144
　　　(1)「未達成」の第 1 次計画　144
　　　(2)「中止」の第 2 次計画　147
　　　(3)「終わらない」現実　151

第2部　日本人炭鉱労働者のその後

第5章　日本に帰国した人々 ──────── 165
  1　帰国者アンケート調査から　166
  2　その後の生活（転職状況）　167
    （1）炭鉱に留まった場合　170
    （2）同じ会社（系列会社）に留まった場合　171
    （3）転職した場合　173
    （4）転職・自営などの場合　174
    （5）他地域の人々　177
  3　グリュック・アウフ会　179
  4　カナダへ渡航した日本人炭鉱労働者　181

第6章　ドイツに残留した人々 ──────── 184
  1　残留した人々の動向　184
    （1）渡航グループ別在留状況　184
    （2）在留可能な3つのケース　186
    （3）居住地別状況　187
  2　その後の生活　188
    （1）炭鉱に留まった場合　189
    （2）転職した場合　192
    （3）再渡航した人　193
  3　余儀なくされた残留　194
    （1）倒産による残留　194
    （2）身代わり残留　197

第7章　日本の年金受給問題 ──────── 203
  1　問題の所在──渡航費用とドイツ年金適用除外措置──　203

2　日本の年金受給問題　205
　　3　遺族年金の支給問題　208

終　章　ドイツの外国人炭鉱労働者 ────────── 213

　1　ドイツの炭鉱と外国人労働者　213
　　（1）炭鉱就労者数の動向　213
　　（2）外国人炭鉱労働者の推移　217
　2　韓国人炭鉱労働者の受け入れ　221
　　（1）計画の具体化（1963年）　221
　　（2）韓独政府間協定　222
　　（3）派遣された韓国人炭鉱労働者　224
　3　おわりに　226

主な参考文献・資料　231
調査訪問機関　234

あ と が き

ルール工業地域

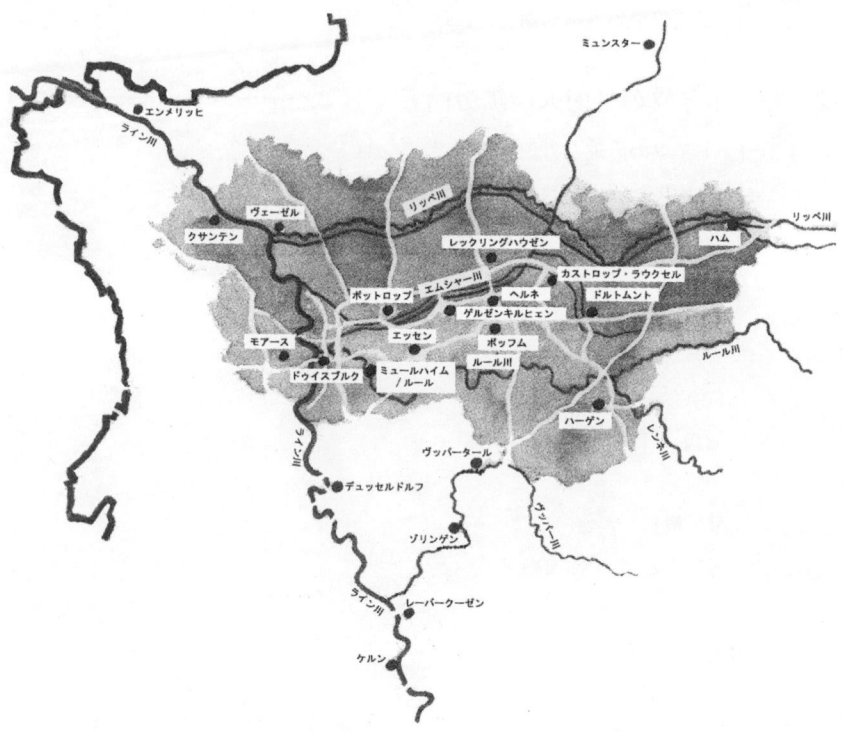

出所：MERIAN, Ruhrgebiet, Hoffmann und Campe Verlag, Nr.10/Jg.46, S.3より作成。

ドイツ全土

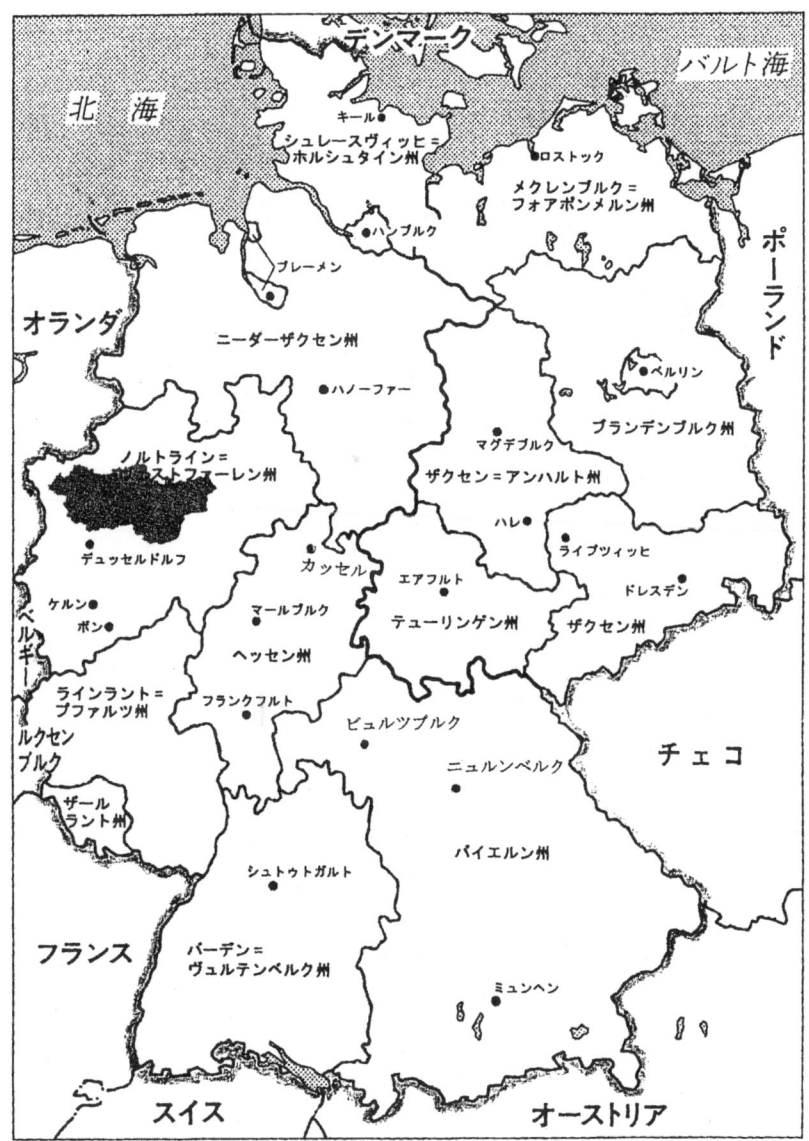

注：ノルトライン=ヴェストファーレン州内の色の濃い部分が、ルール工業地域（左ページの図）である。
出所：ドイツ連邦共和国外務省『ドイツの実情』2003年、22頁より作成。

序　章
研究経過と本書の構成

1　研究のはじまり

　1957（昭和32）年1月19日，午後3時羽田発スカンジナビア航空特別機で，ドイツへ派遣される日本人炭鉱労働者の第1陣・59名が出発した。翌日の毎日新聞には，「炭鉱夫ら西独へ出発」という見出しの記事が掲載され，そこには「西独ルール地方の労働力不足のピンチヒッターとして3年契約でエッセンに働きに行く鉱山技師，労働者……さすがに全国19の鉱山からえらばれた優秀者だけあって体も見事な人たちばかり」と記されている。

　これ以降，1962年までに，大別して第1陣から第5陣まで，総数436名の日本人炭鉱労働者がドイツに派遣された。だが，このなかには派遣労働者として2度にわたって渡航した人が2名含まれている。したがって，実際に渡航した派遣労働者の数は434名である。第1陣から第5陣のうち，最も人数が多かった第2陣は，1958年1月から3月にかけて，毎月1グループ60名ずつが3回に分かれて派遣された。

　第1陣の59名が1957年1月，第2陣の180名が1958年1～3月，第3陣の60名が1960年10月，第4陣の67名が1961年11月，そして最後の第5陣の70名が派遣されたのは1962年3月である。したがって渡航グループ単位でみると，7回にわたって派遣されたことになる。最も多かった第2陣の数は180名，その他はすべて60～70名規模で派遣された。

　すべての陣の派遣は，1年のうち渡航費用（飛行機代）が比較的安価な寒い時期に設定されたという点では共通しているが，1957年から1962年の5年間に，毎年定期的に一定数のグループが派遣されたわけではない。また，第1陣から第5陣に分かれて派遣された各グループには，一定の違いがみられるなど必ず

しも一様ではなかった。最初のグループが就労を開始してから，最後のグループが帰国するまでに8年1か月余りの歳月を要した「日本人炭鉱労働者のドイツ派遣」問題は，「派遣の意図と現実とのズレ」や「各グループには派遣目的や構成員などでの特徴や性格の違い」があるなど，単純に全体をひとつにまとめて理解することができないほど複雑である。その背景には，日本のこの5年間は，石炭から石油へのエネルギー政策の転換が実行に移されていった時期であったこと，石炭業界が日本における「総資本と総労働の対決」とも称された三井三池闘争を含む激動の時期にあったことが大きく作用していた。

　1990年4月から2年間，筆者が研究滞在したのはエアランゲン／ニュルンベルク大学の社会学研究所である。研究所はエアランゲンにあるが，ニュルンベルクには全国の労働局（Arbeitsamt）の中央機関である連邦労働庁（Bundesanstalt für Arbeit）があり，付属図書館と労働市場・職業研究所（Institut für Arbeitsmarkt und Berufstätigkeit）がある。したがって，連邦労働庁（以下，労働庁と略称）に比較的近い住宅を借りて住むことになった。

　予備知識が「皆無」に近い状態でのドイツでの研究は，当初困難を極めたが，労働庁付属図書館でのドイツ連邦労働省の官報（Bundesarbeitsblatt）の検索から始めることにした。官報の1957年版に，日本の炭鉱労働者受け入れに関するドイツと日本の政府間協定を見つけることができたのは，1990年12月3日（月）のことであった。まず連絡したのは，1983年以来ドイツの外国人労働者問題の研究でお世話になっていた金属産業労働組合（IG-Metall）外国人労働部長であったジークフリート・ミュラー（Siegfried Müller）氏である。しばらくして，調査研究を支援してくれる旨の手紙が届いた。そこには，鉱山・エネルギー労働組合（IG-Bergbau und Energie，以下，IG-Bergbauと略称）が調査への協力を了解していることも記されていた。こうして，ドイツに派遣された日本人炭鉱労働者の本格的な調査研究に携わることができたのは，1991年になってからであった。

2　ドイツ「ルール地域調査」

　1991年2月に，IG-Bergbauをはじめ，官公庁・大学・研究所住所録（OECKL："Taschenbuch des öffentlichen Lebens Deutschland", Festland Verlag Bonn）でドイツ石炭産業に関連する団体や研究機関などを調べて，調査研究の意図とそれへの理解と協力を要請する文書を送付した。文書の送付先は，全部で5つの機関で，数は少ないが，ドイツはこうした書簡には直ちに回答してくれる国柄である。なかでもルール石炭会社（Ruhrkohle AG），ドイツ石炭鉱業総連合（Gesammtverband des deutschen Steinkohlenbergbaus），IG-Bergbauの3つの機関からの連絡を頼りに，1991年3月10日（日）～16日（土）には，「ルール地域調査」と称した第1回調査に出かけることができた。この調査の訪問先は，IG-Bergbauとドイツ鉱山博物館（Deutsches Bergbau-Museum，ともにボッフム）および，ドイツ女性と結婚して在留している，もと日本人炭鉱労働者2名の家庭（カストロップ・ラウクセルの土井操氏宅［第4陣］とゲルゼンキルヒェンの恵藤英雄氏宅［第5陣］），そして最も多くの日本人労働者を受け入れたハンボルナー鉱山会社（Hamborner Bergbau AG）に勤めていたヘルマン・マール（Hermann Mahr）氏宅（ドゥイスブルク・ハンボルン）であった。マール氏は，あらかじめ近くに在留しているもと日本人炭鉱労働者の方々に連絡をとってくれた。そのため，マール氏宅では，4名のもと日本人炭鉱労働者の方々に会うことができた。第1回に始まったドイツでの「ルール地域調査」は，組織から組織へ，組織から個人へ，個人から個人へのネットワークを通じて，その後いろいろな機関の訪問や人々との出会いへと拡大し，1992年2月までの1年間に計5回の調査を実施することができた。これら5回のドイツでの「ルール地域調査」の期間と主な訪問先を記すと，以下のとおりである。

第1回　1991年3月10日（日）～16日（土）の1週間
　　　　鉱山エネルギー産業労働組合本部（IG-Bergbau und Energie）［Bochum］，ドイツ鉱山博物館（Deutsches Bergbau-Museum：DBM）［Bochum］，ヘルマン・マール氏宅［Duisburg/Hamborn］，土井操氏宅（第4陣）

　　　　　［Castrop・Rauxel］，恵藤英雄氏宅（第5陣）［Gelsenkirchen］
第2回　1991年7月7日（日）〜17日（水）の11日間
　　　　ドイツ鉱山博物館（DBM）［Bochum］，フーゴー炭鉱（Hugo-Bergwerk）
　　　　［Gelsenkirchen］，新聞研究所（Institut für Zeitungsforschung）
　　　　［Dortmund］，鉱山エネルギー産業労働組合（IG-Bergbau und Energie）
　　　　［Bochum］，恵藤英雄氏宅（第5陣）［Gelsenkirchen］，角道武利氏宅
　　　　（第1陣）［Voerde］
第3回　1991年10月7日（月）〜15日（火）の9日間
　　　　ドイツ鉱山博物館（DBM）［Bochum］，ボッフム中央郵便局
　　　　（Hauptpostamt）［Bochum］，鉱山エネルギー産業労働組合（IG-Bergbau
　　　　und Energie）［Bochum］，社会科学研究所（Sozialakademie）［Dortmund］，
　　　　角道武利氏宅（第1陣）［Voerde］
第4回　1991年12月3日（火）〜11日（水）の9日間
　　　　IG-Bergbau［Bochum］およびIG-Bergbau組合大会［Recklinghausen］，
　　　　ヘルマン・マール氏宅［Duisburg/Hamborn］，神下輝明氏宅（第3陣）
　　　　［Duisburg/Hamborn］，執行龍美氏宅（第3陣）［Kreve］，井上慎一氏
　　　　宅（第2陣第2班）［Castrop・Rauxel］，田中信佶氏宅（第5陣）
　　　　［Gelsenkirchen］，井上徳光氏宅（第2陣第3班）［Wesel］，ルール炭鉱
　　　　企業連合（Unternehmensverband Ruhrkohle）［Essen］
第5回　1992年1月29日（水）〜2月6日（木）の9日間
　　　　ルール石炭会社（Ruhrkohle AG）ヴェストファーレン地方本部
　　　　［Dortmund］，フーゴー炭鉱［Gelsenkirchen］，田中信佶氏宅（第5陣）
　　　　［Gelsenkirchen］，角道武利氏宅（第1陣）［Voerde］，上級鉱山監督署
　　　　（Oberbergamt）［Dortmund］，研修所（Fortbildungsstelle）［Hattingen］[3]，
　　　　鉱山図書館（Bergbau-Bücherei）［Essen］

　なお，第2回と第5回の調査で訪問したゲルゼンキルヒェンのフーゴー炭鉱は，派遣された日本人炭鉱労働者が派遣期間中に就労した炭鉱ではない。ここは，ヘルマン・マール氏が定年退職される前に労働部長を務めていた炭鉱であ

る。「時代は違っても地下1000メートル前後の採炭現場を直接経験したい」という筆者の要請にマール氏が尽力してくれて，夏と冬の2回にわたって坑内見学（Grubenfahrt）を経験することができた。また，第3回調査にはボッフム中央郵便局が出てくるが，当時，ここには自由に閲覧できる備え付けのドイツ全国の都市別電話帳が備えられていた。電話帳で，氏名だけを頼りに調べた結果，在独しているが所在不明であったもと日本人炭鉱労働者数名の人々の住所や電話番号を見つけることができた。その後の第4回と第5回調査では，この時の電話帳調査で明らかになった数名の人々への訪問が可能になった。また，数回にわたって数日間通ったボッフムのドイツ鉱山博物館の地下には，鉱山資料室（Bergbau-Archiv）がある。「ルール地域調査」のたびにここを訪れたのは，所蔵されている当時の文献を閲覧するためであった。

　5回にわたる調査で，ドイツに残留された日本人炭鉱労働者の人々のうち筆者が直接会えた人は全部で12名，すなわち角道武利（第1陣）［佐賀小城］，沼田郁之助（第1陣）［常磐茨城］，前園五郎（第1陣）［日鉄二瀬］，井上慎一（第2陣第2班）［三井山野］，井上徳光（第2陣第3班）［三井三池］，阿部数雄（第3陣）［麻生吉隈］，神下輝明（第3陣）［三井美唄］，執行龍美（第3陣）［日鉄貝島］，土井操（第4陣）［住友奔別］，恵藤英雄（第5陣）［宇部興産］，田中信佶（第5陣）［三井田川］，渡辺清海（第5陣）［八幡製鉄］の各氏である(4)。これらの人々を訪問した都市は，日本人炭鉱労働者が就労した3つの鉱山会社があったドゥイスブルク／ハンボルン，カストロップ・ラウクセル，ゲルゼンキルヒェンをはじめ，フェルデ，クレーフェ，ヴェーゼルなどである。

3　日本での調査

　1992年3月末に帰国し，職場に復帰して以降は，大学図書館や法政大学大原社会問題研究所などでの関連文献の検索，関連機関の訪問やドイツで3年間働いて帰国した後，転職して東京をはじめ首都圏に居住しているもと日本人炭鉱労働者の人々との面談が中心となり，調査研究のためにまとまった時間をあてることは困難であった。1950年代末から60年代はじめにかけてドイツで働いた

日本人炭鉱労働者の大部分は，石炭の採炭地域が集中していた北海道と九州から派遣された。北海道と九州での調査には，大学の夏休みと冬休みの時期を利用せざるをえなかった。こうして可能となったのが，以下に指摘する，「北海道調査」であり，2度にわたった「九州調査」である。

北海道調査は，1992年8月31日（月）～9月6日（日）の7日間であった。[5]訪問した都市は，札幌市と夕張市である。札幌では北海道新聞社，夕張では「夕張・石炭の歴史村」のなかにある「夕張市石炭博物館」，ドイツから帰国後もとの職場に復帰した人々，転職した後も北海道に在住している人々および関連機関である。この調査で会えたもと日本人炭鉱労働者の人々は計7名であった。

九州調査は2回実施している。第1回は，1992年11月13日（金）～16日（月）の週末を利用した4日間である。この調査の目的のひとつは，11月15日（日）の午後，福岡の博多駅前のホテルで行われた「西日本グリュックアウフ会」（もとドイツ派遣日本人炭鉱労働者西日本地域の人々の会）に参加することであった。この調査では，「九州大学石炭研究資料センター」，「田川市石炭資料館」を訪問すると同時に，派遣された日本人労働者の多くの人に会うことができた。記録に記載された人の数だけでも，計31名の人に会っている。そのなかには，派遣後ドイツ女性と結婚して，そのまま残留し，この時に一時帰国していた人が1名含まれている。

第2回目の九州調査は，翌1993年3月10日（水）～16日（火）の7日間である。この調査では，白石磯久男氏（第1陣）［日炭高松］をはじめとする「西日本グリュックアウフ会」の援助で，九州各地で関連機関を訪問したり，それぞれの地域で，かつて派遣された炭鉱労働者の多くの人に会うことができた。多数の人との出会いを予想できたこの調査では，ほぼ共通する質問項目を記載した簡単な「アンケート調査」用紙をあらかじめ準備することにした。

訪問した各地とは，福岡県福岡市，直方市，飯塚市，嘉穂郡穂波町，桂川町，小竹町，鯰田町，下山田市，上山田市，佐賀県多久市，長崎県野母崎町，福岡県大牟田市，遠賀郡水巻町などである。これらの地域で多くの人の話を聞く機会を得ると同時に，直方市では，「直方市石炭記念館」を見学することができ

た。7日間の調査で会うことができた炭鉱労働者の数は，合計38名である。

4　研究の継続

　1996年以降，筆者のドイツ渡航は，夏休み期間を利用した短期滞在であり，また，ドイツの外国人労働者の現状と受け入れ社会のあり方についての調査が中心であった。1996年7月25日（木）～8月15日（木），1997年8月24日（日）～9月17日（水），2001年8月10日（金）～25日（土），2002年9月2日（月）～12日（木）などの約2～3週間のドイツ調査では，必ずルール地域を通過できる滞在スケジュールを組み，角道武利（第1陣），田中信佶（第5陣），ヘルマン・マールの各氏を訪問し，これらの方々を通じて在留している他の日本人に会うことが可能となった。

　一方，日本では，ドイツから帰国後，転職されて首都圏に在住している人々とのグループ単位や個人単位での面談を継続した。同時に，この時期の課題のひとつが，1992年当時，多くの人が50代後半であったドイツ在留者の人々の日本の年金受給問題であった。派遣される前に炭鉱で働いた期間の日本の年金受給問題は，ドイツに在留している人々にとっては，現在もなお継続している大切な問題のひとつである。

　その後，筆者は2003年4月から1年間，在外研修員として再びドイツに滞在する機会を得ることができた。ルール地域にある大学への所属を希望し，さいわいボッフムにあるルール大学社会学部の客員教員として受け入れてもらうことができた。ルール大学はボッフム駅にも近く，ドイツ鉱山博物館（DBM）へも地下鉄で15分ほどで行くことができる。また，ボッフム駅から徒歩5分のところには，1998年に新設された「ルール地域図書館」（Bibliothek des Ruhrgebiets）がある。前者の資料室と後者の図書館では，従来の調査では接することのなかった文献や資料を閲覧することが可能であった。また，1年間の滞在中に，昔稼動していて現在は博物館となっているいくつかの炭鉱跡を見学したり，これまで会う機会のなかったもと日本人炭鉱労働者の山本勝栄（第3陣）［住友赤平］，田河博（第2陣第1班）［太平洋炭鉱］の両氏を訪問して，昔の

労働体験などの貴重な話を伺うことができた。

本書は，1990年代はじめのドイツと日本における調査を中心に，その後の研究と今回のドイツ滞在時の調査研究の成果をまとめたものである。

5 これまでの文献から

周知のように，日本では，1980年代，とりわけ85年以降，急激な円高に伴う国際的な経済格差の拡大や国内での人手不足の深刻化に伴い，アジア諸国からのいわゆる「不法就労」外国人労働者が急増した。1990年6月に施行された新しい「出入国管理及び難民認定法」（以下，「入管法」と略称）は，国内での外国人労働者の就労可能な職種を拡大し，また中南米諸国を中心とする日系人労働者の自由な就労を可能にするものであった。特別の専門能力や技術をもつ欧米系外国人を中心とする「外国人社員」，ブラジルをはじめとする中南米諸国からの日系人労働者，さらにその多くが「不法就労」を余儀なくされているアジア系外国人労働者の存在は，日本の社会のあり方を問う多くの課題を提起している。

多様な外国人労働者が遭遇する問題解決のために，政府も東京都と名古屋市に日系人雇用センターを開設したり，各地のハローワーク（職業安定所）に外国人相談コーナーを設置するなど，具体的な対策に取り組んでいる。外国人住民が比較的多い地方自治体では，外国人住民のための相談窓口を設置したり，国際交流センターや国際交流協会を中心とする支援体制もとられている。他方では，地域労働組合はじめ，教会やNGOによる外国人労働者・住民を援助・支援する民間の組織や運動が全国的に展開されている。遠く離れたドイツへの日本人労働者の派遣という歴史的出来事の研究は，そうした現代日本社会における外国人労働者問題や政策に対して一定の示唆を与えるものと思われる。

日本資本主義の発展も，歴史的には「国際的な人の移動」・外国人労働者問題と不可分の関係にあった。たとえば，「人の受け入れ」という面でみれば，明治期の欧米先進諸国からの「お雇い外国人」の受け入れがあるし，第2次世

界大戦末期には多くの朝鮮人労働者が強制連行されている。さらに，今日の「外国人社員」や「不法就労」外国人労働者の就労も，「人の受け入れ」という面では，過去の歴史的出来事と共通する事柄である。

　他方，「人の送り出し」でみるならば，日本は，明治期以降長年にわたって「国内労働者とその家族」を「移民」という形態で，ハワイやアメリカ大陸，そしてブラジルやペルー，さらにパラグアイ，ウルグアイ，ボリビア，ドミニカなどの中南米諸国へ送り出してきた「労働力輸出国」であった。また戦時下には，満州への「開拓移民」を経験している。筆者は，今日の日本の外国人労働者問題の調査にたずさわった時，そうした明治期以降の人の「受け入れ」と「送り出し」の歴史的経緯と深い関係がある現実に遭遇し，困惑したこともある[9]。

　だが，本書が対象とする日本人炭鉱労働者のドイツへの派遣は，そうした「人の送り出し」の歴史的経緯との関連で考察するならば，極めて特殊な事例であったことがわかる。それは，アメリカ大陸や中南米諸国への「海外移民」とも，戦時下に推進された「満州移民」とも異なる現象である。すなわち，それが一定の期限付きの海外での就労であったという点で，それまでの日本資本主義が歴史的に経験してきた国外への「人の移動」とは明確に区別される唯一例外的なものであった。だがそれは，彼らを受け入れる国としてのドイツ資本主義にとっては，戦後の人手不足状況のなかで，すでに開始されていたローテーション政策のもとでの諸外国からの「外国人労働者」[10]受け入れの一環にすぎなかった。

　これまでにも，現在の日本の外国人労働者問題との関連で，ドイツで働いた日本人炭鉱労働者が取り上げられたことはあるが，それ自体として独自に考察されていないのが現状である。たとえば，岡部一明氏は，「西ドイツの炭坑にも戦後，大量の外国人労働者が導入され，日本からも1950年（原文のママ）から，1962年まで合計436名の炭坑労働者が『西独炭坑派遣団』の名目で出稼ぎに行っている」[11]と指摘している。また，桑原靖夫氏は，「1960年代には，韓国の労働者が西ドイツへ炭坑夫や看護婦として出稼ぎに行っていた。日本の炭坑労働者も西ドイツへ働きに出た」[12]と簡単に触れている。

日本人炭鉱労働者は，上記のような専門書よりも，以下にみるように，時の流れに応じたジャーナリストによる取材対象として，また写真家や作家の雑誌特集記事などで扱われる傾向が強かった。

　1959年1月の雑誌『週刊朝日』には，ドイツに派遣された日本人炭鉱労働者の特集記事がある。この記事の末尾は，「さて『坑夫隊作戦』は，いよいよ厳しい冬将軍を迎えようとしている。この事業の真価は，第1陣が1960年の1月に日本に帰り，ドイツでの体験を，日本の石炭鉱業の改善と合理化の上に，実際に生かすようになってはじめて，はっきりわかることなのだ(13)」という言葉で結ばれている。記事が書かれたのは，第1陣と第2陣の人々が実際にドイツで就労していた時期であり，記事を読むと，派遣に至る簡単な経過，ドイツ家庭に下宿した人の話，職場や寮での生活，ドイツの地域社会にも溶け込んで評価されていた日本人炭鉱労働者の当時の姿が浮かんでくる。それだけに，最後に指摘されている結びの文章が問いかけている意味は大きい。

　1976年の『カメラ毎日』には，若い写真家の山下僚氏（当時27歳）が，1975年10～11月にかけて，ドイツに残留した炭鉱労働者の家庭を訪ね歩いて撮影した写真と寄稿した記事が掲載されている。そこには，派遣計画を紹介するために1956（昭和31）年11月2日に日本とドイツ両国が交わした口上書の＜日本側口上書＞，『元西独派遣炭鉱労働者交歓会』（グリュック・アウフ会―引用者）の「西独派遣事業の概要」，在ボン日本大使館の「口上書」（1962年1月30日），同「炭鉱労務者派独計画打切りに対する口上書」（1965年3月8日），「第2陣日録」などの資料，「"西独の花嫁"その後」などの記事が掲載されている。また，ゲルゼンキルヒェンおよびドゥイスブルク／ハンボルンとその周辺地域に在留し，当時30～40歳代で働き盛りであった14名の日本人炭鉱労働者とその家族の写真が掲載されている(14)。

　著名な作家である深田祐介氏は，1979年7月号から1980年5月号までの『文藝春秋』に連載された「新西洋往来」の中の一編「ルールに行った鉱山（ヤマ）男」で，西独派遣日本人炭鉱労働者に触れている(15)。これは，1957年1月に第1陣でドイツへ渡航した人々の出発，滞在，帰国，そしてその後の「流浪の人生」を中心にした物語である。ここでは，第1陣で派遣された人々の特徴がわかる

が，第2陣から第5陣へと続いた炭鉱労働者派遣の全体状況を知ることはできない。

報道カメラマンの栗原達男氏の著書『さらば日本の炭鉱』(16)が出版されたのは，1987年3月である。この本は，ドイツで働いた日本人炭鉱労働者のその後の多くの写真と取材の記録であり，日本（高島鉱の閉山と炭鉱マンたち），西ドイツ（ライン河畔の九州男児），カナダ（ロッキー山中に生きる道産子）の3部で構成されている。いずれも，「西独派遣日本人炭鉱労働者のその後」の取材記録である。すなわち，「日本の部」は，ドイツから帰国した後も，出身炭鉱企業である三菱鉱業・高島炭鉱に戻って就労していた4名の日本人炭鉱労働者の1986年11月の高島炭鉱閉山時の記録である。「西ドイツの部」は，1984年と85年に訪問して撮影し，取材したドイツ在留日本人炭鉱労働者16名の記録である。同書によれば，1985年の2度目の渡独は，福岡のRKB毎日放送が企画したドイツ在留日本人炭鉱労働者のドキュメンタリー番組の取材活動に合流しての訪問であった(17)。「カナダの部」は，ドイツから帰国して日本の炭鉱に戻った後，1970年と72年にカナダへ渡航した6名の日本人炭鉱労働者を訪ねたカナダでの取材記録である。栗原氏がカナダを訪問したのは，1985年10月であった。

1992年10月に，ドイツに派遣された日本人炭鉱労働者自身によって書かれた記録『地底の客人―グリュックアウフの日々―』（Gastarbeiter unter Tage: Die Zeit von Glückauf）(18)が出版された。著者の高口岳彦氏は，西独派遣日本人炭鉱労働者に応募して三井鉱山美唄鉱から第2陣第1班の一員として渡独し，ゲルゼンキルヒェンのエッセナー石炭鉱山会社で3年間，坑内労働に従事した。この本は，1989（平成元）年9月から1990年6月まで，三井グループの広報紙『三友新聞』に30回にわたって連載されたドイツでの炭鉱労働生活の経験談「グリュックアウフの日々，懐かしきドイツ炭坑節」に加筆・訂正を加えて出版されたものである。「本書の内容は，私の周辺に限ったイベントの一部に過ぎません(19)」という著者の謙虚な言葉にもかかわらず，実際に働き，生活した人(20)でなければ書くことはできない坑内労働と生活体験にもとづいており，貴重な記録である。

「元西独派遣日本人炭鉱労働者の会」の全国組織が，「グリュック・アウフ会」

であり，そのうちの西日本地域に居住している人々の組織が「西日本グリュック・アウフ会」である。この本の発行元である「グリュックアウフ・ゲルゼンキルヘン会」は，第2陣第1班～第3班で渡独した総数180名のうちゲルゼンキルヒェンのエッセナー石炭鉱山会社で就労した合計65名の元日本人炭鉱労働者の組織である。この本は，ゲルゼンキルヒェンで3年間ともに働いた仲間の強力な援助に支えられて出版された。

その後，グリュックアウフ・ゲルゼンキルヒヘン会は，1994年12月に，「到着から帰国までの経過を骨子に，寮，労働，生活，町並み，人間像を浮き上がらせ」た写真集『我がゲルゼンキルヘン1958/1961』(Unser Gelsenkirchen 1958/1961) を発行している。第2陣第1班の1958年1月30日のデュッセルドルフ空港到着から1961年1月26日の帰国便搭乗まで，約150枚の写真と解説で満たされているこの写真集では，当時の3年間のドイツ生活が再現されている。

「ドイツで働いた日本人炭鉱労働者」に関する記事（新聞，雑誌，社内報など），記録，資料，文献の数からすれば，以上に紹介したものは，ほんの一部分にすぎない。ここに指摘した文献・資料は，比較的まとまっているが，視点や取り上げる視角の違い，時期的な違い，専門領域の違いなどが，ストレートに反映されているとも思われる。本書の意図は，「ドイツで働いた日本人炭鉱労働者」の全体像をできる限り客観的に記録することである。したがって，本書は，次のような内容で構成される。

6　本書の構成

本書は，大きく2つの部分から構成されている。第1部「ドイツで働いた日本人炭鉱労働者」では，戦後西ドイツの炭鉱に日本の炭鉱労働者が派遣された背景，具体的な経過，就労するなかで生じた問題や労働・生活状況などを考察することによって1957年から1965年までの日本人炭鉱労働者派遣の全体像を明らかにする。したがって，第1部は，以下の4つの章，第1章「ドイツ経済の復興と労働力不足」，第2章「日本人炭鉱労働者派遣に至る経過」，第3章「炭鉱労働者の派遣状況『第1次計画』」，第4章「第1次計画の復活と第2次計画」

で構成される。なお，第2章～第4章は，拙稿「西ドイツにおける日本人炭鉱労働者」（法政大学経済学会『経済志林』第62巻第3・4号所収）に大幅に加筆し，改訂したものである。

　第2部「日本人炭鉱労働者のその後」では，形式的には「終わったはず」の炭鉱労働者派遣であるが，一方では，日本に帰国した人々のその後を，他方では，ドイツに残留した人々のその後を追うことによって，国境を越えた人の移動である「日本人炭鉱労働者のドイツ派遣」という歴史的事実の今日的な意味を明らかにしたい。したがって，第2部は，以下の3つの章，第5章「日本に帰国した人々」，第6章「ドイツに残留した人々」，そして第7章「日本の年金受給問題」で構成される。

　なお，外国人労働者の受け入れは，戦後ドイツ経済の発展にとって大きな意義をもった。日本人炭鉱労働者のドイツでの就労は，時期的には，ドイツの外国人労働者受け入れ期の初期段階に照応していた。日本人炭鉱労働者が，ドイツの外国人炭鉱労働者のなかで占めていた位置を考察しているのが，終章「ドイツの外国人炭鉱労働者」である。

［注］
（1）第2次世界大戦後，西ドイツ（ドイツ連邦共和国）と東ドイツ（ドイツ民主共和国）とに分裂したドイツは，1989年11月9日のベルリンの壁崩壊を経て1990年10月3日に統一された。本書で，ドイツと称する場合，統一前については西ドイツを意味している。
（2）『毎日新聞』1957年1月20日付。
（3）訪問調査時には研修所になっていたこの施設は，1950～60年代には，外国人炭鉱労働者がドイツで最初に到着する場所であり，さらに，就労する各炭鉱へ移動する中継所（Durchgangsstelle）であった。
（4）それぞれの名前の後の（　）内は，派遣グループであり，［　］内は派遣当時所属していた日本の会社と鉱業所である。なお，第5陣については，派遣直前まで働いていた会社であり，本人からの聞き取りによる。
（5）この北海道調査では，沢田　昇（第4陣）［三井芦別］氏に大変お世話になった。
（6）2回にわたる九州調査では，実に多くの人々の世話になった。調査を実現するために奔走してくれたのが，白石磯久男（第1陣）［日炭高松］氏である。また，第2回調査で40名近い人々に会うことができたのは，白石磯久男氏はじめ，以下の方々，片山敏夫（第1

陣）［西戸崎早良］，宮島次郎（第1陣）［古河上山田］，松岡忠夫（第1陣）［三菱上山田］，笹尾了祐（第1陣）［明治平山］，川崎博美（第1陣）［三井三池］，岡田友博（第2陣第2班）［日炭高松］，井上久男（第3陣）［三菱端島］，福田哲也（第3陣）［三菱高島］，森田幹雄（第4陣）［三井三池］（敬称略）の援助のおかげである。
(7) ドイツ渡航前に，炭鉱労働者として日本で働いていた期間に加入していた日本の年金保険の支給問題であり，その詳細については第7章で考察している。
(8) この図書館は，鉱山図書館（Bergbau-Bücherei）［Essen］，社会運動研究所図書館（Bibliothek des Institut für soziale Bewegungen）およびIG-Bergbauの図書室を統合して設立された大きな施設である。
(9) たとえば筆者は，1997年から1999年にかけて，法政大学比較経済研究所の「国際労働力移動」研究プロジェクトの仕事で，長野県上田市で日系ブラジル人の人々を訪問した。調査の面接に応じてくれた日系ブラジル人の年配の女性は，子どものころに祖母から習った日本語で対応してくれた。色彩の話になった時，「ピンク」というよりも「桃色」といった方が，素直な会話になった。
(10) 「外国人労働者」は，ドイツ語のGastarbeiterという用語の和訳である。当時の合意文書に出てくるこの用語は，日本語では「客分労働者」と呼ばれていた（「座談会　西ドイツで働く日本人」国民評論社『国民評論』1958年9月号，9頁）。
(11) 岡部一明『多民族社会の到来』御茶の水書房，1991年7月，103頁。なお，この指摘は，栗原達男氏の「西独炭坑で筑豊思う男たち」（『日本経済新聞』1985年7月16日付）に依拠している。
(12) 桑原靖夫『国境を越える労働者』岩波新書，1991年11月，67頁。
(13) 朝日新聞社『週刊朝日』1959年1月18日号。「西独の人気者・日本人坑夫たち―うまく行った国際的なこころみ―」60頁。なお，同誌グラビアページには，「ドイツ版『タンコー節』―西独で働く日本人坑夫―」という表題のもとに，数枚の写真が掲載されている。
(14) 山下　僚「海を渡ったヤマの男たち―西独派遣　炭鉱夫残留者を追って―」毎日新聞社『カメラ毎日』（CAMERA MAINICHI）1976年3月号，215-229頁。
(15) この「新西洋往来」は，1980年6月に単行本『われら海を渡る』として出版された。
　その後1984年5月には文春文庫に収録されている。この文庫本末尾には，日本人炭鉱労働者が派遣されてドイツで就労していた期間に，在ボン日本大使館の一等書記官として勤務していた道正邦彦氏の「解説―二つの故郷を持つ―」が掲載されている。
(16) 栗原達男『さらば日本の炭鉱―ドイツ・カナダの日本人炭鉱マン―』平凡社，1987年3月。
(17) 筆者は，はじめてのルール地域調査で1991年3月14日（木）に訪問したゲルゼンキルヒェンの恵藤英雄氏宅で，このドキュメンタリーフィルムを見ることができた。恵藤氏によれば，ドイツでの撮影は1985年6月であり，翌1986年2月下旬～3月上旬に日本のテレビ

で放送された。番組のタイトルは，戦後史発掘・石炭『Oh! ライン河―生活と流転の記録―』である。
(18) 高口岳彦著，グリュックアウフ・ゲルゼンキルヘン会発行『地底の客人―グリュックアウフの日々―』（Gastarbeiter unter Tage: Die Zeit von Glückauf von Takehiko Koguchi, Glückauf/Gelsenkirchen）1992年10月。
(19) 同上書「あとがき」を参照。
(20) 同上書「あとがき」221頁。
(21) 高口岳彦『「我がゲルゼンキルヘン」の発刊まで』（1995年3月25日記）より引用。
(22) グリュックアウフ・ゲルゼンキルヘン会『我がゲルゼンキルヘン1958/1961』（Glückauf-Gelsenkirchen-Bund, Japan：“Unser Gelsenkirchen 1958/1961"）1994年12月30日発行。なお，この写真集は，目次はもとより，序文，そして収録されている膨大な写真の解説のすべてに至るまで和文と独文で記載されている。
(23) 総頁数120頁のこの写真集は，「到着，寮，炭鉱，見学，メーデー，葬儀，買物，周辺，夏，街角，学校，クリスマスの季節，市電，集い，スポーツと楽しみ，連絡員，ある日，鉄道，旅，帰国」で構成されている（同上書「目次」より）。

第1部

ドイツで働いた日本人炭鉱労働者

第1章
ドイツ経済の復興と労働力不足

　日本人炭鉱労働者のドイツ派遣が浮上した1950年代中ごろは，一般に「奇跡の経済復興」と呼ばれているように，戦後の西ドイツ資本主義経済が戦禍で荒廃した国土の中から飛躍的に復興・発展していた時期であった。本章の課題は，第2次世界大戦での同じ敗戦国であった日本からドイツの炭鉱に労働者が渡航するに至った背景を明らかにするために，いくつかの研究業績に依拠しながら，日本人炭鉱労働者が派遣された1950年代末から60年代初めごろまでの戦後西ドイツ経済の再編・復活とルール地域における石炭産業の状況，そのなかで生じた労働力不足の顕在化を考察することである。

1　戦後西ドイツ経済の再編・復興

　第2次世界大戦で，同盟国として連合国と対峙したドイツと日本は，ともに1945年に無条件降伏を受諾して敗戦国となった。ドイツの終戦は，同年5月8日であり，日本の終戦は，約3か月後の8月15日のことである。ここでは，日本人炭鉱労働者が1950年代後半に派遣された背景を知るために敗戦後のドイツの状況と経済発展についてみることにしたい。
　第2次世界大戦で米英仏ソの連合軍に占領されたドイツは4か国の占領地域に分割され，また領土の4分の1弱（24.3%）を占めていたオーデル・ナイセ河以東の東部ドイツ領土を喪失した。西ドイツ地域は，米英仏の西側3か国に占領され，東ドイツ地域はソ連占領地域となった。だが，西ドイツに位置せず，東ドイツ地域の中でも比較的ポーランドとの国境寄りに位置していた首都ベルリンは，4か国の連合国による4つの管理地域に分割された。
　第2次世界大戦でのドイツの人的損害は，500万人以上であった。連合国の初期ドイツ占領政策は，ヨーロッパ最大の重工業地域であるルール地域を国際

管理下におき，工業生産力を破壊してドイツを農業国に転換すべきであるという厳しい内容であった。敗戦から47年までの3年間の一般のドイツ国民の生活は，戦争末期の空爆による国土の荒廃，住宅不足，極度の食料不足，ヤミ経済の肥大化のもとで，極めて厳しいものであった。それは，喪失した領土の東部ドイツ地域から追われて流入してくる1,000万人以上に及ぶ引揚者による人口増加によって，一層苛酷なものとされた。すなわち，1945年以降，その大部分がポーランド領土になったオーデル・ナイセ河以東の東部ドイツ地域からの東西ドイツへの引揚者の数は1,100万人以上であり，そのうち西ドイツ地域に定着した人は約800万人，国民の約18％を占める数であり，したがって「国民の6人ないし5人に1人が無一物同然で帰国した」[4]からである。[3]

　戦後の厳しい経済状況から西ドイツ地域が脱却し，1950年代の「奇跡の復興」といわれた経済発展を可能にしたのは，1947年のアメリカの占領政策の転換であり，それにもとづく一連の経済復興援助政策の遂行であった。戦後米ソの対立が深まるなかで，すでに1946年9月には，アメリカは西ドイツ地域を政治的・経済的に再建する方向を示し，翌1947年6月には，戦争で荒廃したヨーロッパ経済を再建し，発展させるための欧州復興計画（マーシャル・プラン）構想を発表した。また，それを実現するためには，西ドイツ経済の発展が不可欠であることを明らかにした。戦後西ドイツ経済の再建は，ヨーロッパ復興計画の中に位置づけられたのである。
　翌1948年4月以降，マーシャル・プランによる資金援助が開始された。[5]また同年6月には，西ドイツ地域（米英仏の西側3か国占領地域）で通貨改革が実施された。これは，従来のライヒス・マルクを破棄してドイツ・マルク（DM）を新しい通貨として導入するものであり，戦後に膨張した通貨（ライヒス・マルク）を破棄してインフレを収束させ，西ドイツ経済の正常な発展を可能にする措置であった。この年に実施された税制改革，価格統制や賃金統制の廃止などは，経済の自由化を進め，設備投資活動を促進することになった。
　だが，西ドイツ地域での通貨改革の実施は，東西ドイツの分裂を決定づけることでもあった。東ドイツ地域を占領していたソ連は，西側の通貨改革に対抗

して，東ドイツと東ベルリンで独自の通貨改革を遂行した。その結果，西側3か国管理地域である西ベルリンでは，西ドイツと同じ通貨改革が実施された。東ベルリンは，その後東ドイツの首都となったが，西ベルリンは，「陸の孤島」として，西側管理地域として残ることになった。1949年9月にドイツ連邦共和国（西ドイツ）が成立し，翌10月にはドイツ民主共和国（東ドイツ）が成立した。その結果，第2次世界大戦後のドイツは，1990年10月3日に再び統一されるまでの約40年間，ふたつの異なった国家体制を余儀なくされた。

　東部ドイツ地域の喪失による旧来の一国資本主義としての均質的な経済の生産構造が破壊され，さらに東ドイツからも分断されて国内経済市場が狭隘化するという悪条件のもとで，西ドイツ経済は再建・復興しなければならなかった。それを可能にする出発点となったのが，アメリカの占領政策の転換と西ドイツ経済を再建するための膨大な資金援助政策であった。

　同時に，戦前期にすでに高度な資本主義工業国であったドイツには，経済を復興するための一定の条件が残存していた。戦後西ドイツ工業の技術水準は，生産活動が軌道に乗れば，当時の資本主義経済での国際競争に耐えうる水準にあった。また，戦争末期の度重なる空爆にもかかわらず，爆撃による工業生産設備の被害は，比較的軽微なものに留まっていた[6]。したがって，「戦後生産設備がかなり残っていた西ドイツの場合，わずかな追加投資（極端な場合は，単なる修理作業）あるいは原材料の供給によって，著しい産出高の増加が得られた」[7]。しかも，東ドイツに比べて西ドイツには，ルール工業地域をはじめ，戦前からのドイツ重化学工業の生産設備の多くが集中していた[8]。

　他方，急激な経済発展に必要とされる労働力としては，東部ドイツからの膨大な数の引揚者（Vertriebene），そして東ドイツ地域からの避難民（Flüchtlinge）の存在があった。表1-1から明らかなように，戦後1950年までに西ドイツに流入した引揚者と避難民の数は，830万人以上であった。これらの人々は，「雇用機会さええられれば，ただちに生産過程に投入されて経済復興の有力な担い手になるという潜在的労働力の持ち主であった」[9]。

　また，1949年に成立した西ドイツ政府は，一方では，国内産業の投資活動を促進するための企業優遇措置や投資奨励策を，他方では，数々の輸出促進政

表1-1 西ドイツの人口推移

(単位：1,000人)

年	総人口	引揚者	東独避難民	合計	総人口比(%)
1939	43,008	—	—	—	—
1950	50,173	8,024	337.3	8,361.3	16.7
1951	50,528	8,275	625.1	8,900.1	17.6
1952	50,859	8,418	857.3	9,275.2	18.2
1953	51,350	8,610	1,265.3	9,875.3	19.2
1954	51,880	8,732	1,560.7	10,292.7	19.8
1955	52,382	8,914	1,942.5	10,883.5	20.7
1956	53,008	9,069	2,338.8	11,407.8	21.5
1957	53,656	9,332	2,723.5	12,055.5	22.5
1958	54,292	9,579	2,949.8	12,528.8	23.1
1959	54,876	9,734	3,123.6	12,857.6	23.4
1960	55,433	9,888	3,349.0	13,237.0	23.9

出所：Ulrich Herbert "Geschichte der Ausländerbeschäftigung in Deutschland 1880 bis 1980: Saisonarbeiter, Zwangsarbeiter, Gastarbeiter" Verlag J. H. W. Dietz Nachf. 1986, S.181.

策を実施した。こうして、西ドイツ工業生産は1949年には戦前1936年の水準を回復し、1950年代の「奇跡の経済復興」と呼ばれる経済発展をとげることとなった。

出水宏一氏は、この「奇跡」の姿を1950年と1958年とを対比して、以下のように指摘している。「1950年＝100として、工業生産は209と倍増した。年間平均伸び率は7.5％にあたる。国民総生産は名目で2.4倍、実質で1.8倍に、1人当たり国民所得は、50年の1,640マルクから、58年の3,590マルクへ、2.2倍に上昇した。最も著しい発展を示したのは貿易規模で、輸出は50年の84億マルクから58年の370億マルクへ4.4倍に、輸入は114億マルクから311億マルクへ2.7倍に著増し、1952年からは貿易黒字基調が定着した」。わずか10年で、西ドイツは再びヨーロッパで最強の資本主義国へと脱皮したのである。

すでに明らかなように戦後西ドイツの人口は、東部ドイツ地域からの引揚者や東ドイツからの避難民の増加によって急増した。戦後初期には、こうした人口増加は、国民生活が疲弊しているなかでマイナスに作用した。だが、それは1950年代の急激な経済発展の段階にはプラスの要因に転化した。表1-2に示されるように、1950年の失業者数は186万人、失業率は11％で、戦後最悪の状

表1-2　西ドイツの失業の推移

年	失業者 (1,000人)	失業率 (%)
1950	1,868	11.0
1951	1,713	10.4
1952	1,651	9.5
1953	1,491	8.4
1954	1,410	7.6
1955	1,073	5.6
1956	876	4.4
1957	753	3.7
1958	763	3.7
1959	539	2.6
1960	270	1.3

出所：表1-1と同じ。S.182.

態にあったが，その後の急速な経済発展は，こうした過剰労働力を吸収した。1956年には失業者数は100万人以下になり，その後も絶えず減少して1950年代末には「完全雇用」状態に達したということができる。(14)したがって，すでに1950年代中ごろには，西ドイツの特定の産業部門では，いわゆる「労働力不足」が顕在化していた。

　ウルリッヒ・ヘルベルト（Ulrich Herbert）によれば，1950年から1960年までの西ドイツの人口増加の90％以上は，東部ドイツからの引揚者と東ドイツからの避難民によるものであり，その数は，1960年の西ドイツ人口のほぼ4分の1を占めていた。これらの人々は，言葉や文化・習慣も同じドイツ民族であり，西ドイツ経済発展のなかで社会的に吸収され，中・上層階層として社会的に統合されていくことも可能であった。「奇跡の経済発展」なしには，引揚者や避難民の統合は不可能であったし，これらの追加的な労働力軍なしには，「奇跡の経済発展」は不可能であった。(15)

　1950年代の西ドイツの経済発展に必要とされた労働力の一部分を構成していたのが，東ドイツから，「陸の孤島」の西ベルリンを通じて西ドイツへ流入した避難民である。(16)だが，この東ドイツからの労働力の供給は，1961年8月13日の東ドイツによる「ベルリンの壁」の構築によって閉ざされた。(17)

　以上で明らかなように，日本人炭鉱労働者が派遣されたのは，戦後西ドイツが奇跡の経済発展をとげ，先進資本主義国として再編・復活した時期であった。派遣された人々が就労したのは，ドイツの心臓部であるルール工業地域にある炭鉱であった。以下，日本人炭鉱労働者の派遣問題に接近するために，当時の西ドイツ石炭産業の状況をみることにしたい。

2　ドイツ石炭産業と労働力不足

　派遣された日本人炭鉱労働者は，ルール工業地域に位置する炭鉱で就労した。ルール地域は，南にルール川，西にライン川，北にリッペ川の3つの河川に囲まれた南北67キロメートル，東西116キロメートルに長い，面積4,434平方キロメートルの地域である（地図参照）。従来は，広大な農業地帯であったが，19世紀中ごろ以降，工業化の発展に伴って豊富な石炭資源を基盤として，石炭・鉄鋼・化学工業を中心とするドイツ資本主義の心臓部として発展した。ドイツ全土には，このルール地域をはじめザール，アーヘン，イッベンビューレンの4つの炭田地域があるが，ドイツ石炭産業の中心はルールである。たとえば，1957年時点での石炭の総産出高は1億4,900万トンであるが，そのうち1億2,300万トン（82％）がルール地域の炭鉱で産出されていた。[18]

　表1-3と図1-1は，戦前・戦後のドイツにおける石炭産出高の推移を示している。1945年の爆撃で大きな被害を受けたが，それでも1945年にはなお3,500万トン以上の石炭が産出されていた。敗戦後，ヨーロッパ全体が極端な石炭不足状態であったこともあり，ルール地域の石炭生産は増産体制が取られた。[19] その結果，1950年には，生産高は1936年当時の95％に匹敵するまでに回復している。すでに明らかなように，敗戦後の経済再建に大きな役割を果たしたのがアメリカによるヨーロッパ経済復興援助であった。たとえば，1948年にたてられた石炭生産力増強計画に必要な資金の約3割は，マーシャル「援助」物資の売り上げ代金による「見返り資金」によってまかなわれ，坑内作業の合理化・機械化のための設備投資資金や炭鉱労務者用の住宅建設資金となった。[20]また，1952年8月には，ECSC（ヨーロッパ石炭鉄鋼共同体）が発足し，ルール国際管理は廃止された。[21]

　戦後ドイツ経済が急速に回復・発展するなかで，必要な労働力供給源になったのが，東部ドイツからの引揚者であり，東ドイツ地域からの避難民であった。このことは，炭鉱労働者にもあてはまる。だが，炭鉱労働者，とりわけ坑内労働者として採用されるためには，地下数百メートルの採炭現場での重労働に耐

第1章　ドイツ経済の復興と労働力不足　25

表1-3　石炭産出高

年度	合計 (1,000トン)	前年比増 (%)	1日当たり産出高	
			(1,000トン)	(1936年=100)
1936	116,963	—	384.4	100.0
1938	136,956	—	448.2	116.6
1945	35,484	—	116.3	30.0
1946	53,947	52.0	177.8	46.3
1947	71,124	31.8	234.7	61.1
1948	87,033	22.4	285.1	74.2
1949	103,238	18.6	338.1	88.0
1950	110,755	7.3	364.3	94.8
1951	118,925	7.4	392.5	102.1
1952	123,278	3.7	406.8	105.8
1953	124,472	1.0	410.8	106.9
1954	128,035	2.9	422.5	109.9
1955	130,728	2.1	431.4	112.2
1956	134,407	2.8	443.6	115.4

出所：Statistik der Kohlenwirtschaft E. V. "Die Kohlenwirtschaft der Bundesrepublik im Jahre 1956", S.7.

図1-1　石炭・褐炭産出高の推移

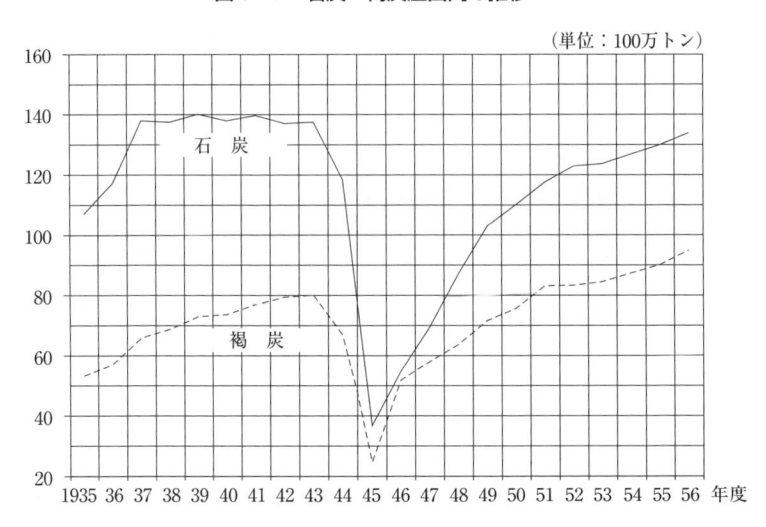

（単位：100万トン）

出所：Statistik der Kohlenwirtschaft E. V. "Die Kohlenwirtschaft der Bundesrepublik im Jahre 1956", S.5.

えられる健康な身体が必須条件である。したがって，鉱山会社での就職を希望する者は，エッセンのハイジンゲン（Essen-Heisingen）にあった通過施設（Bergbaudurchgangslager）で医者の健康診断を受けなければならなかった。東ドイツからの避難民の場合も同様で，1947年から1954年9月までに応募した避難民のうちの約6割，合計70,409人が炭鉱労働者として就労することができた。そのうちの7割近くが，1951～53年の3年間に集中している[22]。

このころから，ドイツ石炭産業における炭鉱労働者の不足問題が顕在化した。ドイツ連邦共和国労働省の資料によれば，その第1は，必要な炭鉱労働者の補充が十分ではなかったこと，とりわけ坑内労働者の未充足問題である。たとえば，1954年に必要とされた坑内労働者の数は，61,000名であったが，同年に採用できた坑内労働者は45,000人でしかなかった[23]。第2は，炭鉱労働者の年齢構成の問題，とりわけ坑内労働者の高齢化現象の進行であった。たとえば，1954年のルール地域の男性炭鉱労働者の平均年齢は35.4歳，坑内労働者の平均年齢は34.3歳であった。だが，坑内労働者の約3分の1を占めていた採炭夫の平均年齢は38.5歳であった[24]。

表1-4と図1-2は，1935年，1954年，1957年のルール地域における男性炭鉱労働者の年齢構成を示している。戦前の1935年の年齢構成は，21～25歳代から41～45歳代までがピラミッド型を形成しているが，戦後1950年代中ごろには26～30歳代から46～50歳代までは落ち込みは緩やかであるとはいえ，逆ピラミッド型になっている。一方における，採炭などの地下での重労働に従事するための適応年齢である26歳から45歳までの年齢層が減少するとともに，他方では，次代の炭鉱労働を担う若年層（14～25歳）の補充も減少傾向を示していた。第3に，炭鉱労働を担う労働力は，身長，体重，視力をはじめ，その他いろいろな点で極めて健康な労働力でなければならず，このことが炭鉱労働者の確保を年々難しくしている。

こうした厳しい状況のもとで，ある鉱山会社からの青少年のいる家庭の両親に宛てた文書には，炭鉱労働の状況，14～15歳からの3年間の見習い期間中の所得額，休暇日数と福利厚生施設の現状，見習鉱員（Berglehrling）から先山（Hauer），係員（Steiger），係長（Fahrsteiger），主席係長（Obersteiger）へと昇進し

表1-4 ルール地域の石炭鉱山における男性労働者の年齢構成

年齢層	1935年		1954年		1957年	
	人数	%	人数	%	人数	%
14-20	19,867	8.47	76,452	17.52	74,787	16.83
21-25	22,660	9.66	60,331	13.80	56,151	12.63
26-30	41,175	17.55	57,459	13.16	65,465	14.73
31-35	49,707	21.19	44,815	10.27	49,349	11.10
36-40	36,909	15.73	27,641	6.33	36,038	8.11
41-45	25,911	11.04	39,406	9.02	31,953	7.19
46-50	22,627	9.64	49,482	11.33	41,910	9.43
51-55	10,864	4.63	45,708	10.47	45,760	10.30
56-60	4,004	1.71	24,285	5.55	31,288	7.04
61以上	898	0.38	11,158	2.55	11,710	2.64
合計	234,622	100.0	436,737	100.0	444,411	100.0

出所："Der Altersaufbau der männlichen Arbeiter im Kohlenbergbau Ruhrbezirk", in "Allgemeine Belegschaftsfragen", Essen, den 29. Juli 1958.

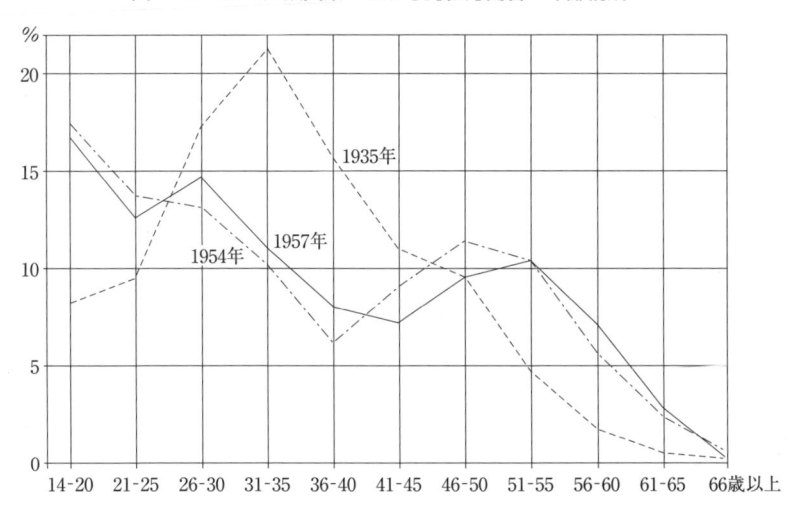

図1-2 ルール鉱山業における男性労働者の年齢構成

出所：表1-4と同じ。

ていく可能性などについて詳細に記されている。それは，14～15歳の子どもたちの職業選択への両親の支援を要請する文書であり，若年鉱員を確保するための対応策である[25]。あるいは，当時のルール炭鉱企業連合（Unternehmensverband

Ruhrbergbau）の労務部に勤めていたフリッツ・コルトハウス（Fritz Korthaus）氏によれば，「最初に炭鉱労働者の募集活動に携わったのは，1954年の西ベルリンであった。当時の西ベルリンには，旧東部ドイツ領土からの引揚者や東ドイツからの避難民が大勢いたからである。その後，ドイツ国内からの炭鉱労働力の供給は困難となり，労働力の供給先を，主に外国に頼ることになった。たとえば，イタリア，スペイン，ギリシア，トルコなど」である。

歴史的には，1871年の統一ドイツ国家の誕生以降，東部ドイツから多くのポーランド人がルール炭鉱地帯に出稼ぎ労働者として移住したことはよく知られている。また，第2次世界大戦中には，戦争捕虜や外国人強制労働者(Fremdarbeiter)などの膨大な数の外国人が投入された。

1956年の連邦労働省の報告『1955年の社会政策』の中の「労働市場と雇用」の項目では，ルール工業地域が位置しているノルトライン・ヴェストファーレン州，バーデン・ヴュルテンブルク州をはじめ，その他いくつかの工業化が進んでいる地域では雇用状況が好転したこと，多くの経済・職業領域で専門労働力や補助労働力が不足している点が指摘されている。具体的には，鉄・金属生産加工業，農業，家事労働，建設業，鉱山業などであり，こうしたいくつかの重要な経済・職業領域における労働力不足は，明らかに外国人労働者の組織的な受け入れを必要としていたこと，そのための第1歩として「ドイツ連邦共和国へのイタリア人労働力の募集と斡旋に関するイタリア政府との協定」が締結された点にも触れられている。このドイツ・イタリア両国政府間協定が正式に締結されたのは，1955年12月20日である。

ところでドイツは，外国人労働者の相互受け入れについて，すでに1953年の時点で西欧諸国と相互協力協定を結び，実施している。西欧諸国とは，ベルギー，フランス，イタリア，オランダ，オーストリア，スウェーデン，スペイン，そして1955年にはスイスが加わり，これらの8か国との間で，比較的若い労働者を相互に交換する協定を結んでいた。協定の目的は，18歳から30歳までの労働者を，原則として1年間お互いの国に派遣し，当該労働者の職業能力と語学知識を完成させることであった。そのために，具体的にはベルギー，オランダ，

スペインとはそれぞれ相互に150名ずつ，スイスとは200名，スウェーデンとは250名，イタリアとは300名，オーストリアとは500名，フランスとは1,000名の合計2,700名の労働者を毎年相互に交換することであった。だが，この外国人労働者の交換に関する協定は，ドイツからこれらの8か国へ派遣された数が一番多い年で1956年の2,034名であり，反対にこれらの国々からドイツへ流入した数が一番多い年は1955年の1,244名であり，相互交流の意義は認められたものの，実態は目標数をかなり下回るものであった。このことは同時に，この種の協定は，当時のドイツ経済が抱えていた国内労働力不足を解消できるものではなかったことを示している[30]。

　1945年5月の敗戦後5年間で，ドイツの石炭産業は戦前の生産水準をほぼ回復した。戦争で労働力を喪失するなかで，炭鉱に必要な労動力源の多くを東部ドイツからの引揚者や東ドイツからの避難民に依存したが，1951年の朝鮮戦争特需による石炭需要の増加，その後の経済発展とともに重要なエネルギー源としての石炭需要は絶えず拡大していった。その結果，1950年代中ごろには，石炭産業における労働力不足問題が顕在化し，炭鉱への外国人労働者の受け入れの動きが強まっていった。1957年当時の炭鉱での外国人労働者雇用についての報告書では，外国人労働者（この段階では，オランダ，イタリア，ユーゴスラビア，ポーランドなどの国籍の外国人が多数を占めていた）の受け入れの実績を評価し，政府間協定（たとえば，イタリア）のような方法で外国人労働者の受け入れを推進していくことが提言されている[31]。政府間の暫定協定によって，最初のイタリア人炭鉱労働者42名が到着したのは1955年8月のことである[32]。1952年から1961年にかけて，ドイツの炭鉱で働いていた外国人労働者（Gastarbeiter）の数は，1952年3,796名（坑内労働者に占める割合は，1.2％），1955年5,061名（同1.5％），1956年8,130名（同2.4％），1958年12,405名（同3.8％），1961年16,959名（同6.8％）であり，年々増加していることがわかる[33]。日本人炭鉱労働者が派遣されたのは，イタリア人労働者が導入され始めたころであった。

[注]
（1）出水宏一『戦後ドイツ経済史』東洋経済新報社，1978年2月，23頁。
（2）「第2次大戦の人的損害は，旧帝国領（1937年12月末現在のドイツ領）内の戦死・行方不明者376万人，外国領土内の戦死者43万人，主として空襲による一般住民の死者43万人，東部ドイツ地域在住者の引揚げ中の死者122万人，計584万人にのぼった」（同上書，7-8頁）。
（3）「東部ドイツから約700万，これにズデーテン・ドイツ人など約400万人を加えた1100万人が故郷を追われて西に移動し，そのうち800万人が西ドイツに収容され，定着した。……（中略）……1946年10月現在の西ドイツ人口は4464万人であったから，自然増加を別として4年間に800万人を受けいれたとすれば，約18％という膨張率になる」（同上書，22頁）。
（4）「ベルリンとザールを除く西ドイツの人口は，戦前39年の3900万強が46年10月には4400万弱，50年9月には4800万弱に増加したが，そのうち引揚者の比率は46年に13.6％，50年に16.5％であり，さらに東独難民の比率も2.3％，3.3％としだいに上昇した。国民の6人ないし5人に1人が無一物同然で帰国したわけである」（戸原四郎・加藤栄一編『現代のドイツ経済—統一への経済過程—』有斐閣，1992年，4頁）。
（5）「48年4月から51年6月までの3年間，西ドイツが供与されたマーシャル援助は計15億8520万ドルにのぼる。これにGARIOAその他の援助を加えると，戦後西ドイツが米国から受けた援助は35億ドルに達する」（出水宏一，前掲書，54頁）。
（6）Ulrich Herbert: "Geschichte der Ausländerbeschäftigung in Deutschland 1880 bis 1980 : Saisonarbeiter, Zwangsarbeiter, Gastarbeiter", Verlag J.H.W. Dietz Nachf. 1986, S.179.
（7）出水宏一，前掲書，126頁。この点について，以下のような指摘がある。「爆撃と戦闘による西ドイツ工業の被害の全体は，石炭業で生産設備の10％，鉄鋼業ではそれよりも少なく，化学工業では軍需品を生産している若干の設備にとどまり，加工工業でも……（中略）……僅かの損害にとどまり，戦争の終末期における生産設備は，戦前の1936年よりも大きかった」（林　昭『現代ドイツ企業論—戦後東西ドイツ企業の発展—』ミネルヴァ書房，1972年，13頁）。あるいは戸原四郎氏によれば，「大戦中の設備投資が巨額であったのに戦災や施設撤去は意外に小規模であったから，戦前を上回る規模の生産設備が残存し，これが当面の高度成長を支えたとみる」という見解がかなり通説化している（戸原四郎・加藤栄一編，前掲書，10-11頁）。
（8）「石炭，鉄鋼を中心とする原料工業が，西ドイツ地域，なかんずくライン地域とルール地域に集中していることがわかる。すなわち，豊富な資源と結合した石炭業，鉄鋼業と，硫酸，ソーダを中心とした基礎化学工業が，この地域に集中し，ルール地帯の冶金業，機械製作業，化学工業，電気・ガス工業，交通経営に原料やエネルギーを供給するばかりでなく，従来からドイツ全土のすべての工業部門と深いかかわり合いをもっていた」（林　昭，前掲書，169頁）。
（9）出水宏一，前掲書，23頁。

(10) たとえば，企業投資を促進するための自己金融助成策，1949年8月の「ドイツ・マルク開始貸借対照法」，1952年1月の「投資助成法」（これによって，マーシャル援助の見返り資金を石炭，鉄鋼，電力などの基幹産業へ重点的に投資することを可能にした），1952年12月の「資本市場育成法」などがある（同上書，132-137頁）。
(11) たとえば，「輸出促進のための租税措置法」（1951年6月），「輸出金融会社」の設立（1952年4月）などがある（同上書，114-115頁）。
(12) 同上書，85頁。
(13) 西ドイツの金・外貨保有高は，「1950年11億2000万マルクにすぎなかったのが，……52年43億マルク（うち金5億9000万マルク）と伸びたあと，……58年には261億マルク（金，110億マルク）に達する。こうして，金保有高でも外貨保有高でも，この年に西ドイツは，米国につぐ自由世界第2位の地位を占めるにいたった」（同上書，118頁）。
(14) 西ドイツの失業者数は，「1956年，工業生産が1950年の2倍に達した時点で76万人（失業率4％）にまで減少し，ほぼ完全雇用が実現される」（同上書，138頁）。
(15) Ulrich Herbert, a. a. o., S.180-182.
(16) 「年間平均24万人の『逃亡者』が東ドイツから西ドイツに流入し，その約3分の2が18歳以上の労働力人口年齢に属していた」（出水宏一，前掲書，140頁）。
(17) 1989年11月9日，このベルリンの壁は崩壊した。それから約1年後の1990年10月3日には，西ドイツ（ドイツ連邦共和国）は東ドイツ（ドイツ民主共和国）を吸収し，統一ドイツが誕生した。
(18) 1957年の総産出高149,446,000トン，うちルールが123,209,000トン(82%)，ザールが16,290,000トン(11%)，アーヘンが7,619,000トン(5%)，イッベンビューレンが2,328,000トン(2%)であった。なお，この年がドイツで最も多くの石炭を産出した年であり，以降採炭量は，年々減少することになる。(Statistik der Kohrenwirtschaft E.V. "Der Kohlenbergbau in der Energiewirtschaft der BRD im Jahre 1990" Essen und Köln, im November 1991, S.28)
(19) Paul Wiel: "Wirtschaftsgeschichte des Ruhrgebietes : Tatsachen und Zahlen", Siedlungsverband Ruhrkohlenbezirk Essen, 1970, S.124.
(20) 林　昭，前掲書，94-95頁。
(21) 出水宏一，前掲書，44-45頁。
(22) 年度別の人数は，1947年6,264名，48年5,396名，49年3,915名，50年4,852名，51年20,166名，52年14,621名，53年12,988名であり，そして54年（1～9月）が2,207名である。(Flüchtlinge im westdeutschen Steinkohlenbergbau. ドイツ鉱山博物館資料室（Archiv）ファイルNr.13/357所収)
(23) "Bergarbeiternachwuchsfragen im Jahre 1955" In: "Bundesarbeitsblatt 1955" Hrsg : Der Bundesminister für Arbeit und Sozialordnug, S.632.

(24) Ebenda, S.632.
(25) Zechengruppe Katharina/Elisabeth der Essener Steinkohlenbergwerke AG: "Die Aufgaben und Aussichten des Führungsnachwuches im deutschen Bergbau Werte Eltern und Erziehungsberechtigte!" (ドイツ鉱山博物館資料室 (Archiv) ファイル Nr. 13/357 所収)
(26) 1991年12月11日（水）の午後，エッセンのグリュックアウフ・ハウスにあるルール炭鉱企業連合本部にて，F. Korthaus氏本人からの聞き取り調査メモ。
(27)「1912年の時点で，鉱業従事者（炭鉱労働者）は「ポーランド系」従業者のうちほぼ7割を占めており，10万6,653人を数えている。……（中略）……彼らはルール全域の鉱夫37万6,710人の約4分の1強にあたっている」（伊藤定良『異郷と故郷—ドイツ帝国主義とルール・ポーランド人—』東京大学出版会，1987年，40頁）。
(28) Paul Wiel, a.a.O., S.124.
(29) "Sozialpolitik 1955", In: "Bundesarbeitsblatt 1956" S.15-16.
(30) Werner Kozlowicz: "Der Austausch von Gastarbeitnehmern im Rahmen der zwischenstaatlichen Arbeitsmarktbeziehungen der Bundesrepublik Deutschland" In: "Bundesarbeitsblatt 1957", S.698-700.
(31) "Betr.: Ausländische Arbeitskräfte" 15.10.1957（ドイツ鉱山博物館資料室 ファイル Nr.13/357 所収）。同資料によれば，1957年9月末現在に西ドイツの炭鉱で働いていた外国人労働者総数は，10,554名であり，そのうちECSC諸国からの人が4,017名（38%），その他の諸国からの人が6,537名（62%）であった。前者の中では，オランダ（1,813名）とイタリア（1,709名）が多く，後者では，無国籍とその他を除くとユーゴスラビア（1,066名）とポーランド（538名）の占める割合が多い。
(32) "Kumpel Nino hilft an der Ruhr aus—Die ersten italienischen Bergarbeiter sind eingetroffen:Es gab keinen anderen Ausweg—" In: "Münchner Merkur" 24. Aug.1955.
"Die ersten Bergarbeiter aus Italien" In: "Frankfurter Rundschau" 4.Sep. 1955.
(33) "Kumpel aus dem Ausland—Gastarbeiter im westdeutschen Steinkohlenbergbau—" In: "Südkurier, Konstanz", 16. Aug. 1962. この記事では，当時のドイツにおける労働力不足が炭鉱でも問題となっていること，若者が炭鉱を避ける傾向にあることなどが指摘されている。記事の副題に出てくるGastarbeiter（ガストアルバイター）を，本書では「外国人労働者」という日本語に訳して使用している。「Gast」は「お客様」であり，「arbeiter」は「労働者」であるから，直訳すれば「お客様労働者」であるが，日本語として不適当である。ここで使われているドイツ語の「Gast」（お客）の意味は，ドイツに働きに来る外国人は，2〜3年働いた後帰国する一時的な「出稼ぎ労働者」であって，労働条件やその他の待遇で「特別扱い」される労働者ではない。

　日本語の「外国人労働者」にあたるドイツ語は，Ausländische Arbeiter，またはAusländische Arbeitnehmerである。

第2章
日本人炭鉱労働者派遣に至る経過

1　エネルギー政策の転換と炭鉱労働者派遣

　なぜ，日本の炭鉱から遠く離れたヨーロッパのドイツへ労働者が派遣されたのか，日本人炭鉱労働者の派遣はどちらの側（送り出し側の日本か，受け入れ側のドイツか）の提案で具体化されていったのか，という素朴な疑問に対する答えは，雑誌『国民評論』（1958年9月号）に掲載された記事「座談会 西ドイツで働く日本人」に出てくる飼手真吾氏（労働省審議官［当時］）の「この問題を一番最初に考えついた人は，労働省の現在の総務課長，その当時は教育課長の大野雄二郎さんです」[1]という発言から知ることができる。

　すなわち，労働力供給に関するドイツとイタリアとの政府間協定をドイツの官報を通じて知り，労働力不足で悩んでいた西ドイツへ日本の労働者を派遣して相互の交流を図ることに意義を見出したひとりの労働官僚の考えが，この問題の発端であった。その背後には，一般の国民がヨーロッパへ出かける機会がほとんど閉ざされていた後進国・日本の現実が横たわっていた。

　炭鉱労働者のドイツ派遣というアイデアが生じたのは，政府間暫定協定にもとづく最初のイタリア人炭鉱労働者がドイツに到着した1955年のことである。当時のドイツ石炭産業は，活況を呈していた。第2次世界大戦で同じ敗戦国であった日本の石炭産業でも，戦後経済再建の過程で，重要なエネルギー資源である石炭は政府の厚い保護政策のもとで，いわゆる「傾斜生産方式」によって増産された。炭鉱労働者数も，軍需工場からの転換者，復員者，外地からの引揚者が流入して急速に増加した。1950年6月に勃発した朝鮮戦争を契機として，石炭はさらに増産され，1951年には年間産出量は4,649万トン（戦前水準の84％）

にまで回復した。だが，その後，不況が長期化するなかで，中東油田の開発に伴う外国からの安価な輸入石油や輸入石炭との競争状態のもとで，広範な中小零細炭鉱を抱えた日本の石炭産業は，炭鉱労働者の人員整理はもとより，生産の機械化・自動化など技術的な合理化に取り組むことを余儀なくされた。この技術的な合理化の中心について矢田俊文氏は，次のように指摘している。「1951～52年頃から広範に導入されたカッペ採炭法の普及であり，これが長壁式採炭法の普及と切羽の大型化をもたらすとともに，1958年以降の本格的な採炭の機械化の前提ともなった」。

同時に，1955年は，石炭から石油への日本のエネルギー政策への転換が，始動し始めていた年である。すなわち，同年8月に制定された「石炭鉱業臨時措置法」は，一方では，大規模で優良な炭鉱では機械化・合理化を進め，他方では，能率の悪い（主として中小）炭鉱は閉山していく方向を示すものであった。日本人炭鉱労働者がドイツへ派遣された時期は，日本政府の石炭政策の第1期(1957～61年)，国際的な石油資本と日本の石炭資本との「競争的共存」政策の時期に相当する。政府が，石炭業界のスクラップ・アンド・ビルドを強力に支援した時期である。また，実際に自らが派遣労働者のひとりとして第2陣(1958年)で渡航した高口岳彦氏は，当時の石炭業界について，「炭鉱技術界は官民ともドイツ指向が強く，日本の鉱山機械メーカーもドイツ側と技術提携して，支保用鉄柱，石炭かんな（ホーベル），装甲コンベヤ（パンツァー）などを作り始め，日本の炭鉱は競って機械化を推進した」と指摘している。

さて，炭鉱労働者の派遣を具体的に推進していったのは，先に述べた飼手真吾氏である。翌1956年1月には，在独日本大使館を通じてドイツ政府の意向を打診し，また当時の日本では強力な労働組合であった日本炭鉱労働組合（炭労）の委員長と数回にわたって話し合っている。その後，同年2月にILOの会議に出席するために渡欧した機会を利用してドイツ政府と折衝し，ルール地域へも出かけて現場を視察し，ルール炭鉱企業連合（Unternehmensverband Ruhrbergbau）も受け入れに積極的であることを確認している。また，この時点で両国の間に生じていた「解決できない難問題」が，1人当たり50万から60

万円もする往復旅費（飛行機代）を誰が負担するかということであった。⁽⁷⁾

　炭鉱業の経営者団体である「日本石炭鉱業経営者協議会」（石炭経協）をはじめ，炭労と「全国石炭鉱業労働組合」（全炭鉱）などの労働組合に，正式にこの派遣問題が提案されたのは飼手氏が2月の渡欧から帰国した後である。これについて，経営者側の対応について，当時の石炭経協常任理事の松本栄一氏は，「寝耳に水のような話」だったが「業界としては少なからず関心をもった」，というのも「当時，業界各社は逸早くカッペ，ホーベルの導入を試みつつあった時でもあり，……この進んだ技術を身をもって修得したい」「西欧民主主義を肌で学びとる」「日独親善にも寄与する」という強い気持ちが働き，「送り込む以上は，心身共に優秀な者を送り出そうということで選考に着手した」と述べている⁽⁸⁾。だが，「大手各社の中には"せっかく炭況が上向いて労務者に精一杯働いてもらえる時になったいま引き抜かれるのはつらい"と消極的な社もある⁽⁹⁾」というのも現実であった。

　1956年3月30日付で，労働省はドイツへの労働者派遣要綱を，経営者団体と労働組合に提示している。これを受けて石炭経協は，4月10日の在京理事会で，炭鉱労働者の西独派遣を正式に決定した。このころの炭労副委員長の談話では，炭労はまだ正式な態度を決定していないこと，西独に在住している間の日本の会社との雇用関係，留守中の待遇，退職金，旅費などが態度決定前に解決されなければならない問題であること，などが指摘されている⁽¹¹⁾。いずれも，労働者の利益を代表する労働組合として，あらかじめ明確にすべき問題点であるといえる。炭労は，4月20日の中央執行委員会で，「組合の求める諸条件が了承されることを前提に，この派遣計画に賛成した」⁽¹²⁾。

　同年6月には，ボンで日本とドイツ両国の労働大臣の間でこの問題についての原則的な合意がなされ，これを受けて7月18日には，ボンで両国労働省の間で合意文書『ルール石炭鉱業における日本人炭鉱労働者の期限付き就労に関する計画』（Programm zur vorübergehenden Beschäftigung von japanischen Bergarbeitern im Ruhrkohlenbergbau）の仮調印が行われている。

　以降，派遣への動きは急速に進み，日本側の労働者派遣体制は，すでに8月

の段階で確立された。すなわち，8月7日には，労働省内に，政府（労働省，外務省，厚生省），労働者（炭労，全炭鉱の代表各2名），使用者（関係会社代表4名）および関係団体である日本海外協会連合会の代表で構成される「炭鉱労働者西独派遣協議会」が設置され，派遣労働者の募集，選考基準，訓練，その他関連事項の協議にあたることになった。⁽¹³⁾

　8月9日には，同協議会によって『西独派遣労務者第1次募集並びに選考要領』が決定され，21日には，派遣労働者の会社別割当人数が確定して具体的な人選が進められた。また，8月10日には，炭労と石炭経協との間で「西独派遣労務者の取扱いについて」が確認されている。

　その後，日本側では，10月26日に「日本人鉱山労務者のドイツ連邦共和国ルール炭鉱における期限付就労のための取り極めに関する件」が閣議決定された。11月2日には，両国外務省の間で交換公文（口上書）が取り交わされ，先の合意文書が正式に調印されるに至った。⁽¹⁴⁾

　以上が，派遣に至るまでの経過である。「西独でそんなに労働者を欲しがっているならば，日本でもその目的に応じたらいい」というひとりの労働官僚のアイデアは，政府主導の日本人労働者のドイツ派遣へと結実した。したがって，派遣は日本側の提案によって具体化していったことがわかる。⁽¹⁵⁾

　同じ敗戦国であったとはいえ，日本人炭鉱労働者の派遣は，後進国・日本から先進国・ドイツへの労働者の渡航という色彩が強い。たとえば労働省職業安定局は，これについて次のように述べている。

　「わが国の移民問題は，従来は主として南米又はハワイに対する農業移民を中心として行われていたので，近代的労働者として然もヨーロッパのまん中へ進出することは今回がはじめてである。今後日本の労働者は国内のせまい労働市場にきょくせき（原文のママ）することなく，その勤勉，忍耐，努力と，培われた技能を生かし，大いに世界に雄飛しなければならないと思う。そのことが又現在の世界に見る如く，労働力不足のため資源の開発と経済のより高度な発展がさまたげられている国と労働力が過剰なために失業と社会的困窮が存在している国とが併存している現象を解消し全世界の人類の福祉と繁栄が広く同一歩調をとって進む偉大な道に通ずることであると思われる」。⁽¹⁶⁾

ここには，労働力不足を抱えた国と労働力過剰を抱えた国とが，労働力の国際的な移動によって協力し，お互いの問題を解消していくことに積極的な意義を見出そうという視点が見られる。

　あるいは，この派遣について，「『移民』ではないが，そうかと云って単なる視察，見学のための労働者交流ともちがい，新しい性格を持った労働力の海外進出として今後のわが国にとって一つのテスト・ケースとなるべき重要な意義を有するものである」という指摘もなされている。

2　受け入れ側ドイツの動き

　日本の労働省から，炭鉱労働者受け入れの打診を受けたドイツ連邦労働省は，1956年1月30日付でドイツの経営者団体であるルール炭鉱企業連合（UVR）宛に『ドイツ石炭鉱業における外国人労働者（Gastarbeiter）としての日本人炭鉱労働者の就労について』という文書を送り，受け入れが可能かどうかを問い合わせている。

　文書では，はじめに日本の労働省から連邦政府に約500名の炭鉱労働者を約3年間ドイツの炭鉱で外国人労働者として就労させることが可能かどうかの問い合わせがあったことに触れている。具体的には，少なくとも日本の炭鉱で3年間の労働経験がある21歳から25歳までの未婚の坑内労働者で，労使の代表で構成される委員会で選出された者であり，ドイツで就労期間中もそれまでの日本の企業に所属し，帰国後はもとの職場に復帰すること，となっている。日本側がこのプロジェクトで期待しているのは，「西ヨーロッパの炭鉱における近代的な作業方法およびドイツでの労働条件を学ぶこと」「彼らの滞在が，新しい重要な領域における日本とドイツの友好関係の発展に貢献するであろう」という点である。そのうえで，第1に，職業教育のために，またそれに応じて必要な経費が生ずるが，一定の期間だけ炭鉱で働きたいという労働者について関心があるか，第2に，これらの労働者に必要な往復の渡航費やその他の経費を会社が分担する用意があるか，第3に，500名の外国人労働者の就労によって経営上の支障が生ずるかどうかなどについて，率直な見解を知らせてほしい旨を

求めている。[18]

　連邦労働省からの問い合わせに対して，ルール炭鉱企業連合は，同年2月2日の会議の結果，日本の労働省からの提案に積極的に対応することを決定した。その後，2月29日のドイツ鉱山労働組合（IG-Bergbau）との会議を経た後，3月10日付で，企業連合の会員企業宛に日本人労働者の受け入れを希望する会社があるかどうか，また受け入れる場合には何人の労働者の受け入れが可能であるかを問い合わせる文書を発送している。われわれは，この文書で紹介されている29日の会議の内容から，ドイツ鉱山労働組合のこの問題に対する態度を知ることができる。労働組合は会議の場で，「経験を得るために，この試みはさしあたり500人よりも少ない人数で実施されるべきであること，労働・生活条件でドイツ人労働者との均等待遇が確保されるのであれば，日本人外国人労働者の就労に何ら反対するものではないこと，日本人労働者は坑内労働につくまえに鉱山保安規則第309条に適応するだけの十分なドイツ語会話能力をマスターしていなければならない」という見解を述べている。また，文書の末尾には，日本人労働者の往復旅費については「日本政府が負担するべきである」という炭鉱企業連合の意見が示されている。[19]

　この企業連合本部からの問い合わせ文書に対して，クレックナー鉱山会社ビクトル・イッカーン鉱は，3月16日付の返書で，「われわれは，指示されている条件のもとで20人の日本人労働者に働いてもらう用意がある」ことを表明するとともに，この問題に関する情報の継続を求めている。[20]カストロップ・ラウクセルにあるクレックナー鉱山会社ビクトル・イッカーン鉱は，実際に多くの日本人炭鉱労働者を受け入れた炭鉱である。

　こうした会員企業の意向を受けて，ルール炭鉱企業連合は，1956年4月14日付の返書を連邦労働省宛に送っている。その要点は，以下の3点である。第1に，3年間の日本人外国人労働者の就労について，傘下の各企業は基本的に関心をもっていること，問い合わせの件については，合計460名の日本人外国人労働者のための教育の場と職場を提供することが可能であること，だがさしあたり約100名からなる小さいグループを受け入れて，その経験を集約すること

が望ましいなどを回答している。第2に，受け入れに前向きな鉱山会社は，教育に必要な費用を負担する用意はあるが，渡航費用やその他の経費については負担できないとしている。またこの点については，すでに日本政府代表との会議の席上で，ドイツ鉱員年金保険の労使双方の掛け金で支払うという提案がなされたが，この点を再度検討すべきであると述べている。第3に，特別の経営上の困難についてであるが，すでに日本人外国人労働者の受け入れを表明している鉱山会社の見解によれば，それぞれの炭鉱に30〜50名のグループに分割して受け入れること，およびドイツ鉱山保安規則の第308条と第309条に規定されている前提条件が満たされるならば問題はないとしている。ここに出てくる2つの条文とは，鉱山保安規則の労働者保護に関するものであり，坑内労働が許可される労働者の条件について規定している。すなわち，原則として精神的・肉体的に健康な労働者でなければならないこと，外国人の場合には，坑内労働に従事する前に十分なドイツ語会話能力を習得している場合にのみ許可される。さらに返書では，日本人炭鉱労働者の就労能力やドイツの炭鉱で働くことが可能であるかどうかについては，アーヘン工業大学の教授であり，日本の石炭鉱業の現状に精通しているヘルムート・フリッチェ教授の論文を根拠として，日本の炭鉱労働者の職業能力はドイツの炭鉱労働者と同じであること，したがって日本人がドイツの炭鉱で働くことには価値があると結論づけている。またドイツ鉱山労働組合も，日本人外国人労働者の労働条件がドイツ人労働者のそれと全く同じであることが保証されるならば，この問題に異論はないという立場を明らかにしている点にも触れている。[21]

　以上の資料からも明らかなように，1956年1月から4月にかけて，ドイツ側でも連邦労働省，経営者団体であるルール炭鉱企業連合本部と傘下の各鉱山会社，および鉱山労働組合との間で日本からの外国人労働者の受け入れをめぐって多くの会議や文書の交換が積極的に行われていたことがうかがえる。そうした動きは，日本側でもちょうど同じ時期に炭鉱労働者の派遣をめぐって同じような動きがあったのと符合している。また，これらの文書から，日本の労働省がドイツ側に最初に提案したのは21歳から25歳までの若い労働者の派遣であっ

たこと，ドイツの炭鉱坑内で就労するためには十分なドイツ語会話能力の習得が前提条件であること，また往復渡航費の負担が問題点のひとつであったことなどがわかる。

1956年4月のドイツの新聞では，日本が，500名の炭鉱労働者をドイツに派遣する希望をもっていること，受け入れ炭鉱はハンボルナー鉱山会社になる模様だが，実現にはまだ時間がかかるなど，日本の炭鉱業の現状と派遣の意図を紹介する記事が掲載されている。(22)

また，7月19日付の新聞では，同月18日にボンで日本政府代表と連邦労働省との交渉がまとまり，近いうちに政府間協定が結ばれるであろうという報道がなされている。したがって，記事の内容も「日本で坑内労働を経験した21歳から30歳までの独身の炭鉱労働者であり」「今年の11月には，最初のグループの55人が到着する。これらの人たちは，最初の6週間は坑外作業に従事して，この間にドイツ語を習得する」など，かなり具体的である。(23)

7月18日の合意が両国政府間で正式に調印されたのは，11月2日である。1956年12月29日付で，ドゥイスブルクにあるハンボルナー鉱山会社は，ドゥイスブルクの鉱山監督署を通じてドルトムントの上級鉱山保安監督署本部宛に，日本人炭鉱労働者受け入れ許可の申請書を送付している。(24) この申請に対して，上級鉱山保安監督署は，1957年1月18日付の文書で返信している。(25)

なおドイツでは，翌1957年2月10日付で，『職業技術の完成と知識を広めるためのルール石炭鉱業における日本人炭鉱労働者の期限付き就労に関する日本政府とドイツ連邦共和国政府との間の協定』(Vereinbarung zwischen der Regierung der Bundesrepublik Deutschland und der japanischen Regierung über die vorübergehende Beschäftigung japanischer Bergarbeiter im Ruhrkohlenbergbau zum Zwecke ihrer beruflichen Vervollkommnung und zur Erweiterung ihrer Kenntnisse) として，両国政府が交換したそれぞれの口上書および「ルール石炭鉱業における日本人炭鉱労働者の期限付き就労に関する計画」，その他，坑内労働に従事する前の健康状態の検査項目を記したドルトムント鉱山監督署本部の文書や健康

診断書などの付属文書が公刊されている。[26]

3　派遣の具体的内容

われわれは，派遣の具体的な内容を1956年11月2日に両国政府間で交換された『口上書』（Verbalnote）と『ルール石炭鉱業における日本人炭鉱労働者の期限付き就労に関する計画』（Programm zur vorübergehenden Beschäftigung von japanischen Bergarbeiter im Ruhrkohlenbergbau）から知ることができる。[27]口上書には，派遣の基本的な内容が示されている。すなわち，「日本の炭鉱で最低3年間の坑内労働を経験した21歳から30歳までの独身の炭鉱労働者が，500人の範囲で職業技術の完成と知識を深めるために労務者として3年間ルール炭鉱に派遣されること」，ドイツ政府は，「これらの人々の入国，滞在，労働許可などであらゆる便宜措置をとること」，派遣される労働者は，「日本の会社に所属し，ドイツ滞在中は休職扱いにすること」，「ドイツにおける労働期間は日本における労働期間とみなし，日本の年金請求権はドイツ滞在期間中も継続すること，ルール炭鉱における日本人労働者の就労についてはドイツ年金保険の適用除外が認められること」，「ドイツで就労する日本人労働者の賃金，労働保護および労働時間などの労働条件は，同じ職種のドイツ人労働者と同等であること」などである。

こうした基本的内容をさらに具体的に示しているのが，口上書に添付されている付属計画書である。計画書は，以下の14点について27項目にわたって詳細に記している。すなわち，1．計画の性格と範囲（1～3），2．労働者の選抜（4～5），3．候補者名簿と採用（6～7），4．輸送の手配（8），5．滞在許可，労働許可と雇用承認（9～10），6．労働契約（11），7．見習い期間（12），8．均等待遇（13），9．社会保障（14～16），10．旅費（17～18），11．宿舎と賄い（19），12．賃金の送金（20），13．労働契約期限前の終了（21～23），14．連絡員の派遣と世話（24～27）である。以下，必要と思われる内容に限定して紹介することにしよう。

「500人の労働者の3年間の就労」は，1．「計画の性格と範囲」で具体化されている。すなわち，第1陣は55名で構成され，協定締結後3か月以内に就労を開始すること，それ以降の派遣については第1陣到着後18か月以内に漸次派遣されるが，その詳細については，第1陣が就労を開始してから6か月以内の経験にもとづいて決定されることなどである。またここでは，派遣される労働者は，日本の鉱山会社の従業員から選抜された会社派遣であること，したがって帰国後はもとの会社で就労する権利をもつことが明確にされている。

2．「労働者の選抜」と3．「候補者名簿と採用」では，日本側が労働者の選抜を行い，候補者の健康診断書，レントゲン写真および犯罪歴のない証明書を添付した候補者リストを在日ドイツ大使館を通じてドイツに送付すること，最終的な派遣労働者の採用はドイツ側が行い，その決定と出発の日時を日本側に通知することなどが記されている。4．「輸送の手配」では，この目的のためにドイツ側がチャーターした飛行機で行うとなっている。

5．「滞在許可，労働許可と雇用承認」では，ドイツ到着後の滞在許可，労働許可などを取得するための手続きについて具体的に記載されている。6．「労働契約」は，出発前にあらかじめ両国語の書類が2部用意され，派遣労働者は出国前にそれに署名した後，その一部を両国語で受け取る。ドイツの鉱山保安規則第16章の第309条には，「労働者は，上司や同僚の口頭での指示を正しく理解し，応答できるだけの十分なドイツ語ができる場合にのみ坑内労働に従事することが許される」という規定がある。この規則との関連で，7．「見習い期間」には，派遣労働者は十分なドイツ語知識を得るために，はじめの6週間は坑外作業に従事し，この期間にドイツ語教育を受けるという記述がある。その後に携わる坑内労働では，1か月の固定給による教育切羽（Anlernstreb）での見習い，2か月間の請負給による坑内見習い期間をへた後，ドイツ人労働者と同様に就労し，同じ賃金を受けとることができる。8．「均等待遇」では，日本人労働者はドイツ人労働者と平等に扱われること，またドイツ国民と同様に財産・権利が保護されることが記されている。

9．「社会保障」では，日本人労働者は健康保険，災害保険，失業保険などの社会保険については，ドイツ人労働者と同様の適用を受けることができる。

しかし，年金保険については，日本の年金保険の継続適用を受けるものとし，したがってドイツ鉱員年金保険（Knappschaftsversicherung）の適用除外が認められ，ドイツ鉱員年金に対してはいかなる請求もすることはできないとされている。これは，当初からの懸案事項であった，派遣労働者の往復旅費負担の問題に関連している。すなわち，10.「旅費」については，ドイツ側で措置することとし，具体的には適用除外されたドイツ鉱員年金保険の労働者負担分と使用者負担分の保険料を特別口座を設けて積み立てておいて，往復の飛行機代に充当する方法がとられることになった。11.「宿舎と賄い」によれば，宿舎はドイツ鉱山会社の独身寮が用意される。賄い付きの宿泊料は，1か月当たり1人150ドイツ・マルクである。食事は，できるだけ日本の生活様式や習慣を考慮すること，また日本人派遣労働者を適時一般のドイツ人家庭に下宿させる旨の記述がある。12.「賃金の送金」では，派遣労働者が賃金残額を日本に送金できることが規定されている。

　13.「労働契約期限前の終了」は，主に3年間の契約期間の途中で，何らかの理由で日本へ帰国しなければならない場合の旅費などの取り扱いについての記述である。たとえば，それが労働者本人の責任に帰する場合の帰国費用などは日本側が負担すること，それ以外の場合についてはドイツ側が負担することなどである。14.「連絡員の派遣と世話」の連絡員（Verbindungsmann）とは，ドイツの会社との交渉，在独日本大使館との連絡，その他日本人労働者の労働・生活上のいろいろな世話に携わる人である。ここでは，こうした仕事につく5名以内の連絡員をドイツに派遣することで両国が合意したこと，これらの連絡員の雇用関係や給料の支払い，宿舎や賄いの確保などについての細かい内容が記されている。大卒で日本の鉱山会社に就職し，ドイツ語も堪能な職員からなる連絡員の雇用関係は，日本の会社のそれがそのまま維持されること，したがって賃金も日本の会社が支払うこと，連絡員は派遣労働者が渡航する1か月前には渡独してドイツの会社と協力して受け入れ準備に携わること，連絡員の滞在期間は8か月とし，その往復旅費は日本側が負担すること，しかし，これらの職員の宿舎と賄いについては日本人労働者と同じ待遇をドイツ側が無償で提供し，またこれらの職員の労働災害についてはドイツ災害保険法の適用が

保証される。また，日本政府が政府職員や鉱山技師各1名を監視員として全期間派遣する場合の給料や旅費は日本側の負担であるが，それ以外の便宜をドイツ側が図ることについての規定もある。

　非常に長くなったが，以上が日本人炭鉱労働者のドイツ派遣計画の具体的な内容である。ドイツ人労働者との「均等待遇」は明確に示されているが，問題は，「ドイツでいくら稼げるのか」を示す賃金額である。1か月26日稼動で手取り賃金は平均500マルク（約4万3,000円）が，当時一般的に報じられていた金額であり，それは日本の炭鉱労働者の賃金の約2倍であった。[28]

　ところで，1956年4月末に，炭労が派遣計画に賛成した経緯について，次のような記録がある。労働省が炭労に示した派遣要綱の目的に，「(1) 先進炭鉱業の技術を習得し，(2) 西欧民主主義の実情を体験せしめ，(3) 西独における炭鉱労働力の不足を緩和し以って日独親善に寄与する」とあるが，(1)については，「問題なく」，(2)については，これが「特に本人を拘束するものがないことが明らか」であり，(3)については，「労働条件がドイツの労働者と全く同じならばよい」，と考えて態度を決定した。[29]

　また，同年8月には，炭労，全炭鉱と経営者団体である石炭経協との間で「派遣期間中の身分上の取扱」「勤続年数の取扱」など8項目に関する『西独派遣労務者の取扱等について』（8月10日付）[30]が合意されている。それによれば，「身分上の取扱」では，「在籍のままとして派遣期間中は休職扱い」（その後の『補足』で，「休職の呼称は用いない」とされた）として「帰国後は原職に復帰させる」こと，「勤続年数の取扱」については，「派遣期間中は原職種により引き続き勤続したものとして通算する」としている。その他，「労働者の派遣で職場に欠員が生じても新規採用による補充はしないこと」や「鉱業所より羽田空港までの旅費は，各社の旅費規程で支給すること」「支度金として，1人5万円を支給する」などが確認されている。さらに，労働省は，派遣期間中の日本の社会保険の適用に関する要領『西独派遣炭鉱労働者に係る社会保険及び労働保険の取扱』[31]を決定し，関連機関に周知している。政府や経営者団体との各種の取扱についての確認や，「派遣計画」の「均等待遇」などの内容から，労

働組合が危惧していた事項はほぼ払拭されていたといえる。

4 派遣労働者の選抜と派遣

すでに指摘したように，日本側は1956年8月には具体的な人選に入っている。その基準となったのが，8月9日付の『西独派遣労務者第一次募集並びに選考要領』（労働省）であった[32]。第1に，「募集人員」は，補欠の5名を含めて60名である。したがって，派遣される労働者数は，55名であった。第2に，「募集方法」は，全国の炭鉱各社の在籍労務者数を基準として派遣希望者を募るとしている。この場合，各社は在籍労務者5,000名に1名の割合で希望者数を申し込むが，中小炭鉱を不利に扱わないことが申し合わされていた。8月21日には労使協議の後，各会社別の割当人員が確定した。その後9月には，ドイツ側からチャーター便飛行機の座席数との関係で60名を受け入れる旨の連絡が入ったため，募集人員60名は，補欠の5名を含めて65名に増員された。

第3に，「選考方法」は，各炭鉱会社が労働組合と協議のうえ候補者を選考して労働省に推薦するとし，詳細な8項目に及ぶ選考基準，すなわち，(1) 坑内労働の経験が3年以上で，満21歳から30歳未満の独身者であること，(2) 身長1.64メートル以上，体重56.3キロ以上，視力1.0以上，聴力正常，色盲なく，身体強健で公的な健康診断に合格した者，(3) 勤務成績特に優秀な者，(4) 志操堅固，人格円満な者で，外地の勤務に耐え得る者，(5) 新制中学卒業以上の学歴で，ローマ字を読み書きでき，ドイツ語の学習に耐え得る者，(6) 確実な身元保証人のある者，(7) 扶養家族のない者，(8) 前科のない者，が記されている。そのうえで，「候補者の最終決定は政府がこれを行う」としている。

以上の経過から明らかなように，募集については，まず鉱山会社ごとの派遣人員割り当て枠が決定された後，会社ごとに募集・選考が進められた。そうでなければ，当時全国の炭鉱で少なくとも約20万人の鉱員（坑内労働者）が就労していた状況下で，短期間に60〜65名の候補者を決定することはできなかった。また，輸入石油や石炭との厳しい競争条件の中で，起死回生を意図していた当時の石炭業界が，地下数百メートルでの採炭という地理的条件が日本と似てい[33]

たドイツの炭鉱における掘進や採炭現場での機械化状況や技術修得を目的としていた炭鉱労働者のドイツ派遣への意気込みを感ずることができる[34]。

募集と選考の具体的な方法は企業ごとに異なっていたが，一般的には，派遣要領や派遣人員を社内公募して，多くの応募者のなかから一般常識やローマ字の筆記試験，面接試験などを実施し，さらに本人のそれまでの勤務状態を考慮したうえで推薦する候補者を決定した会社が多い。こうした場合には，1名の派遣枠に対して10数名の応募者があった会社が多かった[35]。また，会社の上司の推薦で派遣された活動家も多かった。さらに，候補者のなかには，炭労の各地方本部の幹部を経験していた活動家も多く含まれていた。

第1陣で派遣された59名の労働者のなかには，「独身」という条件を満たすために「離婚」して応募した人が2名含まれていた。第1陣の派遣状況については，序章で紹介した深田祐介氏の文献に詳しい。たとえば，この陣で派遣された人のなかには，戦後間もない時期に外地から引き揚げてきて，当時活況を呈していた炭鉱に就職していた人が比較的多く含まれていた。

坑内労働に従事する従業員は，採炭などの現場作業に携わる「鉱員」と，監督労働や測量，機械の管理や修理などに携わる「職員」とに区別されるが，「ドイツでは実際に採炭，掘進作業に従事する予定」であるために，鉱員が優先されることになっていた。しかし，職員であった人のなかには，本社に直接手紙を送付して渡独を希望して派遣された人も含まれていた。その結果，59名の派遣労働者のなかには8名の職員が含まれ，そのなかには採炭などの現場労働を経験したことのない人も含まれていた。また，59名の内訳を所属組合別にみると，炭労が45名（76％），全炭鉱が10名（17％），中立が4名（7％）であり，多くを炭労組合員が占めていたことがわかる。

いずれにしても各企業の厳しい選考過程を経て，政労使代表で構成される「炭鉱労働者派遣協議会」は，11月29日に65名の候補者を確認し，翌12月1日には在日ドイツ大使館を通じて候補者名簿がドイツ側に発送された。そして，12月18日には，ドイツ側から最終的に59名の労働者の受け入れと，翌1957年1月19日羽田発のスカンジナビア航空機での渡航が知らされた[36]。

当初予定された派遣労働者数55名は，飛行機の座席60の関係で60名に増員さ

第2章 日本人炭鉱労働者派遣に至る経過　47

表2-1　西独派遣炭鉱労働者講習日程（日本海外協会連合会）

月日	曜	9:30	11:30	13:00	15:00	15:10	17:10	18:00	20:00
10 15	土	入所	開講式	渡　航　手　続				班　編　成	
16	日			自　　由　　時　　間					
17	月	炭鉱労働者の西独派遣業務の概要		独語一般会話	国際教養(1)旅行上の注意		夕食		
18	火	独語炭鉱用語		西独炭鉱事情(1)	独語一般会話		夕食		
19	水	同上		独国炭鉱における就業条件及び契約書の説明	西独炭鉱事情(2)		夕食		
20	木	同上		炭鉱衛生	独語一般会話		夕食		
21	金	渡航手続		独国一般事情	西独炭鉱事情(3)		夕食	荷物整理	
22	土	国際教養(2)		国内送金手続の説明			夕食	同　　上	
23	日			自　　由　　時　　間					
24	月	外貨交換		閉　講　式					
25	火	午前9時30分　羽田出発							

期間：10月15日〜10月24日　　会場：横浜移住あっせん所

れた。だが，第1陣の派遣労働者は59名である。残りの1座席に搭乗したのは，「この問題を最初に考えついた人」であり，日本政府の責任者として引率した労働省職員・大野雄二郎氏であった。

　1957年1月7日に，全国の炭鉱から選抜された労働者は，渡航前の10日間の訓練（講習）を受けるために，外務省管轄下の横浜移住あっせん所に入所している。そして，この派遣労働者の渡航前の訓練を担当したのが，「炭鉱労働者西独派遣協議会」の構成メンバーであった日本海外協会連合会である。

　表2-1は，この渡航前の訓練の内容を示す「西独派遣炭鉱労働者講習日程」の一例である。資料の日付（10月15〜25日）から明らかなように，これは1960年10月に渡航した第3陣の人々の時の日程表である。講習の内容が，第1陣や第2陣の内容とほぼ同じであるため，ここに掲載することにした。1958年1月に第2陣第1班で渡航した田河博［太平洋炭鉱］氏の話では，労働省の飼手真吾氏や在日ドイツ大使館職員の話，日本の大学に勤めているドイツ人教員の日

本語でのドイツの風土や国土の話などの講習が行われた。第3陣で渡航した井上久男［三菱高島鉱業所端島炭鉱］氏のメモによれば，起床時間は7時，朝食時間は8時から8時半，また門限時間は22時，消灯時間が23時である。21日（金）午後の「独国一般事情」は，在日ドイツ大使館の一等書記官が担当している。また，この期間中に，旅券の発行，渡航手続きや外貨の交換など，出国に必要な手続きが行われていたことがわかる。

九州のコヤマ（小炭坑），佐賀県の小城炭鉱からひとりだけ派遣された角道武利氏は，博多駅で偶然，福岡県のコヤマから派遣された片山敏夫［早良炭鉱］，上妻久雄［西戸崎炭鉱］の両氏と出会い，一緒に横浜へと向かった。

大きな炭鉱から選ばれた派遣労働者は，それぞれの会社や地域，あるいは東京にある本社で幾多の送別会や歓送会，あるいは壮行会を経て送り出されている。たとえば，宇部興産からは，第1陣に3名の労働者が派遣されたが，派遣が決まった12月には，山口県知事出席のもとに県主催の「渡航の無事と技術留学の成功」を祈願する公式大壮行会が開催され，出発に際しては国鉄宇部駅前で宇部市長，会社幹部ら総勢200名による壮行会が行われている。

北海道と九州の各鉱業所から12名の社員を派遣することになった三井鉱山は，1月8日に，壮行会をかねた本店主催の座談会を横浜で開いている。このことを報じた社内報『びばい』の記事には，三池から派遣される3名が出発した日には，やはり市長が駅まで見送りに来たことが報じられている。

あるいは，5名の社員を派遣した北海道炭鉱汽船の社内報『炭光』には，「胸ふくらませ西独へ」という見出しの記事で，外務省横浜移住あっせん所へ入所し，ドイツ語会話（一般会話），炭鉱用語，国際教養，ドイツ国一般事情などの講習日程を終了したことを紹介した後，第1陣渡航時の模様を次のように報じている。「1月18日には，労働省，外務省，西独大使館，石炭経協，炭労，関係会社代表列席のうえ盛大な歓送会が挙行されたが，1行59名は1月19日午後3時30分関係者多数の真心のこもった見送りを受け，希望に胸をふくらませつつ一路西ドイツルール炭鉱へ向かって羽田空港を飛び立った」。

こうした渡航時の状況から，先進国ドイツへ「技術留学」するために全国から選ばれた59名の炭鉱労働者は，会社や石炭業界の代表として，県や市などの

地域社会の代表として，さらには日本を代表する両国の友好親善の架け橋として歓送された。

[注]
(1) 国民評論社『国民評論』1958年9月号，4頁。
(2) 矢田俊文『戦後日本の石炭産業―その崩壊と資源の放棄―』新評論，1975年9月，71-75頁を参照。
(3) 当時の日本の石炭産業の危機状況については，ドイツでも紹介されていた。"Krise der Kohlenindustrie in Japan-Importierte amerikanische Kohle ist billiger als einheimische" In: "Bergbau-Rundschau", 8/1956/1 , S.12-13.
(4) 矢田俊文，前掲書，75-76頁。なお，原文の年号は，西暦に変えて引用した。
(5) この時期区分は，矢田俊文氏の研究業績による。それによれば，第2期（1962～65年）は「競争的共存政策を放棄した限定的保護政策」，第3期（1966～73年）は「石炭資本の急激な崩壊を防止しながらの漸次的撤退政策」，第4期（1974以降）は「縮小した規模での生産維持政策」の時期である（同上書，21-25頁参照）。
(6) 高口岳彦『地底の客人』前掲書，14頁。
(7) 『国民評論』前掲，1958年9月号，5頁。
(8) 同上書，6頁。
(9) 『北海道新聞』1956年8月18日付。
(10) 「炭鉱労働者西独派遣」（日本石炭鉱業経営者協議会『石炭労働年鑑』昭和31年版）433頁。
(11) 『北海道新聞』1956年4月11日付。
(12) 「炭鉱労働者の西独派遣計画について」（日本炭鉱労働組合『第16回臨時大会資料』1956年10月18～21日）123頁。
(13) 『石炭労働年鑑』前掲書，昭和31年版，441頁。
(14) 同上書，433頁。
(15) 『国民評論』前掲，1958年9月号，5頁。
(16) 雇用安定課「炭鉱労働者の西独派遣について」労働省職業安定局編『職業安定広報』1956年10月号（第7巻第10号），25-26頁。
(17) 「炭鉱労働者の西獨への派遣」日本ILO協会『世界の労働』1956年11月号，8頁。
(18) Der Bundesminister für Arbeit : "Beschäftigung japanischer Bergarbeiter im deutschen Kohlenbergbau als Gastarbeiter", An den Unternehmensverband Ruhrbergbau, Bonn, den 30. 1. 1956.
(19) Unternehmensverband Ruhrbergbau : "Beschäftigung japanischer Bergarbeiter im

deutscchen Kohlenbergbau als Gastarbeiter" An die Mitgliedsgesellschaften, Essen, den 10. März 1956.
(20) Klöckner-Bergbau Victor-Ickern: "Rundschreiben Nr.7, 10. 3. 1956" An den Unternehmensverband Ruhrbergbau, 16. März 1956.
(21) Unternehemensverband Ruhrbergbau: "Beschäftigung japanischer Bergarbeiter im deutschen Kohlenbergbau als Gastarbeiter" An das Bundesministerium für Arbeit 14. 4. 1956.
(22) "Japan will Bergleute auf Lohberg anlagen" In: "Westdeutsche Allgemeine" 9. April 1956. "Japanische Bergleute wollen lernen—Nachwuchskräfte sollen drei Jahre in westdeutschen Zechen arbeiten—" In: "Frankfurter Allgemeine Zeitung" 13. April 1956.
(23) たとえば、"Japanische Kumpel an der Ruhr" In: "Westfälische Rundschau" 19. Juli 1956. "Die Ruhrzechen nehmen 500 japanische Bergleute auf—Dreijährige "Schulung" unter Tage zu gleichen Lohn—und Sozialbedingungen wie deutsche Bergarbeiter—" In: "Nürnberger Nachrichten" 19. Juli 1956.
(24) Hamborner Bergbau Aktiengesellschaft "Schachtanlage Friedrich Thyssen2/5 Einsatz von japanischen Bergarbeitern" An das Oberbergamt Dortmund, 29. 12. 1956.
(25) Oberbergamt "Auf den Antrag vom 29. 12. 1956", An die Hamborner Bergbau in Duisburg-Hamborn, Dortmund, den 18. Januar 1957. なお、この文書では、坑内労働に携わって以降の切羽（Streb）での教育などついては、1949年に鉱山監督署が出した文書（"Bestimmungen über Anlernung und Einsatz von Neubergleuten im Steinkohlenbergbau" Dortmund, den 27. Mai 1949）が指示されている。
(26) "Bundesarbeitsblatt" a.a.O., Nr.3 vom 10. Februar 1957, S.65-70.
(27) これらの文書の日本語訳は、『石炭労働年鑑』前掲書、昭和31年版、434-441頁に掲載されている。ここに紹介した内容は、ドイツ語原文およびその他の資料に掲載されている日本語訳も参照したものである。
(28) 『石炭労働年鑑』（前掲書、昭和31年版）には、「ルール鉱業における独身日本人労働者の1か月26日稼動の月間給与」として、「坑外作業」「坑外見習作業」「切羽における見習作業」「1年目、2年目、3年目の請負作業」の1か月の賃金総額と手取金額が一覧表にして掲載されている。それによれば、見習い期間中の手取賃金は、だいたい300から400マルク、請負作業での手取平均賃金は約500マルクである。同じ数字は、「炭鉱労働者の西独への派遣」（ILO協会『世界の労働』1956年11月号）でも見込み賃金額として紹介されている。

　また、当時の新聞では「賃金は月約6万円を支給」（『北海道新聞』昭和31年4月11日付夕刊）といった報道や、「大体月600マルク（約5万2千円）くらい、最高は800マルクくらいとることもあります。日本の場合と比較すると、約2倍にはなっている」（「座談会　西ドイツで働く日本人」『国民評論』前掲、1958年9月号、13頁）と指摘されている。
(29) 日本炭鉱労働組合『第16回臨時大会資料』前掲、123頁。

(30) 『石炭労働年鑑』前掲書, 昭和31年版, 442-444頁。
(31) 同上書, 444-445頁。
(32) この『選考要領』は, 『石炭労働年鑑』(前掲書, 昭和31年版, 441-442頁) および『第16回臨時大会資料』(前掲, 124-125頁) に掲載されている。なお, 後者には, 炭労事務局が独自に付した (注) がある。
(33) ドイツ炭鉱の立坑採炭の歴史は長く, 地上からの炭層の深さ (Teufe) は, すでに1892年には平均408メートル, 1912年では577メートルに達していた。第2次世界大戦後の平均的な炭層は, 地下500～700メートルであり, さらに900メートル以上も深い炭層での採炭も行われていた (Paul Wiel: "Wirtschaftsgeschichte des Ruhrgebietes" a.a.O., S.119, S.125)。
(34) 松本栄一氏 (日本石炭鉱業経営者協議会常任理事) は, 座談会「西ドイツで働く日本人」で,「西独に送り込む以上は, 心身供に優秀な者を送り出そうということで選考に着手した」と述べている (『国民評論』前掲, 1958年9月号, 6頁)。
(35) 第1陣で佐賀県の山口鉱山小城炭鉱から派遣された角道武利氏が, ドイツ派遣を知ったのは, 社内の募集掲示を見てであった。500人以上の従業員のいる炭鉱でなければ派遣できないとのことであった。この募集に応募した社員は12名であったが, 小城炭鉱から派遣されたのは, 角道氏ひとりだけであった (1991年7月13日, フェルデの角道氏宅での聞き取り調査メモより)。
(36) 『石炭労働年鑑』前掲書, 昭和31年版, 445頁。
(37) 2003年10月31日～11月5日, 田河　博氏からの聞き取り。
(38) 深田祐介「ルールに行った鉱山男」『われら海を渡る』文藝春秋社, 1980年, 149頁。
(39) 「思いは西独の空へ」(三井美唄鉱業所『びばい』第341号, 1957年1月20日)。
(40) 北海道炭鉱汽船『炭光』第150号 (1957年2月1日)。

第3章
炭鉱労働者の派遣状況「第1次計画」

　1957年1月19日に羽田空港を出発した南回りのスカンジナビア航空機が，ドイツのデュッセルドルフ空港に到着したのは，1月21日の朝であった。翌22日の地方新聞は，「59人の炭鉱労働者，日本から到着，第一声は"Glückauf"（ご安全に）」と大きく取り上げ，空港には，在独日本大使館員，ドイツ連邦共和国政府の高官，炭鉱企業連合の代表，そしてテレビ・カメラや多数の報道陣が出迎え，さながら国賓のように迎えられた，と第1陣が到着した時の模様を報道している。さらに，第1陣の就労先は，ドゥイスブルクのハンボルンにあるフリードリッヒ・ティッセン鉱山会社2／5鉱であること，宿舎は日本人労働者のために用意された鉱員寮であること，日本人は控えめであり，優秀かつ勤勉であるためにドイツのほとんどの鉱山会社が日本人労働力の受け入れに前向きであったことなどが紹介されている。[1]

　1958年の座談会「西ドイツで働く日本人」の席で，炭労の岡松雄氏は，派遣は3つの目的を持って実施されたが，「日独親善に寄与するということが，国内では強調されすぎた」と述べている。[2]

1　派遣の全体状況（第1陣～第5陣）

　はじめに，1957年に始まり，1965年に終了した炭鉱労働者派遣の全体的な状況を一瞥しておこう（表3-1参照）。第1陣から第5陣まで，7回に分かれて渡航したグループは，いずれも60名から70名の少人数グループである。それは，チャーターされた飛行機の座席数に規定されていたと同時に，後にみるように坑内労働の前提条件であったドイツ語教育をはじめ，派遣労働者の受け入れを順調に進めるためにも必要であった。渡航した時期は，厳寒期の1月から3月が多い。これは，年間を通じてできるだけ輸送費用（飛行機代）が安い時期を

表3-1 ドイツ派遣日本人炭鉱労働者の状況

	ドイツへの到着日	人数	受け入れ企業			日本への帰国日	帰国者数	残留	死亡	中途帰国	再渡航
			ハンボルナー	エッセナー	クレックナー						
第1陣	1957. 1.21.	59	59	—	—	1960. 1.27.	54	4	1	—	1
第2陣											
1班	1958. 1.30.	60	10	50	—	1961. 1.26.	55	3	1	1	2
2班	1958. 2.27.	60	10	—	50	1961. 2.27.	50	8	2	—	—
3班	1958. 3.27.	60	25	15	20	1961. 3.20.	55	4	—	1	1
第3陣	1960.10.26.	60	60	—	—	1963.11. 1.	52	6	1	1	2
第4陣	1961.11. 3.	67	—	—	67	1964.11. 4.	64	3	—	—	—
第5陣	1962. 3. 3.	70	35	35	—	1965. 3. 8.	58	6	—	6	2
合計	—	436	199	100	137	—	388	34	5	9	8

注：受け入れ企業：ハンボルナー鉱山会社／フリードリッヒ・ティッセン鉱山会社2/5鉱（ハンボルン），エッセナー石炭鉱山会社コンゾリダツィオン炭鉱（ゲルゼンキルヒェン），クレックナー鉱山会社ヴィクトル・イッカーン炭鉱ヴィクトル鉱（カストロップ・ラウクセル）。カッコ内は，各鉱山会社の所在地である。
出所：日本石炭鉱業経営者協議会『石炭労働年鑑』昭和40年版，540-541頁掲載の表，およびドイツ残留の元日本人炭鉱労働者の人々からの聞き取り調査にもとづいて作成。

選んで労働者の送迎が実施されたことを示している。

　日本人炭鉱労働者の派遣は，第1陣から第4陣までの第1次計画と，第5陣の派遣として実現した第2次計画とに大別される。後に明らかなように，派遣が計画された当初から，第1次計画と第2次計画があったわけではない。第1陣から第4陣までが「技術を修得するため」の会社派遣であったのに対して，第5陣は炭鉱離職者対策としての派遣であったという基本的な性格上の違いがみられるために表3-1では，第1陣～第4陣と第5陣とを実線で区分けしている。このことが，第1次計画で渡独した経験のある人の第2次計画への再度の応募を可能にし，2名の人が2度ドイツへ派遣され，冒頭での「実際に派遣された人の数は，434人であった」という記述の根拠となる。[3]

　それぞれのグループの到着日から明らかなように，第1陣派遣から最大グループの第2陣が派遣されるまでに1年間のブランクがある。そして，第2陣が派遣された後，第3陣が派遣されるまでに2年以上の間隔がある。さらに第3

陣が派遣されてから1年後に，次の第4陣が派遣されている。各グループ派遣の間に生じた時間的な隔たりは，後に「第1次計画」と呼ばれるようになった「炭鉱労働者の会社派遣」の終了と復活の結果であり，このことは，第1陣・第2陣の「技術修得」から第3陣・第4陣の「役務提供」（労働力提供）への派遣名目の転換，すなわち派遣労働者の性格の違いをもたらした。同時に，この時期の日本の石炭業界の厳しい状況への変化は，「先端技術の修得」による業界再編への梃子として位置づけられていた第1陣から第3陣までの派遣労働者から，ドイツの炭鉱における労働力不足を解消する担い手としての性格が強い第4陣の派遣労働者への転換の背景をなすものであった。

派遣の全体状況を，別の視点から時系列的に示したものが，表3-2の「日本人炭鉱労働者の推移」である。それぞれの派遣グループがドイツで就労した期間は，3年である。到着から帰国までの，各グループの派遣期間の時間的なズレは，一定期間におけるドイツで就労中の日本人炭鉱労働者の滞在者数の違いをもたらしている。最初のグループが渡航した1957年1月から最後のグループが帰国した1965年3月までの約8年間，日本人炭鉱労働者は少ない時で約60名から，多い時には240名が滞在していたことがわかる。8年間のうちの6年間は，合計436名の派遣労働者のうち，100名から200名くらいの人がドイツに滞在し，就労していたということもできる。

第1陣から第5陣までの派遣労働者にいろいろな違いがあるとはいえ，受け入れ側のドイツの炭鉱は，ドゥイスブルクのハンボルンにあるハンボルナー鉱山会社，ゲルゼンキルヒェンにあるエッセナー石炭鉱山会社，カストロップ・ラウクセルにあるクレックナー鉱山会社の3企業が経営するいずれかの炭鉱であった。これ以外にも，第2陣受け入れに際しては，ローゼンブルーメンデレ炭鉱やラインプロイセン炭鉱化学会社などの名前もあがっていたが，いずれも宿舎の準備などの問題で実現しなかった。この章の中心は，第1陣と第2陣であるが，もう少し「会社派遣」の全体についてみることにしよう。

表3-3は，「会社派遣」（第1陣〜第4陣）の炭鉱労働者が，日本のどこの鉱山会社から，いつ，どれだけの人がドイツのどこの炭鉱へ派遣されたかを示している。派遣総数366名を，財閥大手8社（三井，三菱，北炭，住友，古河，雄

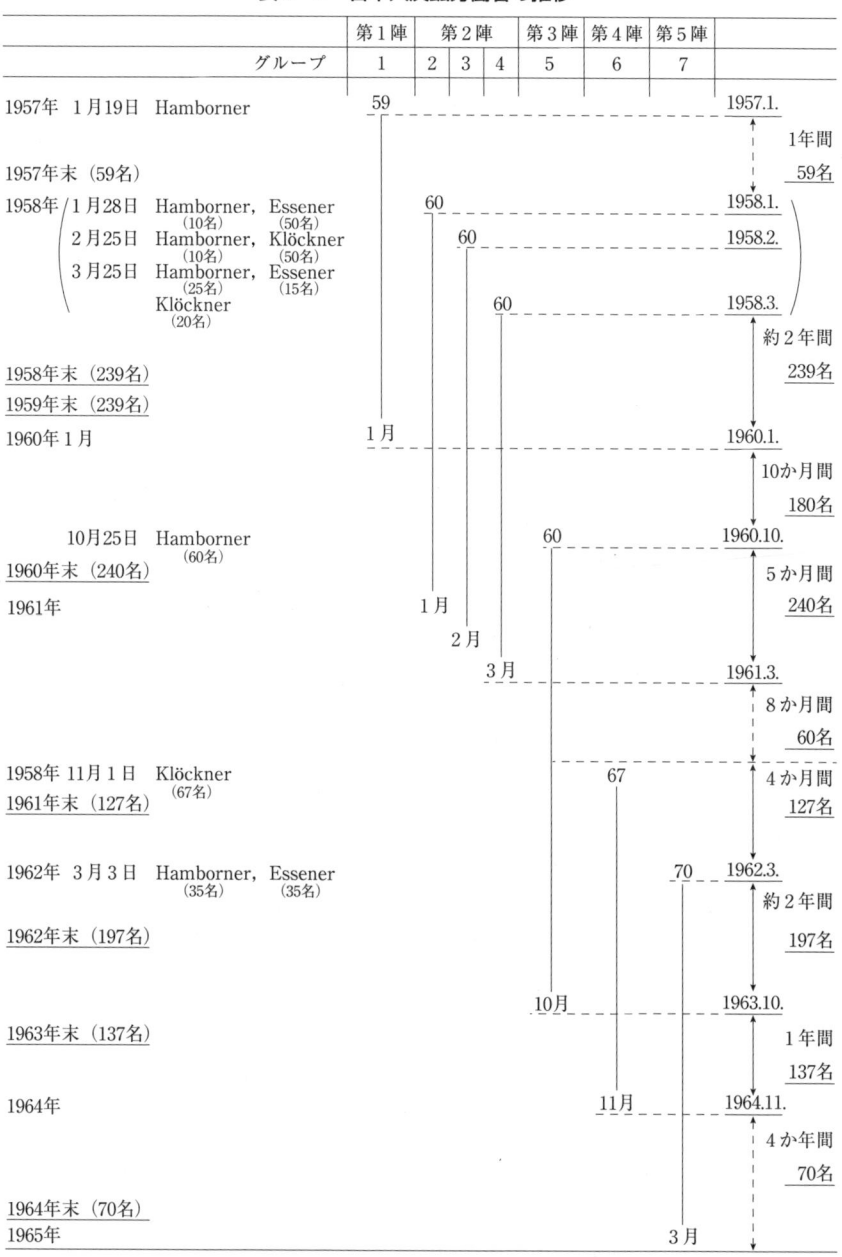

第3章 炭鉱労働者の派遣状況「第1次計画」 55

表3-2　日本人炭鉱労働者の推移

		第1陣	第2陣		第3陣	第4陣	第5陣	
	グループ	1	2	3	4	5	6	7
1957年 1月19日	Hamborner	59						1957.1.
								↕ 1年間
1957年末（59名）								59名
1958年 ⎛1月28日	Hamborner, Essener		60					1958.1.
	（10名）　　（50名）							
2月25日	Hamborner, Klöckner			60				1958.2.
	（10名）　　（50名）							
3月25日	Hamborner, Essener							1958.3.
	（25名）　　（15名）							
	Klöckner				60			
	（20名）							
								↕ 約2年間
1958年末（239名）								239名
1959年末（239名）								
1960年1月		1月						1960.1.
								↕ 10か月間
								180名
10月25日	Hamborner					60		1960.10.
	（60名）							
1960年末（240名）								↕ 5か月間
1961年			1月					240名
				2月				
					3月			1961.3.
								↕ 8か月間
								60名
1958年 11月1日	Klöckner						67	
	（67名）							↕ 4か月間
1961年末（127名）								127名
1962年 3月3日	Hamborner, Essener							70	1962.3.
	（35名）　　（35名）							
								↕ 約2年間
1962年末（197名）								197名
						10月		1963.10.
1963年末（137名）								↕ 1年間
								137名
1964年							11月	1964.11.
								↕ 4か年間
								70名
1964年末（70名）								
1965年								3月

表3-3　日本人炭鉱労働者のドイツ派遣状況

派遣企業＼受け入れ企業	第1陣	第2陣 1班		第2陣 2班		第2陣 3班		第3陣	第4陣	派遣企業別合計	受け入れ企業別		
	H	E	H	K	H	E	K	H	H	K		E	K	H
三井鉱山	12	11	—	14	1	—	—	13	12	13	76	11	27	38
三菱鉱業	6	6	—	6	—	—	5	—	10	10	43	6	21	16
北海道炭鉱汽船	5	—	—	5	—	—	5	—	—	—	15	—	10	5
住友石炭鉱業	3	5	—	4	—	—	4	—	8	8	32	5	16	11
古河鉱業	2	—	—	—	4	—	5	—	6	1	18	—	6	12
明治鉱業	4	—	—	—	—	9	—	—	—	—	13	9	—	4
雄別炭鉱	2	5	—	5	—	—	—	—	—	3	15	5	8	2
太平洋炭鉱	3	5	—	—	—	—	—	—	—	12	20	5	12	3
日鉄鉱業	1	5	—	2	2	—	5	—	2	3	15	5	5	5
日本炭鉱	2	5	—	4	—	—	—	—	12	10	38	10	14	14
杵島炭鉱	1	—	—	—	—	—	—	2	1	—	4	—	—	4
貝島炭鉱	1	—	1	—	—	—	1	—	2	2	6	—	2	4
宇部興産	4	6	—	—	—	—	—	—	—	—	11	7	—	4
常磐炭鉱	7	—	8	10	—	—	—	10	—	—	35	—	10	25
羽幌炭鉱鉄道	1	—	1	—	—	—	—	—	3	3	8	—	3	5
油谷鉱業	2	—	—	—	—	—	—	—	—	—	2	—	—	2
早良鉱業	1	—	—	—	—	—	—	—	—	—	1	—	—	1
山口鉱山	1	—	—	—	—	—	—	—	—	—	1	—	—	1
西戸崎炭鉱	1	—	—	—	—	—	—	—	—	—	1	—	—	1
大日鉱業	—	1	—	—	—	—	—	—	—	—	1	1	—	—
松島炭鉱	—	1	—	—	—	—	—	—	1	1	3	1	1	1
大正鉱業	—	—	—	—	3	—	—	—	—	—	3	—	—	3
共同石炭	—	—	—	—	—	—	1	—	—	—	1	—	1	—
麻生産業	—	—	—	—	—	—	—	—	3	—	3	—	—	3
久恒鉱業	—	—	—	—	—	—	—	—	—	1	1	—	1	—
合計	59	50	10	50	10	15	20	25	60	67	366	65	137	164

注：H＝ハンボルナー鉱山会社，E＝エッセナー石炭鉱山会社，K＝クレックナー鉱山会社
出所：日本石炭鉱業経営者協議会『石炭労働年鑑』昭和35年版の第49表および昭和40年版，540-541頁掲載の表より作成。

別,太平洋,松島),地方大手10社(明治,日鉄,日炭,杵島,貝島,宇部,常磐,大日,大正,麻生),その他の中小炭鉱に分けてみると,財閥大手が222名で全体の60.6%(3分の2弱),地方大手が128名で35.0%(3分の1)その他中小炭鉱は16名で4.4%を占めているにすぎない。

　個別企業別にみると,4つの陣(6グループ)のすべてにわたって社員を派遣したのは,三井鉱山,三菱鉱業,住友石炭鉱業,日本炭鉱の4社である。常磐炭鉱は,比較的多くの社員を派遣しているが,第1陣と第2陣に集中していて,それ以降の派遣には参加していない。さらに,この表から明らかなように,第2陣から第4陣までの5つのグループの派遣労働者は,それぞれ10社前後(10社から13社まで)の社員で構成されていたのに対して,第1陣の59名は,19社の社員で構成され,そのうちの6名は中小炭鉱の5社から派遣されていた。それは,全国のできるだけ多くの鉱山会社から第1陣を派遣しようとしたことの結果であった。

　ここで,第1陣から第4陣までの総数366名の炭鉱労働者の年齢構成をみることにしたい。第1陣は,最年少の21歳(1935年生)2名から最年長の30歳(1926年生)1名までの59名で構成され,平均年齢は24.5歳である。第2陣の第1班は,19歳(1938年生が2名)から31歳(1926年生が1名)までの60名で,平均年齢は23.6歳である。第2班は,19歳(1名)から28歳(1929年生が2名)までの60名で,平均年齢は22.7歳,そして第3班は,19歳(1名)から28歳(1名)までの60名で,平均年齢は22.8歳である。その後,2年半の間隔を置いて派遣された第3陣の年齢構成は,19歳(1941年生が1名)から30歳(1930年生が1名)までの60名で,平均年齢は23.1歳である。会社派遣の最後の陣(第4陣)の場合は,19歳(1942年生が2名)から28歳(1933年生が4名)までの67名で,平均年齢は23.1歳である。

　第1陣の最少年齢の21歳を除くと,後続陣の最少年齢はいずれも19歳である。会社派遣の総数366名は,1926年生から1942年生までの年齢層の人々であった。また,20歳代前半(24歳まで)の年齢層の人の数は,合計269名であり,全体の74%を占めていた。

　ドイツの炭鉱で,一般的な労働力不足だけでなく,坑内労働者の高年齢化が

生じていた当時，20歳代前半の若者を中心とした日本人炭鉱労働者は，まさに「日本の息子たち」としてドイツで歓迎されたことがわかる。しかも，これらの若い労働者は，見習い期間を終了すれば，ただちに坑内の第一線の採炭現場で就労可能な炭鉱労働者たちであった。

2 派遣先のドイツ鉱山会社

先の表3-1に示されているように，派遣された日本人炭鉱労働者（第1陣から第5陣まで）436名は，ドイツの3つの鉱山会社のいずれかの炭鉱で就労した。ハンボルナー鉱山会社は199名（46%）で最も多く，また，第4陣を除くすべての派遣グループからの労働者がこの会社で就労している。次に多かったのが，クレックナー鉱山会社の137名（31%）で，全員が「会社派遣」の労働者であった。そして，100名（23%）の派遣労働者が就労したのが，エッセナー石炭鉱山会社であった。

当時の雑誌『国民評論』の中に，第2陣第1班から第3班で派遣された人々が，派遣後間もない時期に会社，同僚，家庭宛に送付した通信から抜粋した「便り」が「大いに学び働いております」のタイトルで掲載されている[4]。掲載されている便りの中に，上記3社で就労した3名の労働者からの受け入れドイツ炭鉱の職場状況についての記載がある。たとえば，ハンボルナー鉱山会社で働いた柴田守（第2陣第2班）［古河目尾］氏は，「当鉱業所は従業員4千名，うち坑内夫2千8百名，坑外夫でも事務系は少なく，労務等は数える程しか居ない。年産約120万トン。払長は平均204メートル全部前進払，カッター払が2つ，あとはホーベル」と書いている。袴田金三（第2陣第3班）［三菱高島］氏は，クレックナー鉱山会社について，「私の勤務する会社は，従業員5,000名位で，坑外500名ほどで大部分が坑内作業，一見して大工場のよう」と形容している。また，鴨川純一郎（第2陣第1班）［日鉄北松］氏は，就労したエッセナー石炭鉱山会社のコンゾリダツィオン鉱について「従業員は坑内5,314，坑外2,623，職員629，計8,566名で，一日の出炭量は8,578屯で国内に於ける出炭の10%を占めています」[5]と，就労先がいずれもドイツの大きな炭鉱会社であったことが示

されている。

【ハンボルナー鉱山会社】

　第1陣の59名全員が就労したのは，フリードリッヒ・ティッセン鉱山会社の2/5鉱であった。この会社は，同じハンボルンにあるハンボルナー鉱山会社の姉妹会社であり，その管理運営はハンボルナー鉱山会社が受けもっていた。(6) ハンボルナー鉱山会社は，第2次世界大戦後，石炭・鉄鋼で世界第2位の巨大独占体であった「合同製鋼」の解体によって1953年に成立した会社である。(7) ハンボルナー鉱山会社には，日本人炭鉱労働者が就労したフリードリッヒ・ティッセン2/5鉱のほかに，フリードリッヒ・ティッセン4/8鉱，ヴェストエンデ鉱，ベーカーベルト鉱，ローベルク鉱の炭鉱がある。もちろん，こうした個別炭鉱の歴史は古く，たとえばフリードリッヒ・ティッセン炭鉱が開発されたのは1871～1903年であり，ローベルク炭鉱が開発されたのは1906～13年である。(8) 1958年のフリードリッヒ・ティッセン2/5鉱だけの従業員総数は4,120名（うち，坑内労働者は2,864名），年間出炭量は1,195,700トンであり，上記の柴田氏の便りの内容とほぼ一致する。(9)

【クレックナー鉱山会社】

　クレックナー鉱山会社は，その名のとおり，クレックナー・コンツェルンが戦後解体される過程で1951年に成立した。この会社の炭鉱ヴィクトル鉱とイッカーン鉱の歴史も古く，ともに設立されたのは，1908～12年にかけてのことである。(10) ヴィクトル炭鉱の3/4鉱，5鉱および1/2鉱の1958年の従業員総数は5,654名（うち，坑内労働者は2,770名）であり，年間出炭量は1,183,462トンである。(11) この内容も，上記袴田氏の報告とほぼ同じである。なお，ヴィクトル炭鉱の数字にイッカーン炭鉱の1/2鉱，3鉱と4鉱を加えると，従業員総数は合計8,768名（うち，坑内労働者5,206名），年間出炭量は2,090,690トンになる。

【エッセナー石炭鉱山会社】

　派遣された3つ目の会社，エッセナー石炭鉱山会社は，日本の炭鉱労働者が派遣された時には，マンネスマン鋼管・グループの石炭生産部門を担う会社であった。19世紀末に設立されたマンネスマンは，第1次・第2次世界大戦間期に石炭や鉄鋼業に進出し，吸収と合併を通じて大企業へと成長した。たとえば，

1918年にウンザー・フリッツ炭鉱，1922年にはコンゾリダツィオン炭鉱を吸収した。(12) 1958年にエッセナー石炭鉱山会社の所有炭鉱は，コンゾリダツィオン／ウンザー・フリッツ炭鉱，フーゴー炭鉱，カタリーナ／エリザベス炭鉱およびルールツェヘン炭鉱である。派遣された日本人炭鉱労働者が就労したのは，これらの炭鉱のうち，コンゾリダツィオン／ウンザー・フリッツ炭鉱である。1958年のコンゾリダツィオン炭鉱の1／6鉱と3／4鉱を中心とするこれらの炭鉱の従業員数は7,990名（うち，坑内労働者は4,894名），年間出炭量は2,347,567トンであった。(13) この数字も，上記鴨川氏の報告と大差ないことがわかる。なお，他の3炭鉱の出炭量を加えるとマンネスマン／エッセナー石炭鉱山会社の1958年の年間石炭出炭量は，合計6,757,000トンと巨大な量になる。また，粗鋼・圧延鋼・鋼管生産部門を含めたマンネスマンの1958年の全従業員数は，73,661名であった。(14)

以上で明らかなように，日本人炭鉱労働者を受け入れたドイツの3炭鉱会社は，いずれも歴史も古く，かつ近代的な機械・設備・技術を備えた大手炭鉱会社であったことがわかる。かつて，「なぜ，日本人労働者はこれら3社に集中して働くことになったのか」という筆者の質問に対して，当時，ルール炭鉱企業連合に勤めていたフリッツ・コルトハウス氏は，「第1に，当時はまだ外国人労働者は少ないなかで，これらの3社が日本人の受け入れに積極的であったこと，第2に，ハンボルナー鉱山会社のドクター・ハインツ・シュテッフェン（Dr. Heinz Steffen）氏が，日本，チリ，韓国からの労働者の受け入れに積極的であったこと，第3に，3人とか5人のように少人数でたくさんの会社に分散して受け入れると，教育費などの経費も分散して多額になるため，受け入れに積極的で，優良な3社に集中して受け入れることになった」(15)と答えてくれた。

3 派遣目的と現実（就労実態）とのズレ

(1) 見習い期間の6週間

炭鉱の坑内労働は，地下数百メートルの坑道まで下りて，厳しい労働条件の

もとで鉄柱とカッペに守られながらの採炭現場での危険な肉体的重労働である。したがって，すでに1949年には，ルール地域の炭鉱を管理するドルトムントの上級鉱山保安監督署は，各炭鉱会社や鉱山労働組合に対して，外国人労働者を坑内労働に従事させるために必要な措置を周知している(16)。たとえば，外国人労働者 (fremdsprachige Arbeiter) の坑内労働は，十分なドイツ語会話能力があることの確認（しかるべき委員会が行うドイツ語検定試験に合格）が前提条件となっている(17)。

第1陣を受け入れることになったハンボルナー鉱山会社は，1956年12月29日付で，日本人炭鉱労働者受け入れ許可の申請書をドルトムント上級鉱山保安監督署に送っている。そこでは，両国政府間協定にもとづいて，1957年1月中旬に日本人炭鉱労働者59名がフリードリッヒ・ティッセン炭鉱の2／5鉱に受け入れられること，これらの労働者は年齢21歳から30歳までの独身者で，日本の炭鉱で少なくとも3年間の坑内労働の経験者であること，2／5鉱のどこの採炭現場に配属され，そこには3名の連絡員が通訳として同伴することなどが記載されている(18)。これに対して，上級鉱山保安監督署は，翌1957年1月18日付文書で回答している。そこでは，ドイツ語能力が十分でない外国人労働者の受け入れについては，さしあたり以下のような坑外作業に従事する場合にだけ許可されるとして，石炭の積み降ろし作業，セメント・砂・砂利などの資材の積み降ろし作業，坑木防水作業，坑道以外でのレール施設作業，鉱業所内の清掃・その他の作業，建設・土木工事の補助作業，作業場での単純作業や補助労働などを挙げている。こうした坑外労働に従事する場合も，できるだけ小グループに分けて行うこと，外国人が働いている交替勤務には最低1名の通訳がいなければならないこと，また受け入れ後最低6週間の間は，毎日2時間のドイツ語会話の授業が実施されなければならいないこと，この授業が終了した後に行われる，しかるべきドイツ語試験に合格した場合にのみ外国人労働者の坑内労働は許可されること，そして坑内労働に移った後も必要な教育が行われなければならないことなどが指摘され，この文書による許可の有効期限は1957年12月31日までであると記されている(19)。回答の要点は，「受け入れ後6週間は坑外労働に従事

させ，その間にドイツ語教育を施し，ドイツ語試験に合格した後でなければ，外国人労働者の坑内労働は許可しない」ということである。

カストロップ・ラウクセルのクレックナー鉱山会社ビクトル・イッカーン炭鉱は，日本からの炭鉱労働者派遣に積極的に対応した会社のひとつである[20]。すでに1956年7月には，この炭鉱のある地域を担当していたヘルネ鉱山保安監督署から，外国人労働者受け入れに関する同様の通知を受け取っている[21]。その後，第2陣で，はじめて日本人炭鉱労働者を受け入れることになったクレックナー鉱山会社は，ドルトムント上級鉱山保安監督署に宛てた第2陣第2班のうちの50名の受け入れ許可を申請した文書で，この6週間の見習い期間中の就労と教育の具体的な方法について以下のように詳述している。すなわち，50名を半数の25名ずつに分割し，半数ずつ1日交替で鉱山監督署が許可している坑外労働，たとえば鉱業所内の清掃などの作業，作業場での簡単な仕事や補助的作業，資材の積み降ろし作業などに従事し，他の半数はドイツ語教育と鉱山についての学習講座に出席すること，したがって，一方の25名のグループが坑外労働に従事している間，他方のグループは授業を受けることになる。なお，坑外労働に従事する日本人は，4名から6名の小グループに分かれ，それぞれのグループにとくに選ばれたドイツ人班長が監督として配属される。また，それぞれ半数の日本人グループには，1名の連絡員が通訳として配置されるという内容であった[22]。

6週間の見習い期間については，派遣された労働者の方々の記録や記憶が参考になる。

第2陣第2班で，三井鉱山山野鉱からクレックナー鉱山会社に派遣された井上慎一氏（ドイツ在住）は，「1日交替でドイツ語の日と坑外作業の日とがあった。坑外作業では，鉄パイプや機械の運搬，支柱や材木の運搬，線路工事などに従事したが，とにかく寒かった」[23]と当時を回想してくれた。このグループがドイツに到着したのは，2月末であった。第4陣で同じクレックナー鉱山会社に派遣された内田健［古河鉱業下山田鉱］氏は，「見習い期間は，坑木の片付けなどの軽作業に従事し，ドイツ人のクンペル（Kumpel：坑夫）と一緒に作業

したので，ドイツの言葉をおぼえることができた」(24)と述べている。第2陣第3班で，エッセナー石炭鉱山会社に派遣された塚原要［明治鉱業佐賀鉱］氏によれば，坑外作業は「材料・資材置場を整理する仕事，資材を炭車に積み込む作業」(25)であった。

第2陣第3班で，三井鉱山三池・宮之浦鉱からハンボルナー鉱山会社に派遣された井上徳光氏（ドイツ在住）によると，「6週間の見習い期間は，全員が午前中が坑外作業で，午後がドイツ語の授業であった」(26)。また同じハンボルナー鉱山会社で就労した高橋嘉一郎（第2陣第2班）［古河鉱業目尾鉱］氏は，「見習い期間中，坑外見学や坑外作業で，古いカッペや鉄柱の整理，家庭用燃料の運搬などに従事した(27)」とのことである。あるいは，「最初にやらされた仕事が，ドブさらいです。……最初の6週間はドイツ語の講習が主で，仕事はおまけのようなものと自分で慰めています」（福沢龍雄（第2陣第2班）［大正鉱業］）とか，「今のところ仕事は坑外作業で，セメント積み，レンガ積み，鉄運搬，石炭の焼ガスふるい，其の他いろいろな作業をしています」（三浦利之（第2陣第2班）［大正鉱業］）といった当時の現場からのレポートから，最初の6週間の見習い期間中の就労状況を知ることができる(28)。

(2) 派遣目的と現実とのズレ

さて，全国の炭鉱から選び抜かれて派遣された第1陣59名は，到着した2日後の1月23日から，ドイツ語会話講習と坑外作業（Übertagearbeit）を開始している。ところが，労使双方の希望で6週間の坑外見習い作業期間は短縮されて，2月6日から8日の3日間の坑内見学（Grubenfahrt）の後，鉱山保安監督署の特別の許可のもとに2月11日から坑内（Untertage）における見習い作業が開始されている(29)。上級鉱山保安監督署は，2月8日付の文書で，7つの条件を厳守することを前提にして，日本人炭鉱労働者の坑内労働の開始に関するハンボルナー鉱山会社の申請を許可している(30)。

予定より早期の坑内作業への従事が，ドイツ語会話の不十分さによるトラブルの発生を引き起こし，その後の問題に繋がることにもなった(31)。坑内見習い作業とドイツ語学習を経て，3月19日と26日には鉱山保安監督署職員の立ち会

いのもとにドイツ語会話検定試験が実施され，全員が合格した後，一般の坑内労働に従事することになった。このころから，派遣された炭鉱労働者の渡航の意図と現実とのズレが露呈し始める。

この当時の率直な気持ちを，第1陣59名のひとりとして山口鉱業小城炭鉱から派遣された角道武利氏は，次のように述べている。「『技術修得のための派遣』ということなので，午前中働いて，午後はドイツ語の勉強という生活だと思ってドイツへ来た。ところが，研修の6週間が終わり，ただちに坑内現場に配属された時，『こんなはずではなかった』という気持ちになった。だから，せめて1か月に1日の休暇をもらい，他の工場や鉱山の見学などをしたいことを会社側に要求した。日本の労働省が，『技術修得』などと言わないで，最初から『炭鉱労働者として働きにゆくのだ』と言っていれば，こうはならなかった」。[32]

角道氏が所持していた派遣当時のパスポートには，「右の者は日本国民であって，技術修得のためドイツ連邦共和国（ビルマ及び必要諸国経由）へ赴くから通路支障なく旅行させ且つ必要な保護扶助を与えられるよう，その筋の諸官に要請する。昭和32年1月11日　総理大臣　岸　信介」とあり，渡航目的が「技術修得のため」と記載されている。

第1陣59名の動向を追った深田祐介氏は，この当時の状況を「ドイツ側は，日本の派遣炭坑夫をガスト・アルバイターと呼んでおり，日本側はこれが特別扱いの，客員労働者を意味するものと勝手に解釈していた。従って，現地での仕事は，鉱山学校その他での研修が中心，というより，研修がすべて，というくらいに考えていたのである。ところが，現地にきて，就業してみると，派遣員は，すべて現場第一線に放りこまれ，くる日もくる日も，猛烈な肉体労働に従事させられて，技術研修が始まる気配はまったくない」と記している。[33]

派遣された労働者の多くは炭労の組合員であり，組合幹部を経験していた人も多く含まれていた。第1陣の人々は，ドイツに到着して間もない2月9日には，「Glückauf会」（略称G・A会）という自治会を結成し，「道具を日本人向きに改善してほしい」「道具箱を早急に設置してほしい」などの16項目の自分た

ちの要求をまとめ，連絡員を通じてドイツの会社と交渉したりしている。

政・労・使一体となって実施された日本人炭鉱労働者のドイツ派遣は，その目的と派遣された労働者が直面した現実との大きなズレの中で揺れ動き，炭労の第2次派遣拒否という事態を迎えることとなる。

(3) 炭労の派遣拒否と問題の収束

炭労が，第2陣の派遣拒否を決定したのは，1957年7月26日の執行委員会においてであった。ここに至る経過をみることにしょう。

すでに「派遣の具体的内容」の項目でみたように，「500人の炭鉱労働者の派遣」は，第1陣派遣の6か月以内の経験にもとづいて，以降18か月以内に漸次派遣されることになっていた。これは日独両国が合意した内容であり，経営者団体も労働組合もそれぞれ第1陣の状況を調査した後，第2陣以降の派遣に対する態度を決定するという立場を表明していた。

たとえば，炭労の場合，第1陣を派遣した後に開催された「第17回定期大会」（1957年5月13～17日）では，第1陣派遣労働者から各方面に届いた手紙などから，「問題解決の方向に進んでいる」が，「坑内労働がつらく，又，国情，習慣，言語の差異から，苦痛が倍加されている模様である」という内容や，4月10日に労働省が開いた「現状説明会」の内容，たとえば「労働災害は不慣れのためか小さな事故が意外に多く約1ヶ月の間に打撲9件（内1件左眼失明の虞あり）捻挫，筋違い，創傷各1件がある」が紹介されている。炭労としては，現地へ調査団を派遣したうえで第2陣以降の派遣に対する態度を決定するとしている。他方，経営者団体も，同年5月24日の第12回理事会で，現地へ代表団を派遣して第1陣の就労状況を視察したうえで，ドイツ側と後続陣の派遣について現地折衝することを決定している。

炭労の直江利良調査部長らは，国際鉱山労働者連盟大会に出席した後，ドイツへまわり6月28日から7月1日まで第1陣派遣労働者の現地調査を行い，7月18日に帰国している。また，石炭経協は，伊藤保次郎（三菱鉱業社長）氏を団長とする代表団を6月28日から7月はじめにかけてドイツへ派遣した。同代表団は，両国政府代表立会いのもとに，7月2日にはドイツ側経営者代表と

第2陣の派遣について協議し，4日には，その具体的な派遣内容を決めた『覚書』に調印している。この経営者の代表団の帰国は，8月20日である。

したがって，日本の労使双方の現地視察団・代表団が，ほぼ同じ時期にドイツに派遣され，滞在していたことになる。そして，それは同時に，派遣された第1陣労働者の間で派遣の意図や目的と現実とのズレが大きな問題となっている時期でもあった。

第1陣には，日本では保安係員の資格をもつ職員や測量士などの職員であり，坑内現場の採炭労働に従事したこともない人が含まれていた。6週間の坑外研修期間を短縮しての坑内見習い労働，そして地下数百メートルの採炭現場に配属された第1陣の日本人炭鉱労働者は，異国での労働条件と労働習慣のなかでの過酷な肉体的重労働にただちに携わることとなった。たとえば，日本の炭鉱では，キャップ・ランプを使用しての坑内労働が普通であったのが，ドイツでは重さ6キロもする坑内ランプ（カンテラ）を昇降時に持参しての坑内労働，ピック採炭で使用するピック・ハンマーは，日本のものは4～5キロに対してドイツでは7キロ，スコップ（シャベル）の形も日本のものは取っ手の部分が円形であるが，ドイツのものはT字型で使いにくいなど，すべてが体の大きいドイツ人労働者向けにできていた。そんな就労開始当時の状況について，職員であったが第1陣で古河鉱業上山田鉱から派遣され，ドイツではじめて採炭労働を経験した宮島次郎氏は，「スコップで石炭を掬う作業をした翌朝，目が覚めると，両手が硬くこわばっている状態がしばらく続くほどだった」と話してくれた[38]。就労して間もない時期は，けがをする人が多かったが，全国から選ばれて派遣された第1陣の人々は，よく働き，生産能率もよく，高く評価されていった。

経営者代表団の渡独を報じた1957年6月25日付『朝日新聞』では，「作業環境になれるにつれて，その働きぶりも軌道に乗り，現地の評判も非常によい」「西独政府でも第2陣の派遣方を強く要請している」「会社側でも日本人労務者の要望をきき入れ，坑内作業には日本同様キャップ・ランプを使わせている」

第3章　炭鉱労働者の派遣状況「第1次計画」　67

などが報道されている。
(39)

　日本の経営者団体が，派遣された労働者の不満や要求がどのようなものであったかについて，ある程度把握していたことは，7月4日に両国の経営者団体の間で調印された『覚書』の内容からも知ることができる。たとえば，「教育プログラム」の項目では，見習い期間終了後は，就労する職場を半年ごとに転換することが日本側の希望として提案され，ドイツ側も原則的に合意したことが記載されている。この『覚書』のその他の主な内容は，以下の点である。

　「後続陣の派遣」については，「1957年10月5日，11月25日，および1958年1月25日の3回にわたって，それぞれ60名ずつ，計180人が派遣されること，また，本計画はこれらの3グループの派遣をもって終了する」となっている。「派遣労働者の年齢」は，19歳から32歳にまで拡大され，したがって「坑内労働の経験年数」も，19歳から21歳までは1年以上，22歳から25歳までは2年以上に緩和されている。「連絡員」の仕事と役割が重視され，第2陣には，計9名の連絡員が派遣されること，その帰国費用についてはドイツ側が負担することが要請・了承されている。「健康診断」については，半年毎に実施すること，「賃金」保証に関しては，ドイツの先山（Hauer，ハウアー）試験講習を開始すること，「労災年金」の支払いと送金については，日本に在住する遺族への支払いを保証することなどが記載されている。また，第2陣の受け入れ炭鉱は，コンゾリダツィオン鉱，ビクトル・イッカーン鉱，ローゼンブルーメンデレ・ハーゲンベック鉱の3炭鉱であり，またそれぞれのグループから10名ずつは，第1陣が就労しているハンボルナー鉱山会社であるとなっている。
(40)

　この『覚書』から，ドイツへの炭鉱労働者の派遣が日本の石炭業界にとって，いくつかの点から，すでに重荷になってきたことがわかる。たとえば，日本側の要請にもとづいて，後続陣180名の派遣をもって本計画を終了するとしている。また，派遣労働者20名に1名の割合で派遣される連絡員9名の帰国費用の負担をドイツ側に要請している点，さらに派遣労働者の年齢層が拡大されている点に示されている。
(41)

　さて，第2陣を派遣するための政・労・使代表で構成される協議会が開催さ

れたのは，7月15日である。この時点では，労働組合の調査団も，『覚書』を調印した経営者代表団もまだ帰国していない。この時の協議会の状況について，経営者側の資料によれば，「労働省飼手参事官より交渉経過及び覚書内容について報告後，炭鉱労働者第2次派遣事務実施要綱を決定，右に則り派遣業務が取運ばれることとなった」とあるが，労働側の資料では，「炭労は直江調査部長帰国後正式態度を表明する意思表示」となっている。

　一方，6月18日に実情調査のために，ドイツのハンボルンに入った直江利良調査部長をはじめとする炭労調査団は，第1陣派遣労働者から厳しい批判を受けながらも現状調査を行った。7月18日に帰国した直江調査部長は，7月26日付で炭労執行委員会に『西独派遣労務者実状報告書』を提出している。報告書では，まず，「立地条件」として，第1陣が就労しているフリードリッヒ・ティッセン鉱山会社について，従業員数約1万人，年産230万トンなどを紹介し，また派遣労働者が従事している職種などに触れ，「労働状態について」と「派遣諸君はどう考えているか」の2つの項目で，詳細な実態を報告している。

　「労働実態」では，ドイツの炭鉱は「生産第一主義」であり，「負傷者が出ても付添者をつけない」「休憩時間はなく，時間中は一ぱい働かされる。食事は作業のあい間をみてパンをかじる。運搬が良好であるから手持ち時間など全然ない」「欠勤はすこぶるうるさい。……疲労のため休むことができないのがとてもつらい」といった状況や，賃金については，「満勤で平均総収入約600マルク」，手取りで「平均360マルク，最高450マルクであるから，日本に比べると相当によい収入である」，福利施設については，「良好である。宿泊は合宿で日本人だけに1つの寮があたえられている」と報告されている。

　「派遣諸君」の項目では，「実態は出稼ぎであった」として，派遣された労働者の率直な意見が紹介されている。たとえば，「われわれは技術習得の目的だと思ってきたところが，西ドイツの労働者不足を補うための出稼ぎにすぎない。貴方は出稼ぎにすぎぬことが判らなかったか」，「横浜の訓練所で毎日エライ人が来て，『君たちは労働全権だ』とか，『君たちの学んだ技術が日本の採炭技術を前進させるだろう』とか，『オダテあげるのでそのつもりできて，現実の喰

違いに気持ちの整理ができず困った』」、派遣労働者の「1週間に1時間位は時間内に技術講習会を」という希望と「働くなかで技術を学べ」というドイツの会社側との基本的考え方の違い、そして「もし第2陣がくるのであれば、甘い考えは大禁物で固い決心をして来ないと苦しむことになろう」などである。

　だが、グリュックアウフ会（第1陣自治会）が実施したアンケート「もし第2陣の候補になった場合にどうするか」に回答した第1陣49名のうちの多く（36名）が、「是非来たい」（15名）、「来たい」（21名）と肯定的に答えている。その理由として、「作業量が多いが知識見学、人生経験に役立つ」と答えた人が20名である。この点について、報告書は、「外国へ出ることによっての経験、つまり珍しさが魅力であるとのべても、極言ではない」と解説している。

　そして「むすび」では、「決定的に悪いとか、良いとか断定出来ない事項が多い」としたうえで、懸案となっている「第2陣派遣について」で、「第2陣派遣に対しては、その実態はわれわれが当初理解した『技術習得』が第一義でなく『西ドイツの労働力不足の充足』がその実態であることを明確に割切る必要がある」「賃金は高いが、労働量が多く、就業条件もきびしいので、体力的に強壮なものでないとつとまらない。職員を派遣するなどもっての外である」「食事は日本食を食べることはまず不可能にちかい、ジャガイモを主としたドイツの食事に満足できるものでなければならない」と報告している。[44]

　この報告書にもとづいて、7月26日に、炭労中央執行委員会は、組合員の第2陣派遣拒否を決定した。報告書にもとづく派遣拒否の理由は、「当初炭労が理解した派遣目的である『技術習得、西欧組合民主々義を学ぶ』とは全く異なり、実質は出稼ぎにすぎないのでは派遣の理由がたたない」「賃金が高いといっても体力的に無理な労働強化は許容できない」の2点であった。[45]

　だが、それだけでなく、炭労が拒否するに至った背景には、経営者代表団が同じ時期にドイツに滞在していた労働組合の代表を参加させることなしに、ドイツの経営者団体と第2陣派遣に関する『覚書』を調印した経過、いわば「手続き問題」があった。この点について、「経営者代表の出発に際し、炭労は『直江調査部長を現地に派遣してあるから現地で充分話し合ってほしい』と申

し入れ，現地でも直江調査部長が経営者代表に対し西独側との交渉席上へ『オブザーバーでもよいから出席させるよう』申し入れを行ったにもかかわらず，あっさり拒否し，組合と協議することもなく一方的に協定したことは，経営者の組合無視の態度を露骨にあらわしたものである」と指摘している[46]。炭労は，翌27日に経営者団体に，第2陣派遣拒否を伝えた。

その後，8月1日の労働省による炭労に対する拒否再検討の申し入れに対しても，「両国間の行政協定である以上，条件の変更は難しくたとえ若干の条件が変更されたとしても『出稼ぎ』たる本質は変更されるものではない」[47]として，2日には派遣拒否を再確認している。こうして，炭労は，8月3日には，全国の支部宛に，会社に組合員を出さないことを通告し，現在行われつつある募集を中止させること，組合の指示に反して応募する者は統制処分に附すること，会社による一方的な募集が強行された場合には反対闘争を組織すること，などを指示する文書を出している[48]。炭労の派遣拒否のもとでは，炭鉱労働者の第2陣派遣は実質的に不可能であった[49]。

「技術修得のための派遣」といわれてドイツへ来た第1陣の59名にとっての「目的と現実とのズレ」の大きさは，先に指摘した「こんなはずではなかった」という角道武利氏の発言や「『出る前』と『来てみて』との落差があまりにも大きかった」[50]という井内　斉［三井鉱業芦別鉱］氏の話からも想像することができる。そこには，ひとりの労働官僚の発想から出発して実現した炭鉱労働者のドイツ派遣のいくつかの目的に対する日本の政府，使用者団体，労働組合，そして派遣労働者のそれぞれの感じ方，理解の仕方の微妙な食い違いがあった。それはさらに，受け入れ側のドイツ鉱山会社の外国人労働者受け入れに対する独自の理解が付け加わって，生じた。

政府主導で始まった計画の実施は，政府間協定にもとづく「国策」としての外国への労働者派遣事業であった。これは，派遣目的の第3「西独における炭鉱労働力の不足を緩和して，日独親善に寄与する」に具体化されている。だが，その第1は「先進炭鉱業の技術を習得し」であり，派遣される労働者にとっても，派遣する会社にとっても，「技術修得」が派遣の第一義的目的であった。

他方，ドイツでは，外国人労働者の呼称として「ガストアルバイター」(Gastarbeiter) という用語が使用され，日本から受け入れる炭鉱労働者関係の書類でも「日本人ガストアルバイター」(japanische Gastarbeiter) が使用されている。ただ，当時の日本で使用されていたこの用語の邦訳は，「客員労働者」または「客分労働者」であって，「外国人労働者」ではなかった。この点も，その後の「目的と現実とのズレ」の問題に影響している。炭労が，派遣問題で留意したのは，「ドイツ人労働者との均等待遇」であり，この点の保証は，ドイツ側（企業も，労働組合も）にとっては受け入れの前提条件であった。だが，受け入れるドイツの会社にとっては，外国人労働者の「技術修得」とは，実際の労働現場（均等待遇の労働条件のもとで）で，ドイツ人労働者と一緒に就労することによる「外国人労働者の職業知識の修得と職業能力の完成」を意味していた。ドイツにとっては，自国の労働者と同じ条件のもとで，一時的にドイツに働きにきてくれる外国人労働者が「ガストアルバイター」であり，数年後には帰ってくれる（帰国する）から「ガスト」（客員）なのであり，何か「特別扱い」される外国人労働者を意味するものではなかった。そうした受け入れ国ドイツの外国人労働者政策に対する日本側の不十分な理解が，この問題の原因のひとつであった。

　政府間協定にもとづくドイツへの炭鉱労働者派遣問題は，炭労の第2陣派遣拒否の決定によって，社会的に大きな波紋を引き起こすことになった。炭労の拒否決定後，日本でも，ドイツでも，この問題に関する新聞報道がなされている。[51]
　問題を打開する動きが生じたのは，8月20日に石炭経協の代表団が帰国した後のことであった。経営者側は，8月27日には炭労に会見を申し入れ，「手続き問題」については謝意を表し，「実質的出稼ぎ」に関しては「技術修得や労働条件」について，ドイツ側と労使代表による再交渉を行うことを提起した。この時の状況について，岡　松雄氏（炭労事務局次長）は，「いろいろ話し合っているうちに，やはりわれわれの誤解だとみなされる点もあるので，それではもう一度，労使双方からなる調査団を作って……現地を調査し，……労働条件が悪いというような点があれば，調査団の責任で改善させるよう交渉し排除に

努めようという意見の一致を見た」と述べている。

炭労は，8月28日の執行委員会で，「労使代表による再交渉」に了解することを決定している。また，これより先，日本政府に委嘱されて8月に実施された第1陣派遣労働者の健康診断の結果では，「生活，気候，労働環境が全く異なる中で，既に半年労働に従事していながらその健康状態が極めて良好なことはおどろくべきことであって，更に体重の増加は著しく，……医学的にみて，ドイツの労働が日本人にとって過重であることは考えられない」という報告がなされている。

(4) 再交渉団の渡独と第2陣の派遣（第1次計画の終了）

経営者側2名，労働組合側4名（炭労3名，全炭鉱1名）の計6名で構成された労使代表からなる再交渉団は，9月13日に出発し，ドイツ側と交渉して9月18日に新たな『覚書』に調印した後，第2陣を受け入れる3社の炭鉱を視察し，10月7日に帰国している。そして，炭労が第2陣派遣協力を正式に決定したのは，10月29日の「第18回臨時大会」(28～31日開催) においてであった。

再交渉団は，出発する前に，あらかじめドイツで就労している派遣労働者の自治会である「グリュックアウフ会」宛にドイツ側と交渉する具体的な内容の5点について伝え，話し合っておくことを要請している。すなわち，(1)技術修得，(2)病気等による中途帰国者の旅費負担は日本側，(3)坑内で負傷した場合は必ず付添をつけて昇坑，(4)入社後6か月まで，体力の相違により月1～2日の特別休暇をあたえてほしい，(5)賃金割引を解消すること，である。特に第1の「技術習得」に関しては，①坑外作業の6週間は必ず実施してほしい，②見習期間も完全に3か月行ってほしい，③半年ごとの明確な職場転換，④1週間1回の技術講義の実施，と詳細に伝えられている。再交渉団が設定したドイツ側との交渉事項は，第1陣で渡った炭鉱労働者が，目的と現実の狭間で当面した困惑のなかから提起された問題点を具体化するものであった。

再交渉団が早めにドイツへ渡航したのは，交渉方針を「西独において実情を充分検討した上で決めることにした」からである。すなわち，9月15日の日曜

日に，現地でグリュックアウフ会役員との懇談，さらに日本人炭鉱労働者全員との懇談会を行っている。ここでも，「技術習得」について，以下のような意見が出されている。

「技術研究はしていない。仕事をしながらでは困る」「技術習得が大事だ，そのためにドイツに来た。覚えたのはホーベルだけだ。その他はスコップを9か月も使った。こんなのは日本よりも悪い。具体的に講座などをやってもらいたい」「今までの経験では技術習得に余り期待をかけないでくるよう2陣以降には話してくれ」「技術習得は不充分だが将来のこともあり，その事で反対しないでもらいたい」。

また，自治会技術研究部長名の報告「坑内状況と技術習得の状況」には，次のように記載されている。すなわち，「坑内状況」では，「日本の炭鉱に比して大規模化でたしかに進んでいるようだが，われわれが働いている払・掘進等，先端作業場に於ては当鉱としてはホーベルの普及以外こと新しいところはない。保安関係については，生産第一主義がはっきりと表面化している。……採炭，掘進作業は強引であり，日本のいわゆる保安係員は当地では全く生産督励係員化しているといって過言ではない」とかなり手厳しく報告している。そして「技術習得」については，「毎日を充実した仕事に追われている上に，言葉の不自由も伴い，現状では極めて困難であり，ほとんどできていないというのが当たっている。……日独両国間協定にうたわれた技術の習得とは現状では空文であり，われわれの責任を倍加するにすぎず，もし会社側（独）よりのこれに対する便宜がはかられないならば，第2陣以降の目的を外国生活，労働の体得に変更されるよう要望する」と述べている。

ここには，「技術習得」が実施されていないことに対する不満，憤り，それに対する善処策を希望する意見が多いが，炭鉱労働者をドイツへ派遣することを否定する意見はみられない。もし，自分が第2陣で派遣されるとしたら，という質問に対する答えで一番多かったのは「来たい」の75％であった。その理由には，「外国旅行ができ見聞がひろめられる。人間修養，語学の修得，等が多い」がある。さらに，「文化活動の状況」では，「われわれの目的である『炭鉱技術の習得』に次ぐ『西欧民主諸国の見聞をひろめる』ことについては，小，

中, 大旅行と計画し, 小旅行はドイツ国内の近距離 (日曜利用), 中旅行はドイツ国内の遠距離及びドイツ近隣国 (2日続きの休日利用), 大旅行は有給休暇 (年に2週間以上あるもの) を一度に利用し (1年目ヨーロッパ, 2年目南ヨーロッパ, 3年目北ヨーロッパ) を行う」と報告されている。

9月17日には, 日本の労働組合代表は, 状況を説明して協力を要請するためにドイツの労働組合を訪問している。その結果, ドイツ鉱山労働組合は, 労働協約担当執行委員を, 再交渉の当日, 来賓として出席させることになった。炭労の交渉にかける意気込みを感じさせる行動である。

9月18日午前10時からエッセンで開かれた再交渉には, 日本側からは, 石炭経協2名, 炭労4名, 全炭鉱1名の計7名, ドイツ側は第2陣の受け入れ予定企業であるクレックナー鉱山会社2名, ハンボルナー鉱山会社, エッセナー石炭鉱山会社, ラインプロイセン炭鉱化学会社から各1名, ルール炭鉱企業連合2名の計7名が出席し, さらに来賓として, 日本側からボンの日本大使館員 (石黒拓爾氏) と第1陣の連絡員 (後明庫之助氏) の計2名, ドイツ側から連邦労働省, 連邦経済省, ドイツ鉱山労働組合から各1名の計3名が出席している。会議は長引き, 終了したのは同日の夕方午後6時であった。

この再交渉で合意された6項目にわたる『覚書』, 特に4項目の内容から, 第1陣で派遣された労働者をはじめ, 日本側が提案していた要望は, ほぼ満たされたことがわかる。

「坑外作業期間における教育」では, 後続陣については6週間の坑外労働に従事する見習い期間を短縮しないこと, また, 各労働日のうち4時間を実務労働にあて, 他の4時間をドイツ語教育と各種教育にあてることなど, 詳細に合意された。「坑内作業期間中における職場の転換」では, 日本人炭鉱労働者については, できる限り半年ごとの職場 (Tätigkeit) 転換を行い, 「炭鉱で行われるあらゆる種類の採炭 (Kohlengewinnung), 充填 (Bergeversatz) 移設作業 (Umlegearbeit) および開坑と採掘準備 (Aus-und Vorrichtung) における岩石掘進作業 (Gesteisarbeit) を修得すること」が考慮される。また「職業教育のため

の無給の休日」については，滞在1年目に12日間，2年目と3年目にそれぞれ7日間の付与という日本側の希望が記され，ドイツ側はその希望を考慮する用意があることを表明している。「先山講習（Hauerkurs）の実施」では，ドイツの鉱山会社は，日本人炭鉱労働者が到着して6か月を経た後，先山（熟練鉱員）試験のための講習を受け，先山資格証明書（Hauerbrief）を取得できるようにすることが合意された。これらの内容は，もちろん既存の第1陣の炭鉱労働者にも適用された。最後の「一般事項」では，交渉の結果，当面していた諸困難が解消したことを確認するとともに，第2陣として，それぞれ60名で構成される3つのグループが，1958年1月から3月にかけて派遣されることが合意されている。[63]

第1陣59名の就労成績は非常に良好で，新しい日本人炭鉱労働者の受け入れを希望するドイツの炭鉱会社は多かった。日本の代表団は，第2陣を受け入れる予定の3炭鉱を視察した後，10月7日に帰国した。

ドイツ鉱山労働組合の資料によれば，ちょうど同じころの10月3日から6日まで，炭労委員長の原　茂氏がドイツに滞在し，ボッフムにあるドイツ鉱山労働組合を訪問していた。炭労の委員長も労働組合の繋がりのなかで，派遣された日本人炭鉱労働者がどのような条件のなかで働いているかを視察し，また日本人炭鉱労働者がドイツ人と同じ条件のもとで働いていることを知る機会を得ていた。[64]

炭労が，10月29日に第2陣派遣協力を決定した後，11月5日には西独派遣協議会が開かれ，『炭鉱労働者第2次西独派遣業務実施要綱』が決められて，第2陣派遣の準備が進められることになった。

『実施要綱』は，第1陣派遣時の『募集並びに選考要領』よりも詳細な内容になっている。はじめに，第2次派遣180名をもって「この派遣計画を終了するものとする」こと，また「連絡員を増員強化して，現地炭鉱における習熟促進及び連絡の円滑化をはかる」としている。

派遣労働者の資格は，すでに指摘したように「満19歳から満32歳までの独身日本人男子」に拡大され，19歳から21歳までは坑内労働経験1年以上で派遣可

能とするが，その数は派遣総数の20％以内に収めること，また22歳から25歳までは坑内労働経験2年以上でも例外的に認めるが，この場合は同じく40％以内とすること，そして26歳から32歳は従来どおり坑内労働3年以上の経験が条件となっている。健康状態では，身長や体重は従来の基準が踏襲されているが，視力については0.8以上とし，従来よりも基準が緩和されている。こうした基準緩和の新しい資格から，日本側が応募できる層を拡大したことがうかがえる。

だが他方では，「現に採炭夫，支柱夫，掘進夫等直接夫として炭鉱に就労中である在籍者」という項が設けられたり，「志操堅固，人格円満な者」の項には「酒量の多い者，酒癖のある者その他集団生活に不適な性格の者は不可である」と追記され，また新たに「ドイツ食を日常食とするに耐え得られる者」という項目が付け加えられたりしている。

こうした基準は，第1陣の派遣労働者の労働現場や日常生活面での多くの経験を参考にして設けられた。また，「選考」についても厳しくなり，「身体的要件，学力，技能及び人格上の適格性のすべてに関し，試験，面接を行う」としている。

日本の炭鉱会社の職員のなかから選抜されて派遣される9名の連絡員のうち，各山元（ドイツの炭鉱）ごとに1名は3年間常駐させることとし，そのうちの1名を主席連絡員として任命し，「西独側労使との交渉」や「在外公館との連絡」などに当たらせて「計画の円滑な実施を期する」としている。[65]

両国政府間では，1957年7月4日付および9月18日付の『覚書』にもとづいて，1958年1月17日に，第2陣派遣のための「交換公文（口上書）」がボンで日本大使館とドイツ連邦外務省の間で交換されている。そこには，第1陣派遣時に交換された「口上書」と「付属計画書」の内容に変更がある事項，すなわち「この計画は，1958年3月までに一定の期間を経ながらそれぞれ60名ずつで構成される3グループの派遣をもって終了すること」，派遣される労働者の年齢構成，坑内労働経験年数，連絡員の構成などの項目の変更内容が具体的に明記されている。[66]

紆余曲折を経て実現した第2陣の3つのグループは，それぞれ横浜の移住あ

っせん所での10日間の講習の後，第1班は1月28日，第2班は2月25日，第3班は3月25日に日本を出発し，それぞれ2日後にはドイツに到着している。第2陣第1班は，予定どおりエッセナー石炭鉱山会社に50名，ハンボルナー鉱山会社に10名，第2班も予定どおりクレックナー鉱山会社に50名，ハンボルナーに10名が配属されたが，第3班は，予定されていたラインプロイセン石炭化学会社が宿舎の都合がつかず不可能になったために，ハンボルナーに25名，エッセナーに15名，そしてクレックナーに20名と分散して配属された（前掲，表3-1参照）。

4　ドイツでの労働と生活

　第1陣の「派遣目的と現実とのズレ」は，「見学や研修のための年間数日の無給の休日の付与」「先山講習の実施」「6か月ごとの職場の転換」などの改善策によって解消された。それは，ドイツ側の大幅な譲歩であった。すでに明らかなように，派遣されていた第1陣炭鉱労働者のなかに，「派遣を拒否すべきである」という意見はみられない。その背後には，当時の日本社会では，一般国民がヨーロッパで生活できる機会はほとんどなかったという現実がある。たとえば，第2陣で派遣された人々のなかには，そうした社会状況のなかで，会社の上司や，親・兄弟のすすめで応募した人も多い。

　1958年3月末のドイツ鉱山会社別の日本人炭鉱労働者数は，ハンボルナー鉱山会社に104名（第1陣59名，第2陣第1班10名，第2班10名，第3班25名），クレックナー鉱山会社に70名（第2陣第2班50名，第3班20名），エッセナー石炭鉱山会社に65名（第2陣第1班50名，第3班15名）で，総数239名となった。この数は，連絡員への配転や事故による途中帰国などの減少はあるが，以降2年間継続した（前掲，表3-2参照）。そして主に就労した炭鉱は，ハンボルンのフリードリッヒ・ティッセン2／5鉱，ゲルゼンキルヒェンのコンゾリダツィオン1／6鉱，3／4鉱，ウンザーフリッツ鉱，そしてカストロップ・ラウクセルのヴィクトル鉱，イッカーン鉱である。

(1) 坑内労働を中心とする労働生活

【炭鉱業】

　しばしば，「炭鉱は，石炭を生産する大工場」と言われるが，その「生産と運搬」はすべて地下数百メートルの地底にある縦横に張り巡らされた坑道での作業と切羽（きりは）と呼ばれる炭壁（Streb）での危険を伴う採炭労働で行われる。ドイツの炭鉱における採炭も，地下数百メートルにある炭層という自然的な条件によって規定されている。もちろんドイツには，地表にある褐炭（Braunkohle）を露天掘り（Tagebau）で採炭している現場もある。第1陣の派遣労働者は，無給の休日を利用して，巨大な採炭機械で採掘された褐炭が工場に投入されて，自動的にブリケット（Brikett）と呼ばれるレンガほどの大きさの塊になって製品化されている現場を見学している。このブリケットは，家庭用暖房燃料として多く使用されていた。露天掘りの跡地には，水が入れられ，数年後には緑に覆われたきれいな湖になり，キャンプ場や宿泊施設が作られて保養地として利用されたりしている。

　「炭鉱業というのは，一種の総合技術産業であって，切羽（きりは）と呼ばれる現場での作業のほか，測量や機械，通気などの専門家が多数働いている」[67]という指摘があるが，エレベーター，パンツァー（装甲式コンベアー）やベルトコンベアー，起重機，各種の採炭機などの機械の専門家だけでなく，電気，保安，通気など地下数百メートルの坑内では多くの職種の専門家が働いている。

　一般に，どこの炭鉱にも，てっぺんに滑車がある巻き上坑のある坑口から大きなエレベーターでまっすぐ地下900メートルくらい下がった地点に本坑道がある。本坑道には，複数の軌道が施設されていて，ここから複雑な坑道を通過して各地の採炭現場近くまで坑内人車で行けるようになっている。本坑道から各地へ通ずる分岐道は，どこも真っ暗である。危険な坑内で仕事をする従業員は，すべてヘルメットを被っている。着けているヘルメットの色で，社内での地位や職種の違いをある程度知ることができる。すなわち，白ヘルメットは，係員（Steiger）以上の役職についている職員（Angestellte）である。採炭などの坑内労働に従事する鉱員（Bergmann）は，先山（Hauer）と呼ばれる熟練鉱員

をはじめとしてすべて黄色いヘルメットを着用している。その他，機械関係の鉱員は青ヘルメット，保安関係の鉱員が着けているのは赤ヘルメットである。

【3つの坑内労働：掘進，仕繰，採炭】

　坑内労働は，大きく分けて，坑道を掘り進む作業の「掘進」，狭くなった坑道を広げたり，天井や壁を保持・修理したりする「仕繰」，そして最先端の切羽で石炭を採掘する「採炭」の3つに分類できる。日本人炭鉱労働者が従事したのは，これらの仕事のいずれかであるが，最も多く携わったのが「採炭」業務である。採炭する炭壁が平らな坑内での採炭が「平坑採炭」であり，傾斜のある坑内での採炭が「斜坑採炭」である。平坑での採炭であれば，200メートル位の長壁式採炭が可能であり，炭壁の高さに応じて大きさに違いがあるホーベル（カンナ式採炭機）やドラムカッターと呼ばれる巨大な歯車式採炭機での採炭が可能である。こうした近代的な採炭機械が導入される前までは，ピックハンマー（PickhammerまたはKohlhammerと呼ばれる）によって炭層を削岩する「ピック採炭」が中心であった。日本人炭鉱労働者が派遣されたドイツの採炭技術は，ピック採炭，手作業による鉄柱やカッペの移動から油圧式鉄柱，自走枠を使った作業のもとで，大型の各種採炭機械が次々と導入されていった時代であった。

【3交替制】

　1日は24時間だから，8時間労働で割れば，作業シフト（番方）は3交替制が一般的である。1番方（Frühschicht）は午前6時から午後2時まで，2番方（Mittagschicht）は午後2時から午後10時まで，3番方（Nachtschicht）は午後10時から午前6時までの勤務形態である。このうち，採炭業務が行われるのは1番方と2番方であり，3番方はレパラトゥアー・シッヒト（Reparaturschicht）と呼ばれ，主に機械の点検・修理など翌日の採炭業務を支障なく進めるための業務が中心である。また，3番方では，別名「移動部隊」とも呼ばれるグループによって，翌日の採炭に必要な各種の準備作業が行われる。たとえば，パンツァー（Panzer）の移動，鉄柱（Stempel）の回収・運搬作業，坑木の補給などである。さらに，注水班は，採炭時に炭塵が出るのを防ぐため（炭塵予防）に水を炭層に注入する作業を行う。炭層に水を含ませるこの作業は，地中のガス

を抜くと同時に、炭層を柔らかい状態にする効果もある。いずれにしても、鉱員として派遣された日本人炭鉱労働者の多くは、1番方か2番方での坑内労働に従事したことになる。

【坑内労働時間】

炭鉱で働く鉱員は、すべて4桁の自分の鉱員番号（Markennummer）をもっている。坑内労働時間は、坑口で鉱員番号を述べて確認し、入坑した時から、出坑するまでの8時間である。坑内採炭の場合は、坑口からエレベーターで地下900メートル位のところに位置する本坑道に降り、そこから坑内人車に乗って、鉱区内の地下坑道を右折したり左折したりして、いくつもの分岐坑道を通過した後、下車し、徒歩で採炭現場へ行くことになる。現場によっては、坑内人車を降りてから、盲立坑のエレベーターでさらに下の坑道へ下り、歩いて行かなければならないほど遠い場合もある。そうした遠い切羽の場合には、坑口から採炭現場に着くまでに1時間近くかかる場合もある。したがって、採炭にたずさわる実労働時間は、5時間半から6時間位になることもある。また、坑内温度が28℃以上の現場では、1時間短縮されて7時間労働になる。

【平坑での採炭】

1番方勤務になれば、早朝6時に入坑である。ドイツの冬は、日の出は遅く、真っ暗な中を凍てつく寒さを突いて出勤する。「覚えたのはホーベルだけだ。その他はスコップを9ヵ月も使った。こんなのは日本よりも悪い」[68]。これは、すでに記述した、炭労の派遣拒否後の再交渉団で渡独した労組代表との懇談会の席で、第1陣で派遣された労働者のひとりの発言である。あるいは、1957年6月6日付で、佐々木久弥［三井鉱山美唄鉱］氏が日本の会社宛に出した「夏の西ドイツより」には、ドイツの坑内に入った時には「期待が大きかったせいか幻滅を感じたこと」、「日本の炭鉱もドイツに比べて遜色はないこと」、また「おもしろいことは、重量5キロもある手提ランプを今もって使っていること」[69]などが記されている。

第1陣が就労した炭鉱では、平坑での採炭が多かった。第1陣が就労したのと同じフリードリッヒ・ティッセン鉱で働いた松田範之（第2陣第3班）［三井鉱山三池鉱］氏が帰国後に会社に提出した『西独炭鉱における坑内作業の思い

出』には，当時の採炭作業を紹介する部分がある。たとえば，「ホーベル(Hobel)使用の払における採炭工の主帯作業はカッペ（連結式鉄梁－引用者）延長，立柱及び抜柱である。1組3人で一定の区域を担当し，この中の2人でカッペ延長及び立柱，他の1人が抜柱作業を行う。……鉄柱の枠間は50cmが規定になっているが，これもほとんど実行されず70cm～80cm程度で，枠の配置は千鳥型を全部採用している(70)」。また，ピックハンマーを使用して採炭する場合は，「個人請負で採炭，カッペ延長，立柱の作業を全部1人で実施しなければならない(71)」仕事であり，採炭工の受持区域は10メートルから12メートル，という記述がある。

　第1陣の59名をはじめ，第2陣各班からハンボルンに配属された日本人炭鉱労働者の多くがたずさわった採炭労働は，長壁式切羽におけるこうした個人請負のピック採炭である。ドイツの炭鉱の賃金形態も，出来高払い賃金（請負賃金；Gedingelohn）である。個人請負（Einzelne Gedinge）の場合には，あらかじめ自分が採炭する範囲を申し出て（請け負って）採炭作業に入る。炭壁の前部の「床」部分には，削岩された石炭を自動的に搬送するパンツァー・コンベアーが作動する。一枚のパンツァーの長さは1.5メートル，その5枚分（7.5メートル）以上が請負の基準となる。したがって，自分が受けもつ炭壁の幅が長いほど石炭採掘量は増えることになり，受取る賃金も高額になる。これが，個人請負賃金である。

　先の佐々木久弥氏によれば，請負給の1か月の収入は600から650マルク（1マルク85円）で，手取り350～450マルクであった(72)。また，同じ第1陣で渡独した北村侑三郎［宇部興産］氏の実習後の1957年の平均収入は700マルクで，「日本の炭坑夫の3倍以上の月給(73)」であった。

　一定の長さ（たとえば，100メートル）の炭壁の採炭をグループ単位（たとえば，6名の鉱員）で受け持つ労働がグループ請負（Kammeradenschaftgedinge）であり，グループ単位で出来高払い賃金が支払われる(74)。

【危険な職場】
　地下数百メールの高温多湿の坑内での重労働は，決して楽な作業ではない。阿部義之［北炭美流渡鉱］氏の「切羽は山丈が1.8メートル，面長が160メート

ル，傾斜は9度です。それに温度が25度から30度くらいあるために，日本にいた当時の3番方のときのような体の調子です」という指摘にあるように，採炭業務の傍ら，重い鉄柱の立柱，抜柱，カッペの移動などの肉体労働を，高温（25〜30度）で狭くて暗い坑内でしなければならない。「汗は身体から滝のように流れて，安全靴（坑内作業靴）の中に溜り，靴を脱いで逆さにすればザァーと流れるほどの汗の量である」。しかも，炭塵で霧がかかったような中での作業だから，まさに，「ただ真っ黒で働くだけ」ほど，「ドイツ炭鉱は日本の炭鉱よりも炭塵が多く，汚れ方がひどかった」という現場の状態は，ドイツで働いた多くの日本人炭鉱労働者の話に共通する内容であった。しかも，いつ，どこで起こるかわからない落盤の危険性があることは，ドイツの炭鉱も同じである。

【クレックナー鉱山会社】

　第2陣第2班で渡独し，クレックナー鉱山会社のビクトル・イッカーン鉱に派遣された朝倉正芳［三菱鉱業高島鉱］氏は，1番方の坑内見習作業の1日について次のように報告している。「朝の5時に起き，コーヒーにパンだけ食べ，弁当はパン4切程ポッケットに入れて行きます。6時入坑，現場着7時，すぐ仕事にかかり，休息はありません。チョットのすきを見て，ポケットから取り出してかじるのです。食事より生産です。……本当の事を云って日本の場合よりずっとつらいのです」。あるいは，同じクレックナー鉱山会社の炭鉱で，働き始めて8か月後に山本信一［北海道炭鉱汽船平和鉱］氏が送った「便り」には，「なにせ始めて見るホーベル採炭なので私達には全然手が出せず，ただおろおろするばかり，ドイツ人から手をとるように教えられ頑張っています」と記述されている。また，同じ第2陣第2班でクレックナーに派遣された井上慎一［三井鉱山山野鉱］氏によれば，当時は「手提ランプを使っていたし，掘進，採炭の道具もピックハンマーだった。また，賃金は1か月600〜1000マルク位であった」。カストロップ・ラウクセルのクレックナー鉱山会社の炭鉱もハンボルンの炭鉱と同様に平坑での長壁式切羽での採炭労働であった。

【斜坑採炭】

　第2陣第1班の50名を受け入れたのが，ゲルゼンキルヒェンのエッセナー石炭鉱山会社である。ハンボルンやカストロップ・ラウクセルの炭鉱に比べると，

エッセナー鉱山会社のコンゾリダツィオン鉱は斜坑での採炭労働が多く，それだけ労働条件が厳しかった炭鉱であった。斜坑とは，斜度が65～70度位の傾斜のある坑道である。一般的には，斜度が0～30度位までは緩傾斜（Flach），30～60度位までは中傾斜（Halbsteil），60度以上は急傾斜（Steil）と呼ばれている。

　急傾斜の炭層は，平坑の炭層が縦に長くトンネルのようになっている。したがって，斜面になっている炭層に沿って上から下まで縦配列で足場を確保して，炭層壁面をコールハンマーで採炭する。採炭した石炭は，上から下へ落ちるから最下段の人の掘進速度に合わせて採炭が進められなければならない。炭壁は，階段を裏側から見た「逆階段状態」になっていて，急傾斜の上部で採炭（落とす）した石炭が下部で作業している鉱員に直接あたらないで背面の斜面に落ちて下へ滑り落ちるようになっている。この「スライシング払い」という斜坑採炭では，3番方が用意しておいた坑木を，自分が採炭する部分の足場になる長さに切断し，それを両サイド壁面に固定して，その上に乗ってコールハンマーで採炭する。したがって，足場にする坑木の長さが，長すぎても短すぎてもダメだし，しっかりと固定しても，上部の人が採炭した石炭が下の人の足場に落ちたりすると，地底へ落下して怪我をすることになる。

　さいわい，第2陣第1班には，北海道の夕張炭田のように断層坑道や急傾斜坑道が多い炭鉱からの派遣労働者が含まれていた[81]。こうした人たちは，ウンザー・フリッツ鉱のような急傾斜での採炭業務をこなせたが，三菱鉱業，三井・三池鉱，太平洋炭鉱など，平坑が多くて比較的条件のよい日本の炭鉱から派遣された労働者は，エッセナー石炭鉱山会社での仕事に慣れるまでには時間が必要であった[82]。

【労働習慣の違い】（厳しい規律とキツイ労働）

　ドイツの炭鉱は，日本の炭鉱よりは，天盤が安定し，ガスの充満や出水の危険性などは少なく，その点では条件がよかった。ハンボルンでは，早い段階でキャップ・ランプが渡されたが，重さ2キロの安全靴を履き，6キロもある手提ランプ（Mannschaftslampe）を携帯しての入坑と昇坑は，カストロップ・ラウクセルでもゲルゼンキルヒェンでも，当時のドイツの炭鉱では普通であった。手提ランプの重さには，「作業を終えて，疲れた身体で昇坑する時には，放り

投げてやりたい気持ちになった[83]」のが現実であった。また，ドイツの坑内労働は「生産第一主義」であり，日本に比べて「仕事がキツイ」のが，日本人炭鉱労働者が抱いた率直な感想であった。

　第1陣で派遣された富田武男［三菱鉱業美唄鉱］氏は，帰国後の体験談で，ドイツでの坑内労働について，「炭鉱の坑内夫は坑内で休憩時間がない。サンドウィッチとコーヒーを昼食として携行するが，現場で働きながら片手の空いた時に，食うわけで，昼食休憩の時間といっては全然ない。ドイツ人は坑内の8時間を間断なくびっしり働くわけである。無論私達日本人鉱員も，同等に作業するわけだ[84]」と指摘している。これは，日本の現場とドイツの現場の労働習慣の大きな違いの結果である。つまり，日本の職場では，一生懸命働いて「ちょっと一服」といって腰を落として休憩するのが普通だが，ドイツにはこうした習慣がない。だから日本人とっては，「ドイツ人並みの労働」はどうしてもキツクなる[85]。

　ドイツの炭鉱では，疲れて「休みたい」と思っても「休めない」のが現実である。しかも，「無断欠勤を3回」繰り返すと「即時解雇」になる。その背景には，病気になった場合の疾病保険制度の完備と，労働者に権利として与えられている有給休暇を保障する制度の完備がある。ドイツの労働習慣に慣れない日本人労働者も，病気でない限り，「疲れた」からといって欠勤することはできなかった。

　もちろん病気やけがをすれば，鉱山会社が指定する地区担当医に診察してもらい，健康診断書（Krankenschein）を受け取って，鉱員組合（Knappschaft）と会社で手続きをすれば，公的に欠勤が認められる。

　第2陣が渡独した1958年は，戦後活況を呈していたドイツ炭鉱産業にも，貯炭が生ずるなどの不況と外国産の安価な石炭輸入の影響が生じはじめた年である。ドイツの炭鉱が，それまでの隔週2日制から，週休2日制（出勤日数でいえば，週5日制）を採用することになったのは，1959年5月からであった[86]。

【賃金明細】

　ドイツの鉱山会社の賃金明細書は，当時の日本の炭鉱会社のそれとよく似ている。幅は10センチ，長さ21センチほどの短冊のかたちをしている。表面には，

社名があり，大きく賃金清算（Lohnabrechnung）と書かれている。年月の記載があり，鉱員番号（Markennummer），氏名，生年月日，着任日（第1陣の人の場合は，1957年1月21日）が記載されている。その下に，給与明細欄がある。賃金欄には，基本給，割増賃金，休日出勤手当，祝祭日出勤手当，坑夫手当など詳細な項目があり，出勤回数（番方）欄，それぞれの詳細な金額が右欄に記入されて，その合計金額（総支給額）が記載されている。その下に控除総額が記入され，その下に手取り賃金額が記入されている。したがって，表面で自分が働いた1か月の内容と賃金総額，控除総額，手取り賃金額がわかるようになっている。

　裏面が，控除（Abzüge）詳細である。毎月必ず控除されているのが所得税（Lohnsteuer），年金掛金（Beiträge zur Knappschaft），寮費（Verpflegung）の3項目である。その他の項目で，日本人労働者が時々引かれているのが，作業服（Arbeitsbekleidung）代とゴム長靴（Gummistiefel）代くらいである。

　この「賃金明細書」は，第1陣で渡航して，ハンボルナー鉱山会社で就労したＡ［三菱鉱業上山田鉱］氏のものである。渡独して間もない1957年2月の賃金は，見習い期間中でもあり，支給総額410マルク，手取り額で210マルク位であった。その後，請負給の坑内労働についてから，収入総額は毎月650～800マルク位に上昇している。一番高かった月収は840マルクだったが，税金・年金・寮費を引いたこの月の手取り賃金額は510マルクである。したがって，第1陣で就労した日本人炭鉱労働者の1か月の平均月収は約700マルク，手取り平均賃金は約400マルクと理解して差し支えない。この金額は，当時の日本国内炭鉱労働者の賃金の1.5～2倍であった。このほか，毎年12月には，「クリスマス手当」（Weihnachtsspende）が支給された。その金額は，Ａ氏の場合，1年目45マルク，2年目93マルク，3年目96マルク，合計234マルクであった。[87]

【坑内事故など】

　日本に比べて天盤が硬い，出水が少ないなど，自然条件がよいとはいえ，いろいろな工具や機械を作動させた中での坑内労働では，機械作動のミスによるけが，斜坑での転落によるけがをした鉱員，突然の落盤による事故に遭い九死に一生を得た鉱員もいれば，不幸にして殉職された鉱員もいた。事故による負

傷で、3年間を経ずに中途帰国を余儀なくされた鉱員、また、生活習慣の異なるドイツで交通事故に遭遇して亡くなられた鉱員もいる。表3-1によれば、第1陣と第2陣総数239名のうち、坑内作業中の業務上災害や交通事故で亡くなられた人は4名、坑内事故のために中途帰国を余儀なくされた人は2名である。

第2陣第3班で渡独し、ハンボルンで就労した村谷泰一［三井鉱山三池鉱］氏は、1958年9月6日に「ハンボルン炭鉱で開坑いらい2度目の大事故」といわれた落盤事故に巻き込まれ、事故から6時間後に奇蹟的に救出されている。事故に遭遇したのは、日本人2名、ドイツ人4名、ユーゴスラビア人2名の計8名であり、6時間後に救出されたのは、日本人2名とドイツ人鉱員2名であった。[88]

地下坑内で恐れられているのが、「お棺の蓋」(SargdeckelまたはSargkasten)である。「お棺の蓋」とは、天盤にあるお棺の形をした岩や石炭のことである。一般に、坑内で落盤が生じる場合には、その前兆として、砂や小石がバラバラと落下するのが普通である。だが、お棺の蓋は、岩盤がお棺の形（まわりの岩や石炭などに引っかかる部分がない）のために、天盤から落下する時に「音がしない」「岩砂が落ちてこない」ために予測することが難しく、突然落下してくるために、鉱員から「お棺の蓋」と呼ばれて恐れられているものである。[89]

派遣された日本人炭鉱労働者の中にも、「お棺の蓋」と呼ばれる岩が落ちてきて、その下敷きになって亡くなられた方がいる。

【職場転換と先山講習】

すでに考察したように、「派遣目的と現実とのズレ」から生じた問題は、ドイツ側の大幅な譲歩によって解消した。

そのひとつが、「無給の休日の付与」であった。日本人炭鉱労働者の人々は、この休日をドイツ鉱山博物館の見学、露天掘りの採炭現場や工場の見学、炭鉱で使用する採炭機械、運搬機械、工作機械などを製造していたウェストファリア（Westfaria）会社やアイクホフ（Eickhoff）会社の工場の見学などに利用して「職業知識の修得」に努めた。自治会・GA会の1959年1月11日付議事録には、自治会「技術研究部」の「どんなところを見学したいか？」に対する回答とし

て，「1．ドルトムントの研究所，2．ケルンにあるDGBの経済研究所，3．G.H.H. Westfaria, Eickhoff, 4．自動車工場，5．各種学校見学，6．ビール工場」などが挙げられている。なお，ここにあるDGBとは，ドイツ労働総同盟（Deutsche Gewerkschaftsbund）のことで，ドイツ労働組合の最大のナショナルセンターである。

　第2が，「6か月ごとの職場の転換」である。これも，3つの鉱山会社で実施されていった。たとえば，第2陣第2班で渡航し，カストロップ・ラウクセルにあるクレックナー鉱山会社で就労した斉藤鴻三［北炭楓鉱］氏は，「6か月ごとの職場交換はあった。盲立坑（直径5メートル，深さ30メートル）の掘進をしたこともある。何でもやったから，何でもできるようになった」。エッセナー石炭鉱山会社で働いた第2陣第3班の塚原　要［明治鉱業佐賀鉱］氏は，「ピック採炭現場は，地区7（Revier 7）が一番長かったが，レッペ・ホーベルという移設作業，パンツァーの炭壁への移動作業，炭壁注水作業（これは夜勤の3番方の時だった），採炭では一日平均7メートルを受け持った」，とのことである。また，第1陣で派遣され，ハンボルンで働いた笹尾了祐［明治鉱業平山鉱］氏も，「ドイツでは，ホーベル作業，ピック採炭，掘進のすべての仕事を経験」している。

　第3が，「先山講習」の実施である。「先山」（Hauer）とは，一人前の熟練鉱員を意味する。ドイツで，先山になるには年齢が「満21歳以上で3ヵ年以上の坑内労働経験を有し所定の先山講習を受けた後，先山試験に合格し，先山資格証明書（Hauerschein又はHauerbrief）を受けなければならない」。鉱員の請負賃金は，この先山の請負賃金が基準になっている。したがって，この資格があってはじめて，100％の鉱員賃金が保証される。また，この資格がなければ，ドイツの炭鉱で係員，係長，鉱業所長などに昇進していくことはできない。同時に，先山鉱員の資格があれば，ドイツのどこの炭鉱でも「一人前の熟練鉱員」としての身分が保障され，就労することができる。資格重視のドイツの社会では，きわめて重要な職業上の資格である。

したがって，受け入れた鉱山会社が日本人炭鉱労働者に先山講習を実施するためには，あらかじめドルトムントの上級鉱山保安監督署の許可を得てはじめて可能になるものであった。鉱山監督署の許可がおりたのは，1957年11月2日である。ハンボルナー鉱山会社で就労していた第1陣59名のうち47名が受講を希望したが，会社側の要請で28名が11月8日から，週2日午前2時間，午後2時間実施された先山講習を受講することができた。そして，最後まで受講した16名が，翌1958年4月の実技試験，4月28日の学科試験に全員合格して「先山鉱員証」（Hauerbrief）を授与された。その後，第2回目の先山講習を経て，1959年7月10日に行われた第2回先山試験では，24名が合格している。第1陣の先山試験合格者は計40名であり，それは第1陣の実数57名（その後，連絡員に転任された人などを除く）の約70%を占めていた。[95]

第1陣が所属していたフリードリッヒ・ティッセン鉱における先山資格者数は，「坑内在籍3,600名中，機電関係をいれて500名以下（約14%）という少ないもの」である。[96] したがって，ドイツの炭鉱で厳しい坑内労働に従事しながら，40名の先山試験合格者を出したという実績は，第1陣の日本人炭鉱労働者の優秀性を示すと同時に，ドイツの会社や社会の日本人に対する評価を高めたことは言うまでもない。

他方，第2陣第1班～第3班で派遣された180名の先山講習も，それぞれの受け入れ炭鉱会社で実施されている。ハンボルナー鉱山会社における先山試験は，1960年9月16日と1961年3月17日の2回，エッセナー石炭鉱山会社では1960年6月13日，そしてクレックナー鉱山会社では1960年9月2日に実施された。その結果，合格した人の数は合計131名であり，その数は第2陣で派遣された炭鉱労働者総数180名の約73%であった。[97]

(2) 宿舎を中心とする社会生活

【受け入れドイツの社会状況】

日本人炭鉱労働者の第1陣・第2陣239名が渡航したのは，1957年1月から1958年3月にかけてである。「日本の息子達が来る」として「国賓」のようにドイツに迎えられた背景は，第2次世界大戦で同盟した3国が連合国に降伏し

た序列，すなわち最初がイタリア，それからドイツ，そして最後まで頑張った日本があり，「日本はドイツよりも頑張った(98)」と評価された国であったからである。ドイツが終戦を迎えたのは1945年5月8日であり，日本の終戦は，それから3か月後の1945年8月15日であった。

　第1陣の派遣状況に関する深田祐介氏の著書には，「日本の『戦後』が，大挙してドイツを目指している(99)」という記述がある。第1陣で派遣された日本人炭鉱労働者には，終戦後，外地からの引揚者の子弟や戦争で父親を亡くした人が含まれていたからでもある。他方，受け入れドイツの炭鉱地域にも，東部ドイツからの引揚者や東ドイツ地域からの避難民であったドイツ人が働いていた。のちに，多くの日本人労働者が下宿生活をした一般の家庭にも，こうしたドイツ人家庭が多かった。

　「ドイツ人の日本人に対する感情は，良かった」というのが，日本から派遣された炭鉱労働者の誰もが口にする言葉である。この点は，第1陣・第2陣だけでなく，その後復活・開始された後続陣のすべての日本人炭鉱労働者に共通する事柄である。

　同時に，第1陣の場合には，「日本を代表する」という意識が強かった。「この人たちは，日の丸を背中に背負ってドイツの炭鉱で働いた(100)」と言われるように，「日本人を代表している」という意識が，「納得しかねる状況」のなかでの過酷な坑内労働に耐え抜いたともいわれている。(101)

　搭乗員60名ほどの南廻りの小さなプロペラ機で約50時間，長旅を終えて到着したドイツは，冬のデュッセルドルフ空港である。多くの日本人炭鉱夫を驚かせたのが，空港からバスで，それぞれが就労する炭鉱のある街までに通過した立派な高速道路（アウトバーン）であった。到着した当時のドイツの印象について，ある人は，「空港の到着ロビーで，……まず葉巻とオーデコロンの匂い，日本では馴染みのないレンガや石材と絨毯のにおいに異国を感じ(102)」，ある人は，「第1印象は，風景が違うこと，建物事態が違い，全く違う世界へ来た(103)」と感じていた。またある人は，「まず驚いた事は，道路，建物の立派な事，娘さんのきれいな事などでありますが，やっぱり対日感情の非常に良いことで，散歩に出ると大変な人気を博し，なんだか夢の国でも歩いているようです。どんな

店で買物しても実に親切で，手足で説明してくれる」[104]。それが，若い日本人を迎えたドイツ社会の一般的な状況であった。

【会社の独身寮】

日本人炭鉱労働者がまず落ち着いたのが，それぞれの受け入れ炭鉱会社が用意した独身寮であった。第1陣および第2陣の各班10～25名が就労したハンボルナー鉱山会社の独身寮は，フリードリッヒ・ティッセン2／5鉱から歩いて5分程のブルンヒルト通りにあるカスパース・ホーフという独身寮であり，そこは「古い農家を改造した，ちょっとしたホテルのようなおおきな独身寮であった。ふたりにひと部屋ずつ与えられたが，部屋はたっぷりと広く清潔で，ほかに食堂，娯楽室，シャワールームなど，当時の日本人の眼からすれば，まさにホテルなみの，眼をむくような施設が完備されていた」[105]。実際には，1部屋に2名で入った場合と3名の場合とがあった。

他の炭鉱の宿舎については，再交渉団で渡航した労組代表が，ハンボルナーを除く，それぞれの炭鉱を視察した記録で紹介している[106]。それによれば，エッセナー石炭鉱山会社のコンゾリダツィオン鉱の宿舎は，「敷地は広大で，芝生の運動施設の周囲に建物が建てられている。1室に3人収容を建前として，食堂・娯楽室が完備し，寮施設の環境としては最良と云える」となっている。だが，実際に，エッセナー石炭鉱山会社の寮に入った人の話によれば，「ハイム・オーバーシェアでは1部屋に4，5人が居住し，朝昼夜バラバラの坑内勤務で，いつも誰かが睡眠中であり，居住環境は良いとはいえなかった」[107]のが現状であった。

それに比べて，クレックナー鉱山会社のビクトル・イッカーン鉱の宿舎は，労組代表が訪問した時は建設途上であったが，1人1室主義で部屋にはベッド，チェアー，テーブルが備え付けられていて，7部屋ごとにひとつの共用娯楽室があり，さらに42部屋で1ブロックが形成されていて共同の自炊室もあった。また，地下にはピンポン台があり，食堂は新様式のものを建設中で，寮としては最も完備しているものであった。

【歓迎された炭鉱労働者】

ドイツの社会から歓迎された日本人炭鉱労働者について，以下に素描する光

景は、どこの炭鉱のどこの宿舎にも共通していた。たとえば、到着間もないころの日本人宿舎には、若いドイツ女性がサインを求めて殺到した。日本人がビアホールに行けば、ドイツ人から提供されるビールでテーブルが一杯になった。地域に住むドイツ家庭からは、毎週末のように、日本人炭鉱夫を夕食に招待する申し出があった。日本人の下宿は、勤勉で家賃の前払いも確実であり、歓迎された。

たとえば、第2陣第1班でエッセナー石炭鉱山会社のウンザー・フリッツ鉱で就労した對馬良一［三菱鉱業大夕張鉱］氏も、早くからドイツ家庭に下宿したうちのひとりである。ゲルゼンキルヒェンにあるウンザー・フリッツ鉱やコンゾリダツィオン鉱は、人口40万人近い（ドイツでは、大都市である）街の中心地域にある炭鉱で、同じ第2陣第1班の南園秀明［三菱鉱業高島鉱］氏によれば、「街の真ん中を掘っていたのには、驚いた」ほどである。ゲルゼンキルヒェンの最初の宿舎「ハイム・オーバーシェア」は、ボニフェーア通りにあり、そこから炭鉱までは、徒歩と路面電車を乗り継いで約40分位の時間が必要であった。對馬良一氏の下宿先は、ウンザー・フリッツ鉱に近い、バンネ・アイケル地区にあり、早朝の30分の節約（それだけ長く寝ていられる）で身体が楽になったとのことである。

当時のドイツは、柔道がはやりだしたころであった。第1陣には、柔道3段の井内　斉［三井鉱山芦別鉱］氏をはじめ、複数の有段者がいて、ドイツの柔道クラブなどから教えを乞われて、夕方にはベンツでの送迎を受けることが多かった。日本人炭鉱労働者は、ドイツで柔道を普及させることで貢献した。

特にハンボルンの宿舎の寮長であったフリッツ・アレキサンダー氏は、親日的な人であり、自炊厳禁の宿舎にもかかわらず、若い日本人が鍋やコンロを買い込んで、米を炊き、鯉の刺身を食べたり、野ウサギを捕って料理することなどを黙認してくれた。第1陣で狩りの経験があったのが、笹尾了祐［明治鉱業平山鉱］氏である。日本と違い、ドイツの都市には大きな公園や緑が多く、都会でも野生の野ウサギが出没していた。ウサギには、一定の決まった通り道があり、いくつかの罠を仕掛けておけば、捕獲するのは容易であった。第1陣の鯉の刺身は、第2陣の人々も実行している。

ハンボルンの寮長は、第1陣が帰国する際に、そしてカストロップ・ラウクセルのユーゲンドルフにあったマイセンホーフ寮の寮長も第2陣の帰国に際して、日本へと招待されている。残念だったのは、ゲルゼンキルヒェンの宿舎であった。エッセナー石炭鉱山会社の炭鉱で就労した派遣労働者が最初に入居した寮は、古い立坑近くにあった少年鉱員（見習い鉱員）のための寮であった。ここの寮長は、日本人炭鉱労働者をドイツ人少年鉱員並みに扱う人であった。しかも、日本人を訪ねてくる若いドイツ女性や、家庭への招待を申し出るドイツ人家族を門前払いするなどで、評判が悪かった。食事の質も悪く、日本人労働者は、寮を変えてくれるように会社と交渉したりした。その結果、1958年10月には、ゾッペホーフ地区にあるゾンネンシャイン団地に転居することになった。

ここは、会社所有の2階建ての労働者住宅であり、ウンザー・フリッツ鉱やコンゾリダツィオン鉱にも近かったが、賄いはなく、自炊生活であった。坑内労働で疲れた身体で帰宅した後の自炊生活は厳しかったが、「自炊で生活費がハイム・オーバーシェア時代の半分以下になると遊び金にも余裕ができ、モーペットを所有する仲間も多くなった」。さらに翌1959年9月には、団地近くのブラウバウアーシャフト寮への転居があり、第2陣でエッセナー石炭鉱山会社に派遣された65名（第1班の50名と第3班の15名）の日本人炭鉱労働者は、3年の就労期間中に3つの宿舎で生活したことになる。賄付きは、最初の寮のハイム・オーバーシェアだけであった。

【メーデーに参加】

1957年5月1日の労働者の祭典・メーデーに第1陣の人々は、全員で参加している。掲げる旗を、赤旗にするか日章旗にするかで意見の交換があり、日独親善を前面に出すことになった。当日は、日の丸を先頭にしてメーデー中央会場へのデモ行進に参加している。服装は、全員が白いワイシャツに紺のズボンに統一して参加した。それは、ドイツ人に人気があった黒髪を強調するためでもあった。メーデー参加の様子を、三井鉱山三池鉱から派遣された本多豊明、川崎博美、貝田正美の3氏は、5月6日付の三池炭鉱労働組合宛の通信で、「はじめて迎える異国のメーデー。服装を統一し、日の丸を先頭に3列縦隊、

歩調を合わせて会場に向かって市中行進。会場，壇上には中央にドイツ国旗，左側にDGBの旗，右側に日の丸が掲げられ開会と同時に，日本人労働者歓迎の挨拶で満場の拍手を浴びた。帰りも同じく「幸せの歌」，「若者よ」，「メーデー歌」など元気よく合唱し，統一して寮に帰ってきました」(一部，中略)と記している。また，佐々木久弥［三井鉱山美唄鉱］氏の「便り」には，「5月1日のメーデーには私たちは白シャツに紺のズボンで全員参加しました。席上私たちの代表が"原爆を2度と世界の上に落すな"と演説大かっさいを受けました」[116]と記されている。

　日本人炭鉱労働者がそろってメーデーに参加したことは，ドイツの新聞でも大きく報道された。たとえば，ある紙面では「ドイツ人と日本人，5月1日を祝う」と大きな見出しの記事とメーデー会場の写真が掲載されており，そこには「平和を守ろう」「日独親善」の日本語や「Schacht 2／5」(2／5炭鉱) と書かれたプラカードが写っている。写真の下には，「ドイツ全土で，日本人がメーデーに参加したのは始めてであった」[117]とも書かれている。また，他の新聞では，日本人炭鉱夫は白いシャツと紺のズボン姿で参加したこと，日本人のプラカードには「戦争を繰り返すな」(Nie wieder Krieg)，「核兵器廃絶」(Fort mit Atomwaffen)，「日独親善」(Freundschaft Japan und Deutschland) があったなどと報道されている。[118]

　第1陣で築かれたメーデー参加の光景は，第2陣の人々にも引き継がれた。1958年5月1日，ゲルゼンキルヒェンのメーデーには，「全員白シャツ，黒ネクタイ，黒ズボンに統一した」第2陣の日本人炭鉱労働者の姿があった。日の丸を先頭にたくさんの赤旗（組合旗）を掲げての行進であり，メーデー会場での「ニヒトメアー（ノーモア）ヒロシマ」に「万雷の拍手が沸き起こった」[119]。對馬良一［三菱鉱業大夕張鉱］氏は，「全員白ワイシャツにネクタイ，無帽といういでたちで，日章旗を先頭に各自持参の組合旗や会社の旗などを掲げて堂々と行進致しました」[120]と記している。

　表3-4は，1957年当時のドイツの炭鉱で就労していた外国人労働者の国籍別人数，ドイツ労働総同盟（DGB：Deutsche Gewerkschaftsbund）傘下のドイツ鉱山・エネルギー労働組合（IG-Bergbau und Energie）の外国人組合員数とその

表3-4　ドイツ鉱山エネルギー労働組合・外国人労働者組織状況

国籍	就労者	組合員	組織率（%）
イタリア	3,276	603	18.4
ユーゴスラビア	1,847	481	26.0
オランダ	1,800	283	15.7
ハンガリー	727	148	20.3
クロアチア	553	117	21.2
オーストラリア	506	165	32.6
日　本	58	44	75.9
その他	1,688	537	31.8
合　計	10,455	2,378	22.7

出所：Statistisches Jahrbuch IG-Bergbau und Energie 1957.

組織率を示したものである。第1陣で派遣された日本人炭鉱労働者数は59名であるが，この表では58名になっている。その理由は不明であるが，表から明らかな点は，日本人労働者の組織率がずば抜けて高いことである。

【見学・休暇旅行】

　地下数百メートルの「キツイ，汚い，危険」な坑内現場での過酷な労働を終えると，地上には対日感情の良好なドイツの社会生活が待っていたということができる。病気で休業するためには，診断書（Krankenschein）を要求される厳しいドイツの規律は，当時の日本の社会では考えられなかった長い有給休暇の代償でもある。

　第1陣をはじめとして，「ヨーロッパのど真ん中へ雄飛した」日本人炭鉱労働者は，週末の見学会や国境が近いオランダへの小旅行をはじめ，有給休暇ではヨーロッパの国々を回る大旅行を企画し，実行している。

　第1陣の1年間（1957年）の見学・休暇旅行日誌によると，1957年3月4日，ケルン・カーニバル，4月22日，オランダ旅行，4月29日，ボッフム鉱山博物館，7月4日～16日，南ドイツ，スイス，イタリア旅行（29名参加），9月28日～10月12日，オーストリア，イタリア，スイス旅行（23名参加）と記されている[121]。それ以外にも，工場見学等が実施された。

　1958年は，第2陣の合計180名が渡航した年である。多くが，ゲルゼンキルヒェンのエッセナー鉱山会社に派遣された第2陣第1班の日誌によれば，「1958年4月26日，オランダ旅行（全員），9月6日からスペイン旅行へ（10数

名），9月21日からイタリア旅行へ（20数名）」，また1959年9月5日から「スペイン方面へ大旅行」と記載されている。[122]

第2陣では，ドイツの運転免許証を取得し，中古車を購入して，長い休暇にはグループを組んで，ヨーロッパ各地に整備されていたキャンプ場を利用しながらフランス，スペイン，イタリア，オーストリア，スイスなどを旅した人も多い。ルール地域からは，高速道路を利用すれば数時間でハンブルクへ出かけることができる。週末には，しばしば「ハンブルク特急便」と名づけられた車が出発した。ハンブルクは，ドイツでも指折りの「港町」である。

「技術修得のため」という大義名分のもとに計画され，実施された「500名の日本人炭鉱労働者のドイツ派遣」は，当初の混乱を回避するために渡航した労使代表からなる再交渉団の経過からも明らかなように，第1陣・第2陣の合計239名派遣をもって終了することになっていた。このことは同時に，「第1陣の派遣後，18か月以内」に残りの数の労働者260名を派遣することは，時間的にも不可能な状況を反映するものでもあった。だが，周知のように，第1陣から第5陣で派遣された炭鉱労働者は，総数436名であった。「終了」するはずであった炭鉱労働者の派遣の「復活」とその後の推移について，以下，章をあらためて考察することにしたい。

［注］
（1）"59 Bergleute kamen aus Japan und sagten erstes "Glückauf" In: "Ruhrnachrichten", Dienstag 22. Januar 1957. その他，ここに紹介した第1陣到着時の様子を伝える記事として，「日本から炭坑夫（クンペル）たちが，やって来た」（"Aus Japan kamen Kumpels" In: "Neue Rheinische Zeitung", Köln, 22. Jan. 1957），「日本の息子たちに赤と白のカーネーション」（"Weiβe und rote Nelken für die Söhne Nippons" In: "Rheinische Post", 22. Jan. 1957），「ご安全に（グリュックアウフ）は，もう完璧だ」（"Glückauf" klang schon perfekt", In: "Westdeutsche Allgemeine Zeitung", 22. 1. 1957），「日本人は，ハンボルンの2/5鉱で採炭する」（"Japaner fördern Kohle auf Hamborns Schacht 2/5", In: "Neue Rheinische Zeitung", 22. 1. 1957）などがあり，到着時の写真を掲載しているものが多い。
（2）『国民評論』前掲，1958年9月号，9頁。
（3）「元西独派遣炭鉱労働者名簿」によれば，第2陣第1班でエッセナー石炭鉱山会社に派

遣された森山隆行［宇部山陽無煙］氏と第2陣第3班で同じ会社に派遣された竹松政見［日炭高松］氏のふたりが，第5陣で派遣されたことがわかる。
(4)『国民評論』前掲, 1958年9月号, 24-29頁。
(5) 同上書, 25-26頁, および28頁。
(6) この点は，ドルトムント上級鉱山監督署宛の文書にふたつの社名が印刷された便箋が使用されていたこと，また，日本人炭鉱労働者と交わされた「労働契約」書の使用者側欄に「フリードリッヒ・ティッセン鉱山株式会社の名において，且つその責任においてハンボルナー鉱山株式会社」と記載されていること，最後の使用者側署名欄は，ハンボルナー鉱山会社名だけが記載されていることなどから明らかになる（『石炭労働年鑑』前掲書, 昭和31年版, 447-448頁)。
(7) 林　昭, 前掲書, 17頁。
(8) Paul Wiel, a. a. O., S.174 および S.176.
(9) "Jahrbuch des Deutschen Bergbaus-Das Handbuch für Bergbau und Energiewirtschaft", Verlag Glückauf, Essen, 1959. S.85-89.
　また，第2陣第3班で派遣された松田範之［三井三池］氏が，会社に提出した報告書『西独炭鉱における坑内作業の思い出』から，ハンボルナー鉱山会社がいかに大きな石炭会社であったかを知ることができる。すなわち，5つの炭鉱を合わせた1958年度の年間出炭量は合計4,801,770トンであり，1959年の従業員総数は15,131名（うち，坑内労働者は11,430人で76％）であった（『三井鉱山社内時報』No.60, 1961年6月10日, 44-50頁)。
(10) Paul Wiel, a. a. O., S.171　および　S.176.
(11) "Jahrbuch des Deutschen Bergbaus", a.a.O., S.147-149.
(12) Paul Wiel, a.a.O., S.261-262.
(13) "Jahrbuch des Deutschen Bergbaus", a.a.O., S. 28-39.
(14) Mannesmann: "Haushaltsbuch eines Konzerns" Nr.9, 1960.
(15) 1992年2月4日（火），Hattingenにて，フリッツ・コルトハウス氏からの聞き取りメモ。
(16) Oberbergamt Dortmund: "Anlernung und Einsatz von Neubergleuten", Dortmund, den 27. Mai 1949.
(17) Oberbergamt Dortmund: "Allgemeine Bestimmung für Ausnahmebewilligungen von den Vorschriften der Bergpolizeiverordnung (Bergverordnung) über die Anlegung fremdsprachiger Arbeiter im Steinkohlenbergbau".
(18) Hamborner Bergbau AG: "Schachtanlage Friedrich Thyssen 2/5. Einsatz von Japanischen Bergarbeitern" An das Oberbergamt Dortmund, 29. 12. 1956.
(19) Oberbergamt Dortmund: "An den Antrag vom 29. 12. 1956" An die Hamborner Bergbau AG, Dortmund, den 18. Januar 1957.
(20) 1956年3月のドイツ炭鉱企業連合の問い合わせに対して，ただちに20名の日本人炭鉱労

第3章　炭鉱労働者の派遣状況「第1次計画」　97

働者の受け入れを申し出た。
(21) Bergamt Herne: "Anlegung fremdsprachiger Ausländer" An die Klöckner-Bergbau Victor-Ickern AG, Herne, den 25. 7. 1956.
(22) Klöckner-Bergbau Victor-Ickern: "Anlegung fremdsprachiger Arbeiter im Bergbau", An das Oberbergamt Dortmund, 7. März 1958.
(23) 1991年12月8日(日)、カストロップ・ラウクセルの井上慎一氏宅での聞き取り調査メモ。
(24) 1993年3月11日(木)、古河機械金属(株)目尾事務所での聞き取り調査メモ。
(25) 1993年3月12日(金)、多久市、富亀和旅館での聞き取り調査メモ。
(26) 1991年12月10日(火)、Weselの井上徳光氏宅での聞き取り調査メモ。
(27) 1993年3月11日(木)、古河機械金属(株)下山田事務所での聞き取り調査メモ。
(28) 『大いに学び働いております―派遣労務者のレポートより―』(『国民評論』前掲、1958年9月号、24頁)。
(29) 『石炭労働年鑑』前掲書、昭和32年版、254頁。
(30) この文書から、この点に関する会議が、2月2日に鉱山監督署で労使代表参加のもとに開かれたこと、また7つの条件とは、①ルール炭鉱の危険性についての事前教育を実施すること、②日本人労働者は、まとまってひとつの長壁切羽に配属されること、③どの作業方にも必ず通訳が同伴すること、④危険・禁止事項の日本語表示を徹底すること、⑤坑内配属後も6週間の間は毎日ドイツ語会話授業を実施すること、⑥終了後にドイツ語会話検定試験をすること、⑦他の現場へ配置する場合には、必要事項を証明すること、などである (Oberbergamt Dortmund: "Einsatz von japanischen Bergleuten", An die Hamborner Bergbau A.G. im Namen der Friedrich Thyssen-Bergbau A.G., Dortmund, den 8. Februar 1957)。これについて、『石炭労働年鑑』には、次のように記載されている。「ドイツ炭鉱における坑内就労は、鉱山警察取締規則により、鉱山保安監督官施行のドイツ語検定試験合格前には禁止されているが、右坑内見習作業は、同一切羽で集団的且つ通訳附きで就労するとの条件で、鉱山保安監督局の特別の認可を得て行われた (同書、昭和32年版、254頁)。
(31) 「日本では坑内に入って働いていた連中ですから、坑外で6週間も働くということはない、早速坑内に入れてくれという問題が起きて、これが4週間にちぢまった。そういうことで、作業に必要なドイツ語が十分に修取されないまま坑内に入った。それで言葉が通じないのでトラブルが起こる」(「西ドイツで働く日本人」『国民評論』前掲、1958年9月号、9頁)。
(32) 1991年7月13日(土)、Voerdeの角道武利氏宅での聞き取り調査メモ。第1陣59名は、ストライキも辞さない覚悟で、「1か月に1日の休暇」を要求した。この時にドイツ側でよく動いてくれたのが、鉱業所長のドクター・ハインツ・シュテッフェン (Dr. Heinz Steffen) 氏であった (同、メモより)。
(33) 深田祐介「ルールに行った鉱山男」前掲書、178頁。

(34) 16項目の要求とは，他に「水を切羽まで入れてほしい，材料運搬にやらせたら良い」「切羽の直線化を実施してほしい」「支柱規格を守ってもらいたい」「坑内図，保安図の提示」「予備鉄柱を入れてほしい」「切羽の信号を教へる様」「坑内及坑外施設を見学させてほしい」「出炭課程を排止してほしい」「炭じん対策として散水を」「更衣所に鏡を設ける，雨もりを修理する」「人車の安全運転実施して下さい」「賃金増額，協約に違反しているのでは無いか」「時間内にドイツ語の教育をしてほしい」「賃金の説明」などである（Glückauf会総務部「第2回議事録」より）。

(35) 日本炭鉱労働組合『第17回定期大会 議案書・報告書』1957年5月13日～17日，222頁。

(36) 「近く実員を派遣（6月の国際鉱山労働者連盟大会の帰途）して現地の事情を調査し，検討を重ねて更にこの計画を進めるか否かを決定する」（同上，223頁）。

(37) 『石炭労働年鑑』前掲書，昭和33年版，252頁。

(38) 1992年11月14日（土），飯塚市での聞き取り調査メモ。

(39) 『西ドイツで大モテの炭鉱労務者—また180人送る—』（『朝日新聞』1957年6月25日付）。このキャップ・ランプ使用に関して，第1陣で明治鉱業平山鉱から派遣された笹尾了祐氏は，後日次のように指摘している。「昭和32年以降も技術開発の先端をいく西ドイツでも，ハンド・ランプ（手さげの坑内ランプ）であったが，西ドイツ派遣の日本炭鉱マンは，解雇を覚悟でヘッド・ランプ（キャップ・ランプ）に切替え交渉に成功し，ドイツ人労働者も，それにならってハンド・ランプからヘッド・ランプに移行する」（笹尾了祐『炭鉱用語解説と図解』嘉飯山郷土研究会会報第14号（平成12年）抜刷109頁）。

(40) "Vermerk über eine Besprechung zwischen dem Unternehmensverband Ruhrbergbau und dem japanischen Unternehmensverband am 2. Juli 1957", Essen, den 4. Juli 1957 (DBM-Archiv ファイルNr.138/3025)。なお，この邦訳は，『石炭労働年鑑』（前掲書，昭和33年版，252-255頁)，日本炭鉱労働組合『第18回臨時大会 議案書・報告書』（前掲，186-188頁）に掲載されている。

(41) 日本の石炭業界の派遣中止の意向について，次のような報道がある。「炭鉱夫派遣に関する日本，西独協定では500人以内を派遣することができるが，……その半数で派遣を中止する意向で，その理由は炭鉱夫派遣の協定を結んだ昨年当時と，いまの日本炭鉱の経営事情がずれてきており，日本の炭鉱は現在熟練工を必要としているため，これ以上の派遣はできないということにあり，したがって中止の理由は全く日本側にある」（「240人で打ち切り，西独派遣の炭鉱労働者」『毎日新聞』1957年7月3日付）。

(42) 『石炭労働年鑑』前掲書，昭和33年版，255頁。

(43) 日本炭鉱労働組合『第18回臨時大会 議案書・報告書』前掲，185頁。

(44) 日本炭鉱労働組合調査部長　直江利良『西独派遣労務者実状報告書』[1957.7.26]（同労組『第18回臨時大会 議案書・報告書』前掲，188-191頁参照）。

(45) 日本炭鉱労働組合「西独派遣労務者について」（同上，185頁）。

(46) 同上，185頁。
(47) 同上，185頁。
　　炭労が，第2陣の派遣を拒否したことは，ドイツで就労する第1陣炭鉱労働者にも届いていた。7月28日に開かれた第1陣の「自治組織」である「グリュックアウフ会」第9回総会で，川崎調査部長は「炭労の反対理由がはっきりしないので内容問合せて報告する」と述べている。また，これに出席した後明連絡員から，第2陣の3つのグループ合計180名の来独時期と受け入れ炭鉱についての説明があり，第1陣を含む239名をもって両政府間に於ける協定は消滅すること，労働者の災害による死亡に対する遺族年金は各親元に支給されるという報告がなされている（『Glückauf会議事録』同会総務部）。
(48)「指示」〔1957. 8. 3. 局発第45号〕（日本炭鉱労働組合『第18回臨時大会　議案書・報告書』前掲，186頁）。
(49) たとえば，8月20日に帰国した経営者代表の伊藤保次郎三菱鉱業社長は，「なんとしても炭労の協力がなくてはできない。十分話合って打開して行きたい」と発言している（『朝日新聞』1957年8月21日付）。
(50) 1993年1月21日（木），井内　斉氏より聞き取り調査メモ。
(51) 日本では，たとえば「炭鉱労働者の西独派遣反対　炭労で決定」（『朝日新聞』1957年7月28日付），「西独派遣炭鉱夫の生活―ただ真っ黒で働くだけ―」（『毎日新聞』1957年8月5日付），「炭労，なお拒否の方針」（『朝日新聞』1957年8月21日付），「西独炭鉱労務者こじれる第2次派遣」（『朝日新聞』1957年8月28日付）などがある。
　　ドイツでは，「日本人炭鉱労働者はこない」("Japanische Bergarbeiter kommen nicht" In: "Die Welt, Hamburg", 29. Juli 1957)，「日本の労組，ルール地域への派遣に反対」("Japanische Gewerkschaft gegen Einsatz im Ruhrbergbau, In: "Westdeutsche Allgemeine", Essen, 29. Juli 1957) などの記事では，何故炭労が反対しているかについて，「ドイツの炭鉱労働者の労働力不足緩和のために利用されている」とか，「政府間協定にもとづき技術修得を目的として派遣されたのに，"重労働"に使われている」などを解説している。一方，「日本人は，ルール炭鉱で搾取されていない」("Japaner werden im Ruhrbergbau nicht ausgenutzt" In: "Westdeutsche Allgemeine" 30. Juli 1957) は，第1陣が実際に就労しているハンボルナー鉱山会社の労働部長テルホルスト（Terhorst）氏の談話であり，「日本人炭鉱夫は，ドイツ人炭鉱夫とすべて同様に配属されており，ルール炭鉱の近代的な採炭方法を学んでいる」ことを伝えている。
(52)『西ドイツで働く日本人』（『国民評論』前掲，1958年9月号，10頁）。
(53) 日本炭鉱労働組合「西独派遣労務者について」（『第18回臨時大会　議案書・報告書』前掲，192頁）。
　　これに関して，『毎日新聞』（9月7日夕刊）は，「労使代表を西独派遣　労務者第2陣送り出しにメドつく」という見出しで，「炭労と石炭経協は7日に日本の炭鉱労働者第2陣

を派遣する問題について『労使代表を西独に派遣，西独経営者と交渉することになった』と共同声明を発し，ゆきなやみ状態にあった同問題も事実上解決した」と報道している。
(54)「西独派遣労務者の健康状態（近藤博士健康診断結果）」（日本炭鉱労働組合「西独派遣労務者について」前掲資料，202-203頁），および「西独の日本人坑夫の健康は良好」（『朝日新聞』1957年8月22日付夕刊）。
(55)「Glückauf会」総務部記録より。
(56)「3．交渉経過について」（「西独派遣労務者について」『第18回臨時大会 議案書・報告書』前掲，193頁）。
(57)「5．西独派遣労務者との懇談会及び実情について」（同上資料，199頁）。
(58) 同上資料，201頁。
(59) 同上資料，201頁。
(60) 当時，三井美唄炭鉱の採炭係員であり，第2陣第1班で渡独した高口岳彦氏は，渡航時を回想して，「私のドイツへの興味は強かった。当時，若者の海外旅行など夢のまた夢，それに憧れのドイツへ行けるものなら重労働でも危険な作業でもそれに値すると思い，当時は職員組合も炭労傘下であり，私は第2陣派遣を希望した」と述べている（高口岳彦『地底の客人』前掲書，19頁）。
(61)「5.西独派遣労務者との懇談会及び実情について」（前掲資料，200頁）。
(62) 同上資料，201頁。
(63) "Vermerk über eine Besprechung beim Unternehmensverband Ruhrbergbau im Essen am 18. September 1957, 10.00 Uhr, mit Vertretern des japanischen Bergbau-Unternehmensverbandes im Beisein von Vertretern der beiden japanischen Bergarbeiter-Gewerkschaften Tanro und Zentanko", Essen, den 18. September 1957. なお，この『覚書』の邦訳は，『石炭労働年鑑』（前掲書，昭和33年版，257-259頁）および日本炭鉱労働組合『第18回臨時大会 議案書・報告書』（前掲，194-196頁）に掲載されている。
(64) "Japan", In: "Bergbau-Rundschau", 8/1956/12 （IG-Bergbauの資料より）。
(65)『炭鉱労働者第2次西独派遣業務実施要綱』［昭和32年11月5日］（『石炭労働年鑑』前掲書，昭和33年版，261-264頁）。
(66) Auswärtiges Amt: "Verbalnote", Bonn, den 17. Januar 1958. このドイツ外務省口上書原文には，末尾の形式文を除き「日本国大使館口上書」の全文が挿入されている。この第2陣に関する「日本国大使館口上書」と「ドイツ外務省口上書」の邦訳は，『石炭労働年鑑』（前掲書，昭和33年版，259-261頁）に掲載されている。
(67) 深田祐介，前掲書，153-154頁。
(68)「5．西独派遣労務者との懇談会及び実情について」（「西独派遣労務者について」 日本炭鉱労働組合『第18回臨時大会 議案書・報告書』前掲，199頁）。
(69) 佐々木久弥『夏の西ドイツより』（三井美唄鉱業所『びばい』第351号）。ハンボルンで

は，翌年（1958年）には，重さ6キロの坑内ランプに替えてヘルメット前部に装着する「キャップランプ」が支給された。
(70) 松田範之『西独炭鉱における坑内作業の思い出』（『三井鉱山社内時報』No.60, 1961年6月10日, 44-45頁）。
(71) 同上, 47-48頁。
(72) 佐々木久弥『夏の西ドイツより』（前掲資料）。
(73) 深田祐介，前掲書，177頁。
(74) 1991年7月13日（土）　Voerdeの角道武利氏宅，聞き取り調査メモ。
(75) 阿部義之『3ヶ月目に請負作業に』（北海道炭鉱汽船『炭光』第154号，1957年4月15日）。
(76) 2003年10月31日（金）～11月4日（火），Brunsbüttel　田河　博氏宅，聞き取り調査メモ。
(77) 『西独派遣炭鉱夫の生活』（『毎日新聞』1957年8月5日付）。
(78) 朝倉正芳『食事より生産』（「大いに学び働いております」，『国民評論』前掲，27頁）。
(79) 山本信一『西独だより』（北海道炭鉱汽船『炭光』第187号，1958年11月15日）。
(80) 1991年12月8日（日），井上慎一氏宅での聞き取り調査メモ。
(81) 「急傾斜採炭切羽で日本人は奮闘した。三井芦別炭鉱出身の松浦勝巳君と住友赤平炭鉱出身の木村義勝君はその筆頭で，両人とも急傾斜炭鉱の出身」（高口岳彦『地底の客人』前掲書，118頁）。
(82) 第2陣第1班で，エッセナー石炭鉱山会社のコンゾリダツィオン1/6鉱で就労した鴨川純一郎氏（日鉄鉱業北松鉱）は，斜坑採炭について次のように述べている。「炭丈は2メートル40～1メートル50，払長180メートル，傾斜75度～87度で，木柱，木梁によるピック採炭で，……この急傾斜では不可能ではないかと思い乍ら，どの様にしてもと興味をもって入坑してみましたところ，階段式によるスリルにとんだ見事な採炭ぶりに感心しました」（『スリルにとんだ採炭ぶり』「大いに学び働いております」，『国民評論』前掲，28頁）。
(83) 2003年10月31日（金）～11月4日（火），田河　博氏宅，聞き取り調査メモ。当時，田河氏は，ドイツ人同僚に「なぜ，これほど重いものを使うのか」と聞くと，「まだ使えるのだから，使っている」という返事に接し，「物を粗末にしないドイツ民族の伝統を感じた」とのことである。
(84) 富田武男『西ドイツの炭鉱事情』（三菱美唄鉱業所『三菱美唄』第109号，1960年3月10日）。
(85) 1991年12月8日（日），井上慎一氏宅，聞き取り調査メモ。
(86) 「昭和34年5月からドイツの炭鉱は週5日制を採用することになった」（高口岳彦『地底の客人』前掲書，117頁）。
(87) 1993年3月12日（金），九州，上山田市にて借用した資料。また，手取り賃金が，最も高かった時は532マルクであった。当時の，A氏の日本の炭鉱での手取り賃金は，だいたい

23,000円程度であった。
(88) 「労働者に国境なし，落盤から危うく助かる」（三池炭鉱労働組合『みいけ』第543号，1958年9月21日）。「助かった村谷君」（三池炭鉱労働組合『みいけ』第545号，1958年10月5日）。
(89) 1991年12月10日（火），Wesel 井上德光氏宅での聞き取り調査メモ，および2003年11月3日（月）Brunsbüttel田河 博氏宅での聞き取り調査メモ。
(90) 『Glückauf会議事録』同会総務部。
(91) 1992年9月1日（火），北海道・夕張市，聞き取り調査メモ。
(92) 1993年3月12日（金），九州・多久市，聞き取り調査メモ。
(93) 1993年3月11日（木），九州・桂川町，聞き取り調査メモ。
(94) 『石炭労働年鑑』前掲書，昭和33年版 266頁。
(95) 同上書，266頁および昭和34年版，320頁，参照。
(96) 「西ドイツで働く日本人」（『国民評論』前掲，1958年9月号，23頁）。
(97) 『石炭労働年鑑』前掲書，昭和36年版，451頁。
(98) 2003年10月31日（金）～11月4日（火），田河 博氏宅，聞き取り調査メモ。
(99) 深田祐介，前掲書，155頁。第1陣で渡航した松岡忠夫［三菱鉱業上山田鉱］氏は，ある時ドイツ人同僚から「松岡洋右という日本人が居たが，関係あるのか」と聞かれたことを記憶している（2002年11月23日（土），九州，博多での聞き取り調査メモ）。
(100) 1992年11月15日（日），九州・博多にて，道正邦彦（もと在独日本大使館一等書記官）氏からの聞き取り調査メモ。
(101) 深田祐介，前掲書，169頁。
(102) 高口岳彦『地底の客人』前掲書，32頁。
(103) 1993年3月12日（金），九州・多久市，田中一正（第2陣第3班）［明治鉱業佐賀鉱］氏より聞き取り調査メモ。
(104) 袴田金三「徹底した教育ぶり」（「大いに学び働いております」，『国民評論』前掲，1958年9月号，25頁）。
(105) 深田祐介，前掲書，157頁。
　　第2陣第2班，したがって第1陣とは別のハンボルンの寮に入居した三浦利之［大正鉱業］氏は，そこでの一端を次のように書いている。「寮での待遇は非常によく，食事などは他のドイツ人の家庭の食事よりはるかに良く，又いくら食べても量には制限がありません」（「大いに学び働いております」，『国民評論』前掲，1958年9月号，24頁）。
(106) 「西独派遣労務者について」（日本炭鉱労働組合『第18回臨時大会 議案書・報告書』前掲，198頁）。
(107) 高口岳彦，前掲書，95頁。
(108) 1993年3月13日（土），九州・野母崎，聞き取り調査メモ。なお，このメモには，南園氏

第3章　炭鉱労働者の派遣状況「第1次計画」　103

　　の坑内労働の経験談として，次のような記録がある。「歯形採炭（Zackenbau）という90〜100払いの仕事があったが，日本では経験したことがなかった仕事で，通気が下から吹き上げてくるのに，マスクもしないでの作業でビックリした」。
(109) 2003年6月17日（火），ドイツ・ボッフムにて，聞き取り調査メモ。
(110) 「寮の裏には，野ウサギがたくさん来た。釣り糸を買い，やわらかい木を使って，ウサギが通る道に5つくらいの罠をしかけた。1〜2週間に，一匹のウサギがとれた」（1993年3月12日（金），九州・多久市での聞き取り調査メモ）。
(111) 高口岳彦「鯉を狙え」（同氏，前掲書，99-100頁）。
(112) 『石炭労働年鑑』（前掲書）昭和35年版の「アレキサンダー寮長を日本へ招待」では，「来日は，新聞，ラジオ等にも報道され，2月22日には，NHKのテレビ『私の秘密』に5人の第1陣帰国者と共に出演」（同書，324頁）と記載されている。
(113) 高口岳彦，前掲書，33頁。
(114) 同上書，152頁。
(115) 「拍手を浴びて参加―西独で迎えた初のメーデー」（三池炭鉱労働組合『みいけ』第478号，1957年5月19日（日））。
(116) 佐々木久弥「夏の西ドイツより」（前掲『びばい』第351号）。
(117) "Deutsche und Japaner feierten 1. Mai" In: "Rheinische Post" 3. 5. 1957.
(118) "Maifeiern hatten mächtigen Zustrom - In Hamborn demonstrierten auch die Japaner", In: "Westdeutsche Allgemeine" 3. Mai 1957.
(119) 高口岳彦，前掲書，88-92頁参照。
(120) 對馬良一「メーデーに日本人も参加」（「大いに学び働いております」，『国民評論』前掲，1958年9月号，25頁）。
(121) 『国民評論』前掲，1958年9月号，30頁に掲載の「見学旅行・休暇旅行日誌」を参照。
(122) 毎日新聞社『カメラ毎日』1976年3月号，218頁の「第2陣日録」を参照。

第4章
第1次計画の復活と第2次計画

1 第1次計画の復活

(1) 第3陣派遣までの経過

　第1次計画の「500名の枠を復活したい」というドイツ側の意向は，1960年5月に在独日本大使館からの「西独炭鉱は第3陣を受け入れたく，他方西独政府もこれに対し当初の500名の枠内なら異存ない旨を表明している」という外務省への電報で日本政府に知らされている。第1陣が派遣された1957年には，第2陣の派遣をめぐって一定の問題が生じたが，この年の炭労の直江調査部長の報告書には，「連絡員の話によると，現在ルール炭田で炭鉱労働者は24,000人も不足しており，ドイツの会社は多いほどよいという態度だ」と記されている。また，後にみるように，実施には至らなかったが日本からドイツへの「炭鉱移民」の話が浮上したのも，1957年のことであった。

　1958年に入ると，ドイツの石炭産業も貯炭が生じ，土曜日を強制休日に設定するなどの生産調整策がとられたりしたが，「個々の山についてみれば，人手が足らなくて困っている山もある」という実態であったこと，また，ドイツで就労していた日本人炭鉱労働者が非常に優秀であったことが第1次計画復活の背景である。日本人労働者の受け入れに積極的であったのは，第1陣が就労したハンボルナー鉱山会社であり，またクレックナー鉱山会社であった。ドルトムントの上級鉱山監督署の職員であるハインリィヒス（Heinrichs）氏は，クレックナー鉱山会社で坑内夫として就労していた当時，職場の上司に日本人労働者の作業現場に引率されていった経験の持ち主であった。それは，上司がドイツ人鉱員に日本人鉱員の作業効率のよさを見学させるためであった。

　1957年1月にハンボルナー鉱山会社に派遣された日本人炭鉱労働者第1陣は，

3年間の勤務を終えて，1960年1月27日に帰国した。ドイツの新聞では，ハンボルナー鉱山会社での「立派な歓送会」の模様を伝える写真が掲載されたり，第1陣の帰国を報道する大きな記事が掲載されたりしている。そうした記事の中で，日本からのルール地域への炭鉱労働者の後続陣について，ハンボルナー鉱山会社の鉱業所長テルホルスト（Terhorst）氏は，「われわれは賛成なのだが，新しい日本人炭鉱労働者を迎えることができるかは，現在のドイツ炭鉱業の状況ではわからない」と答えている。

　残りの第2陣180名も，翌1961年の1月から3月にかけて，相次いで帰国することが明らかな状況のなかで，第1次計画の復活には，日本人炭鉱労働者受け入れに対するドイツ鉱山会社の強い意向が示されていた。

　先に指摘したように，在独日本大使館から日本の外務省に「ドイツ側の第1次計画復活の意向」を伝える電報が届いたのは，1960年5月であった。この年の5月9日の天皇誕生日の祝賀会場で，日本大使館の石黒拓爾一等書記官とドイツ労働省のウェルナー・ズィッハ（Sicha）参事官の間で「1961年2月以降の新しい日本人炭鉱労働者の就労問題」が話し合われている。クレックナー鉱山会社が残した資料の中にある「1961年2月1日以降の日本人炭鉱労働者の就労について」という文書は，この時の話し合いの内容を，①日本側も，ドイツ側も現在の協定を延長したい意向があるものの，ともに「提案者」の立場にたつことを躊躇していること，②日本側は，500名の派遣枠をできるだけ少なくしたいと考えていること，③ドイツ労働省は，ドイツ人炭鉱労働者の穴埋めに外国人労働者を受け入れることに消極的であること，④協定の延長には，ひとつの炭鉱だけでなく炭鉱業界全体として対処しなければならないこと，⑤ハンボルナー鉱山会社は前向きだが，日本側はコンゾリダツィオン炭鉱（ゲルゼンキルヒェン）における労働条件と宿舎の状況に満足していないこと，の5点に要約している。

　ドイツ側の意向を受けて，日本では日本石炭鉱業経営者協議会は，1960年6月15日に大手18社の労務部長会議を開き，ドイツ側の120名ないし180名の派遣希望に対して，第3陣での派遣を60名にして募集する方針を決定している。

　その後，すでに日独間に了解が成立したことを前提に，7月8日には，政府

(労働省・外務省)・石炭経協・海外協会連合会は,第3陣送り出しの協議を行い,それにもとづいて7月20日には,第2陣派遣とほぼ同じ内容の『炭鉱労働者西独派遣業務実施要綱』が決定された。この要綱の(注)には,「60名の派遣先炭鉱は,ハンボルナー鉱山会社一社であること」が記されている。

ドイツとの間では,1960年8月11日に「500名の枠を復活すること,派遣の詳細は両国の経営者団体の間での話し合いによること」とする両国政府間の交換公文(口上書)が取り交わされている。そして8月末には,10月に派遣される60名の候補者が決定され,ドイツ側に送付されている(9)。第3陣60名は,1960年10月15日から24日までの10日間の講習(表2-1参照)を受けた後,10月25日の朝,羽田空港を出発し,26日にはドイツに到着して,全員がハンボルナー鉱山会社のフリードリッヒ・ティッセン炭鉱で就労した(10)。

第3陣で180名の炭鉱労働者を受け入れたいというドイツ側の希望は,第1陣と第2陣を受け入れた鉱山会社3社が,それぞれ60名ずつの労働者を受け入れる計画にもとづいていた。たとえば,1960年7月20日付の在独日本大使館の石黒拓爾一等書記官が,クレックナー鉱山会社のコールマン(Koormann)労務部長に宛てた手紙から,同鉱山会社が第3陣の受け入れを希望していた事実を知ることができる。丁寧な手紙では,日本政府からの連絡によれば,同年秋に来独する労働者の数は60名でしかなく,全員がハンボルナー鉱山会社に派遣されること,ドイツ側が180名,少なくとも120名の労働者の派遣を希望しているが,残念ながら日本の石炭業界は大きなグループを派遣できる状態にはないこと,また1961年にも日本人炭鉱労働者を派遣する計画はあるが,日本の炭鉱業界の事情から時期や人数について決めることができない状況にあることが記されている(11)。

(2) 第3陣の人々

1960年10月末に派遣された第3陣60名は,全員がハンボルナー鉱山会社で就労することになった。以下では,すでに考察した内容と重なる部分もあるが,第3陣で渡航した人々からの聞き取り調査をもとに,ドイツでの就労・生活状況についてみることにしたい(12)。

第4章　第1次計画の復活と第2次計画　107

　第3陣で渡航した人々の応募動機も，いろいろである。たとえば，山本光雄［住友石炭鉱業歌志内鉱］氏の場合は，「当時の日本では，代議士などの一部の人以外は海外へ行ける状況ではない時代であり，海外での生活を経験したい」という希望からであった。井上久男［三菱鉱業端島鉱］氏は，炭労の幹部として組合活動に携わっていたこともあり，上司から「これが最後の機会かも知れないから」という勧めがあり応募した。また，城戸正則［麻生産業吉隈鉱］氏の場合は，「ドイツで稼いで日本の家族に送金して，親孝行をしたい」ことが応募動機であった。

　選抜方法は，会社によって異なっていた。たとえば，住友石炭鉱業の場合は，各ヤマから何名という割り当てがあり，それぞれの鉱業所の上司の推薦で応募することになった。推薦の基準は，①本人の健康状態，②仕事の能力，③素行，④勤務状態（真面目かどうか）などであった。推薦された候補者が多数になった場合に，面接などの試験をして住友からの候補者が決定された。他方，三井鉱山の場合には，社内で一般公募されて，応募した人の中から派遣する人が決定された。

　南回りのエール・フランス機でドイツに到着した時の第一印象は，空港からバスでアウトバーンをはじめて走ったことであった。日本人炭鉱労働者にとっては，敗戦後間もないドイツに，これほど立派な高速道路があることは想像できなかった。到着した翌日から，見習い期間が始まった。60名は，午前がドイツ語会話の勉強で午後が坑外作業の班と午前が坑外作業で午後が勉強の班に分けられた生活の毎日であった。この見習い期間中に，多少のドイツ語会話が可能になった。

　北海道の炭鉱で斜坑採炭に従事していた山本光雄氏や斉藤茂［住友石炭鉱業赤平鉱］氏などが，ドイツで入坑して驚いたのは，ハンボルンの炭鉱が平坑であったことである。朝5時に起床して，6時に入坑する。賃金は個人請負給であり，1日の仕事で請け負う作業量，すなわち壁面で10メートルから12メートルの幅の採炭量を，自分であらかじめ希望してから作業に取り組むことになる。仕事の開始とともに，ホーベルやドラムカッターなどの採炭機械が稼動して，炭壁を自動採炭する。坑内労働の主な内容は，機械の採炭に合わせて，自分が

担当する作業範囲の鉄柱をはずしたり，カッペ（連結式鉄梁）をずらす作業や，カッターが採炭した後，パンツァーに乗り切れなかった下部の石炭をスコップですくってパンツァーに乗せる作業，カッターが採炭できなかった壁面上部に残った石炭や下部に数十センチの高さで残された石炭を，ピックハンマーで削り落としてスコップですくってパンツァーに乗せる作業である。

　平坑での長壁式採炭だから，作業開始とともに全員が同じ速度で仕事を進める必要がある。人によっては，担当する作業範囲の鉄柱が埋まったりして作業が遅れることがあるが，日本人鉱員の場合，誰かが遅れるとお互いに助け合って働いた。賃金は，採炭した量に応じて決まるため，採炭条件のよい現場と条件が悪い現場とでは，賃金に差が生ずることもある。一般に，当時の日本での炭鉱労働者の賃金は，1か月ほぼ2万円であったが，ドイツではほぼ4万円，したがって2倍の収入を得ることができた。作業量が多かった斉藤茂氏の場合，ドイツでの賃金総額は約800マルクで，手取り額は約650マルクであり，この金額は少なく見積もっても日本の炭鉱における賃金の2.5〜3倍になる。あるいは，渡独する動機が「親孝行」であった城戸正則氏は，手取り賃金400マルクのうち300マルクを日本に送金している。

　ハンボルンの炭鉱の労働時間は，1日7時間労働であった。7時間とは，入坑してから出坑するまでの時間であり，したがって採炭現場での実労働時間は，5時間から6時間であった。ドイツの炭鉱は，「傾斜が少ないので，仕事をしやすかった」というのが，北海道の炭鉱で斜坑採炭に従事していた人々の感想である。他方，日本の職場では休憩所があり，昼休みをとって食事をしていたが，ドイツでは昼休みはなかった。そうしたドイツの労働習慣の特徴について，福田哲也［三菱鉱業高島鉱］氏は「休憩時間がないこと，作業密度が高いこと，けがをした場合に，日本では休職するようなけがでもドイツでは担当医が仕事につくように指示する場合が多かった」と指摘している。

　第1陣で実現した「6か月ごとの職場の転換」は，第3陣でも実施され，日本人鉱員の多くは，掘進・仕繰・採炭の主な坑内労働のすべてを経験することができた。また，日本人鉱員だけを対象にした先山講習も，1番方勤務の場合には午後3時間，2番方勤務の場合には午前中の3時間で6か月間にわたって

実施され，先山資格を取得した人も多かった。[17]

　会社の独身寮での生活も，たとえば食事は改善されて，1週間のうちに数回の日本食がでるようになっていた。相変わらず自炊は禁止であったが，すでにコンロや鍋なども引き継がれていて，ドイツの食料品店で購入した食材を使って日本食を作る日も多かった。ドイツの友人や家庭との交流も多く，週末には食事に招待されることも多かった。

　日本人炭鉱労働者がドイツで就労していた期間，それぞれが所属する日本の会社の社長や労働組合代表が訪問してきたり，日本大使館が主催する行事に参加したり，日本からの訪問者を日本大使館が仲介する場合も多かった。第3陣の人々にとっては，そのなかでも映画監督である松山善三・高峰秀子夫妻がハンボルンの寮を訪問して，1泊したことは強く印象に残っている[18]。ドイツで自動車の運転免許証を取得し，中古車を購入して，夏には，20日間〜1か月近くの休暇を利用して，ヨーロッパ旅行に出かける人も多かった。第3陣は，トラブルも少なかった。ドイツに渡航して，6か月経過したころには生活にも慣れ，3年後には日本に帰国したくなかった人も多い。

(3) 第4陣派遣までの経過

　ところで，第2陣第1班の50名と第3班の15名，合計65名の日本人炭鉱労働者を受け入れたエッセナー石炭鉱山会社は，1960年10月11日付でルール炭鉱企業連合（UVR）のカインツェル（Dr. Keinzel）氏宛に文書を送付し，「現在就労している60名が帰国した後，さらに60名，またはそれ以上の数の日本人炭鉱労働者を受け入れたい」旨を伝えている[19]。すでにみたように，ハンボルナー鉱山会社に派遣された第3陣60名がドイツに到着したのは，1960年10月26日であった。エッセナー石炭鉱山会社が受け入れを希望していた日本人炭鉱労働者は，第1次計画による会社派遣の労働者である。

　だが同年10月は，後に考察するように，日本からドイツのハンボルナー鉱山会社に，日本の炭鉱離職者を外国人労働者として受け入れられないかを打診する連絡が届いた時期でもあった。第2次計画を実施するための複雑な交渉過程のなかで，会社派遣の第1次計画が，いまだ未達成の状況にある点を指摘した

のは,ドイツ連邦労働省であった。

　ここでは,会社派遣の炭鉱労働者の最終陣となった第4陣派遣に至る経過を,ドイツ側の資料にもとづいてみることにしたい。1960年10月以降,炭鉱離職者の派遣が焦点となり,この問題についての日独双方の話し合いのなかで,ドイツ側が強調したのは,1956年11月2日の政府間協定による「第1次計画の有効性」であった。たとえば,1961年2月中旬のドイツ労働省の文書には,以下のような指摘がある。第1次計画で日本から派遣される炭鉱労働者総数は,500名である。だが,これまでに実現されたのは,各々60名からなる5グループの合計300名であり,したがってまだ200名の枠が残されている。しかも来独した300名のうち120名は,3年の就労期間を終えてすでに帰国しており,本年3月には,さらに120名が帰国する予定である。それ以降,ドイツで就労する日本人炭鉱労働者は,1960年秋に就労を開始した60名（第3陣）だけになる。日本の石炭業界は,おそらく60名からなるもう1グループの派遣で,この計画を終了させたいと考えていると思われる。[20]

　また,ルール炭鉱企業連合の代表も,第1次計画の実施について,「1956年の口上書にもとづいて,それぞれ60名で構成される1グループが1961年夏までに,もうひとつのグループが1961年末までに派遣されるべきである。1962年のうちに第1次計画を完了するまで,派遣は継続されるであろう」[21]という希望を述べている。さらに1961年3月22日には,ドイツ連邦労働省は,「3月21日には,日本大使館から今年の夏（8月まで）に,60名からなる日本人炭鉱労働者のグループがドイツへ派遣される」旨の連絡が届いていることを明らかにしている。[22]同年5月のドイツ炭鉱企業連合と日本人炭鉱労働者を受け入れているドイツ企業3社の代表が集まった会議でも,「第1次計画によれば,まだ200名がドイツへ来ることになっており,したがって3企業にそれぞれ60から65名が割り当てられる。そのうち,1961年秋（8月末～9月初）にさしあたり60名（したがって,各企業に約20名）が到着するが,これらの労働者には従来の協定にもとづいて一定期間ごとの職場の転換や計画的な教育が実施されなければならないこと,また,残りの約140名のうちの約70名が1962年秋に,そして最後の70名が1963年秋に到着すべきこと」[23]が確認されている。

これらの文書に登場する1961年の「夏まで」，あるいは「夏に」派遣されるグループが，会社派遣の最終陣となった第4陣の日本人炭鉱労働者である。日本とドイツ双方の期待のもとに第1次計画が復活されたにもかかわらず，復活後派遣された第3陣の人数は，ドイツ側が希望した180名を大きく下回り，実現したのは60名の派遣にすぎなかった。そこには，すでに日本の石炭業界には，ドイツの炭鉱で就労し，職業上の知識や技能を完成させる目的の会社派遣の炭鉱労働者を送り出す余裕が残されていなかったことが示されている。したがって，「第2次計画」の交渉過程の中でのドイツ側の強い要請にもかかわらず，第4陣の派遣は大幅に遅れることとなった。

ルール炭鉱企業連合からクレックナー鉱山会社のビクトル・イッカーン鉱に，第4陣派遣の知らせが届いたのは，1961年8月のことであった。1961年8月11日付の文書には，日本大使館からルール炭鉱企業連合に，第1次計画にもとづく熟練労働者であり，未婚の日本人炭鉱労働者70名のグループを1961年10月に派遣する準備を進めているという申し出があったこと，ルール炭鉱企業連合はこの申し出を受け入れるとともに，チャーター便で航空運賃を安く抑えるためには日本人炭鉱労働者の数を120名に増やすべきであるという希望を述べたこと，日本大使館は，ドイツ側の希望を日本政府に伝えるとのことだが，この点についての回答はまだ届いていないことなどが記載されている。[24]

だが，実際に第4陣で派遣された日本人炭鉱労働者の数は，67名にすぎなかった。第4陣は，予定より遅れて1961年11月3日にドイツに到着し，全員がクレックナー鉱山会社で就労することとなった。第1次計画による会社派遣の日本人炭鉱労働者の人数は，ここでもドイツ側の希望を満たすことはできなかった。そして，第4陣67名以降の派遣は実現することなく，日本人炭鉱労働者派遣の第1次計画は，未達成のままで終わることになる。

(4) 第4陣の人々

第4陣で全国の炭鉱から派遣された労働者は，67名であった。そのうち，三井鉱山が13名，太平洋炭鉱が12名，三菱鉱業と日本炭鉱がそれぞれ10名，それに住友石炭鉱業の8名を加えると，大手5社からの派遣総数は53名で，全体

の約8割を占めていた（表3-3参照）。ここでは，1992年夏の北海道調査と，同年9月20日（日）に東京都内で実施した聞き取り調査のメモをもとに，第4陣の人々の就労と生活状況をみることにしたい。⁽²⁵⁾

第4陣が派遣されたのは，1961年11月である。それは，ドイツに派遣された第1陣と第2陣が3年間の就労を終えて，帰国した後であった。したがって，土井　操［住友石炭鉱業奔別鉱］氏や沢田　昇［三井鉱山芦別鉱］氏のように，ドイツから帰国した人の経験談を聞いたこと，帰国した人がひとつの現場を任されたことなどが，第4陣に応募する動機になった人もいた。当時の日本では海外へ出る機会は少なかったため，藤本一見［住友石炭鉱業赤平鉱］氏のように，父親や家族の勧めで応募した人も多い。派遣の話を聞いて「ドイツへ行きたい」と思った人は大勢いたが，体格基準（身長，体重など）が合わずにあきらめた人も多かった。

榛原孝司［日本炭鉱高松鉱］氏は，第3陣派遣労働者に選出されていたうちのひとりであった。また，藤本一見氏は，住友から派遣される第3陣の補欠に選ばれていたために，問題なく第4陣の派遣労働者に選抜されている。派遣労働者の選抜方法は，第3陣と同様に，各社に違いがみられた。たとえば，三井鉱山芦別鉱で応募した人の数は25名であったが，希望がかなって派遣されたのは2名だけであった。太平洋炭鉱では，応募者の数は200名にのぼり，書類選考を経た後，第1次で筆記試験，第2次で面接試験が行われた。実際に，第4陣で派遣されたのは12名である。これに対して，「ドイツ派遣は職員養成のため」と位置づけていた日本炭鉱高松鉱の場合は，上司による推薦であり，「出勤率が90％以上の勤務状況のよい人」が選抜された。金永義勝［日鉄鉱業二瀬鉱］氏は，渡航した時の年齢が21歳であり，身長も高く，出勤率がよかったために選抜された。

第4陣も，出発前の10日間，「横浜移住あっせん所」で講習を受け，ドイツ語教育などを受講している。この時の講師のひとりが，第1陣の途中から第2陣の帰国まで，主席連絡員としてドイツに派遣され，すでに帰国していた田島直人［三井鉱山］氏であった。また，第4陣に特徴的な点として，1961年2月28日に発行された『独・和・英　鉱業用語辞典』⁽²⁶⁾が，渡航する前に全員に配

布されたことである。渡航する飛行機も，第4陣からはアンカレッジ経由の北極回りになったため，ドイツまでの飛行時間も15～16時間に短縮された。

　6週間の見習い期間は，1日おきに坑外作業とドイツ語の勉強の毎日であった。坑外作業は，材木の運搬や鉄車の修理などで，ドイツ人労働者と一緒の作業なのでドイツ語の勉強になった。坑内作業では，たとえば川口千尋［住友石炭鉱業赤平鉱］氏が従事したのは，1グループ4名で行う掘進作業であった。また，藤本一見氏は切羽作業で，10～20名くらいのグループ単位の作業に従事した。グループに属した各個人には，ホーベルや支柱など，それぞれの持ち場があり，賃金形態はグループ請負賃金（Kameradschaftsgedinge）であった。したがって，個人が働けば働いただけ，多くの賃金を受け取ることができる個人請負とは異なる。

　他方，同じクレックナー鉱山会社に九州の炭鉱から派遣された新穂新二［三菱鉱業高島鉱］氏，金永義勝氏，榛原孝司氏によると，仕事は個人請負（Einzelgedinge）であった。個人請負であれ，グループ請負であれ，ビクトル・イッカーン鉱で就労した第4陣の人々の1か月の賃金は，平均すると1,000～1,200マルクであった。このことは，クレックナー鉱山会社の炭鉱の採炭現場の条件がかなり良かったことを意味している。第4陣の人々にも，先山講習は実施され，ドイツの先山資格（Hauerbrief）を取得した人も多い。

　クレックナー鉱山会社ビクトル・イッカーン鉱の宿舎は，ユーゲンドルフ（Jugendorf）にあったマイセンホーフ（Meisenhof）という名の独身寮であり，1人に1室が確保されていて，日本人炭鉱労働者を受け入れた3社のなかでも，最も住宅条件のよいところであった。

　第4陣の人々も，夏の休暇を利用して，グループ旅行に出かけている。1年目は，バスを借りて，2班に分かれてイタリア旅行，2年目は，車を利用してスペイン旅行，3年目には北欧諸国へ旅行している。また，ドイツの運転免許証を取得して，中古車を購入し，少人数で各種旅行にも出かけている。第4陣の67名はまとまりがよく，ひとつの家族のような生活であった。

2　政府間協定と連絡員

　第1陣で派遣された59名の炭鉱労働者は、「背中に日の丸を背負ってドイツで働いた」と言われたように、日本人炭鉱労働者のルール炭鉱派遣の成果は、「単に関係労使間にとどまらず、ひろく日独両国民相互間の親善・好誼の増進に大きな寄与をなすもの」として期待された。そうして派遣された炭鉱労働者の労働と生活を援助し、国家間協定に基づく労働者派遣事業を支障なく遂行していくためには、一定の援助体制、あるいは管理体制の整備が必要であった。

(1) 連絡員

　第2章でみたように、『ルール石炭鉱業における日本人炭鉱労働者の期限付き就労のための計画』（第1次計画）の第14項は、「連絡員の派遣と世話」である。連絡員（Verbindungsmann）は、派遣労働者20名に1名の割合で配置された。連絡員は、日本の炭鉱会社で職員として就労し、ドイツ語能力のある大卒社員のなかから選抜され、派遣された。したがって、渡航費や給与は日本側の負担であるが、宿舎と賄いはドイツ鉱山会社の負担であり、派遣されたドイツ各社の日本人炭鉱労働者と同じ宿舎に居住した。

　第1陣の連絡員として赴任したのは、1956年に在独中であった後明庫之助［三菱鉱業］、1956年11月に渡航した角替卓二［住友石炭鉱業］、沢田万勝［雄別炭鉱］の3氏である。大卒後、明治鉱業の職員として就労していた矢部隆二氏は、ドイツ派遣に際して、坑内労働未経験であったが、東京の本社に直訴して第1陣59名のうちのひとりとして明治鉱業佐賀鉱から派遣された。矢部氏は、ハンボルンの炭鉱で1年間の坑内労働を経験した後、連絡員に登用され、その後2年間は第1陣の連絡員の仕事に携わることになった。

　日本人炭鉱労働者が就労していたドイツの鉱山会社に配属された連絡員の任期は、短い人で9か月、派遣労働者の就労期間に合わせて常駐に近い形で配属された人の場合、2～3年であった。第2陣第1班～第3班が就労した3社には、それぞれ3名から4名の連絡員が配属されていたが、第3陣、第4陣にな

るにしたがって，連絡員の数には多少のバラツキがある。第1陣から第4陣までの，会社派遣の炭鉱労働者のために渡航した連絡員の数は，合計24名であった。そのうち，次に述べる主席連絡員3名を除くと，連絡員総数は21名である。それを，所属炭鉱会社別にみると，住友石炭鉱業（6名），三井鉱山（4名），雄別炭鉱（3名），三菱鉱業（2名），北海道炭鉱汽船（2名），宇部興産（1名），明治鉱業（1名），日本炭鉱（1名），常磐炭鉱（1名）である。

(2) 主席連絡員

第1陣が派遣された後，日独双方の話し合いの結果，連絡員体制は強化されることになった。すなわち，連絡員のうちの1名を主席連絡員（Hauptverbindungsmann）とすることによって一般の連絡員と区別し，日本政府の監督員としての職務を担うことができることとした。最初の主席連絡員に選出されたのが，後明庫之助氏である。後明氏の後任で，1958年3月25日から第2陣第3班とともに渡独し，主席連絡員として赴任したのが田島直人［三井鉱山］氏であった。

周知のとおり，田島氏は1936年のベルリン・オリンピックにおいて三段跳びで優勝した金メダリストである。当時のドイツ国民に馴染みのある田島直人氏の主席連絡員としての就任は，ドイツの新聞でも大きく報道されている[28]。田島氏が就任したのは，1958年3月25日から1961年4月末までの3年間である。この期間にドイツで就労していた日本人炭鉱労働者の数は多く，240～180名であった。その後，田島氏が帰国して以降の半年間（第3陣が就労し，さらに第4陣が派遣された後の4か月間）は，主席連絡員の不在状態が続いた。だが，1961年11月に第4陣が派遣され，さらに1962年3月から炭鉱離職者対策としての第2次計画が実施されるなかで，主席連絡員としてドイツへ赴任したのが鷹尾敏二三［三井鉱山］氏である。鷹尾氏は，1962年3月に第2次計画にもとづく第5陣の派遣労働者とともに渡航し，1964年11月4日に第4陣とともに帰国した。

(3) 日本大使館

　当初から，日本人炭鉱労働者のドイツ派遣を積極的に推進していったのは，日本の労働省である。もちろん，ドイツにおける日本政府の外交上の代表機関は，ボンの日本大使館である。したがって，第1陣の派遣から第5陣が帰国するまでの間，日本人炭鉱労働者の諸問題に随時対応するために，日本の労働省職員が外務省に出向するかたちでボンの日本大使館の一等書記官として赴任していた。

　1960年5月に第1次計画を復活したいというドイツ側の意向を日本の外務省に打電したのが，労働省職員でボンの日本大使館に勤務していた一等書記官の石黒拓爾氏であった。また，この時の岸内閣の労働大臣は，倉石忠雄氏である。その後，1960年7月に発足した池田内閣の労働大臣が石田博英氏であり，1961年7月の内閣改造後の労働大臣が福永健司氏である。この2名の労相が，日本政府の最高責任者として，日本人炭鉱労働者の第2次派遣計画の具体化に携わることになった。

　1960年に，両国政府が第1次計画を復活することで合意した後，石黒拓爾氏の後任として，ボンの日本大使館に一等書記官として赴任したのが，道正邦彦氏である。道正氏が滞在した1960年末以降は，炭鉱離職者のドイツ派遣という第2次計画の具体化をめぐって，両国政府間で頻繁に交渉が続けられた時期であり，同時に会社派遣の第1次計画500名の枠の完全実施を求めるドイツ側の意向が強く伝えられた時期でもあった。その後，道正氏の後任として，主に第4陣と第5陣がドイツで就労していた時期に，労働省から日本大使館の一等書記官として赴任したのが，大坪健一郎氏であった。

　ドイツへの日本人炭鉱労働者の派遣は，両国政府間協定による詳細な計画のもとに実施された。また，第1陣から第4陣までの炭鉱労働者は，日本企業に所属したままでの会社派遣であった。したがって，日本政府を代表する日本大使館に一等書記官として配属された労働省職員，日本大使館と両国の炭鉱業界との連携に勤めた主席連絡員，そして日本人炭鉱労働者の宿舎に居住して，ドイツ鉱山会社との交渉や日常生活での援助に勤めた連絡員という組織体制は，派遣された日本人炭鉱労働者の労働と生活を援助し，支援するための体制であ

ったと同時に、協定と計画の内容を遵守し、円滑に遂行するための管理体制でもあった。

3　炭鉱離職者対策としての第2次計画

(1) 実施されなかった「炭鉱移民」

　第1陣から第5陣までの日本人炭鉱労働者のドイツ派遣は、第1次計画による第1陣から第4陣までと、第2次計画による第5陣とに大別される。当時のドイツ炭鉱業界における労働力不足問題に寄与するためという面では共通した性格がみられるものの、両者（第1次計画と第2次計画）には、基本的に大きな違いがある。第2次計画にもとづく第5陣が渡航した1962年3月3日は、第1次計画による第4陣が渡航（1961年11月3日）してから4か月後であり、このことは第2次計画が第1次計画と同時並行的に提起され、実施されたことを意味している。

　第2次計画の発端は非常に早く、第1陣が派遣されてから間もない1957年7月のことであった。それは、第2陣派遣の交渉で日本石炭経営者協議会代表団が現地を訪問した際、第1陣の受け入れ企業であるハンボルナー鉱山会社から提起されている。「千人の日本人労務者受け入れ」について、1957年10月の新聞では、「募集内容は全く別で、半永久的に雇入れ、……"移住"に近い。この申入れは7月中旬、同社（ハンボルナー鉱山会社―引用者）から伊藤保次郎・石炭経協会長に対して行われ、相談を受けた労働省は外務省と打ち合わせ……政府が中心となって実行に移すことになった。……炭鉱労働者の子弟や農家の二三男を送り出し、第1陣として三百人を明年5月に出発させる計画である」[29]と紹介されている。また、12月10日付の『西独へ"炭鉱移民"』というタイトルの記事では、「労働省では炭鉱労務者の二、三男対策として、……来年度中に千人を西独ルール地帯のハンボルン鉱業所へわが国初の炭鉱移民として派遣することになり、……近く希望者の募集に乗り出す予定」[30]という日本側の動きを紹介している。だが他方では、「日本人労務者千人受け入れ知らぬ　西独労働省言明」[31]というドイツ側の否定的な動きも紹介されている。

日本人労務者1,000名の派遣については，ドイツの新聞でも「日本は，1,000人の炭鉱労務者を送りたい」という記事で触れられている。そこでは，日本政府は1,000名の炭鉱労務者をルール地域に派遣するという労働省の提案に同意したこと，すでにルールの炭鉱では58名の日本人炭鉱労働者が就労し来年3月までにはさらに180名がくること，ドイツ労働省はそれ以上の日本人炭鉱労働者の受け入れについては合意に達していないことなどが紹介されている。その後，1958年3月には，西独労働省は「これ以上の受け入れは当方としても責任をもてない」との態度を表明している。[33]

1958年に炭鉱労働者の子弟や農家の二，三男を"炭鉱移民"としてドイツへ送り出すという日本の労働省の計画は，ドイツ労働省の消極的な姿勢もあって，実施には至らなかった。

(2) 炭鉱離職者対策としての労働者派遣

【日本の提案とドイツの反応】

ドイツ側の資料で日本人炭鉱離職者のドイツ派遣について最初に触れている文書は，1960年10月14日付の「石炭鉱業への日本人外国人労働者について」[34]である。そこでは，日本の炭鉱業界の構造転換に携わっている伊藤保次郎氏[35]からハンボルナー鉱山会社に対して，日本で離職する炭鉱労働者の一定数をドイツの炭鉱会社が長期にわたって（少なくとも3年間）受け入れることができないかを打診する提案があったこと，ハンボルナー鉱山会社は，過去4年間の日本人炭鉱労働者の受け入れ経験から，この提案に前向きであること，またエッセナー石炭鉱山会社もクレックナー鉱山会社も同様であること，だが，この計画を進めていくためには，これらのドイツ鉱山会社が個々別々に日本側と交渉するのではなく，ルール炭鉱企業連合（UVR）が公的に日本大使館をはじめ，ドイツ連邦内務省・外務省および労働省と連携して取り組む必要があることなどが指摘されている。

1960年10月19日に，ドイツ側では，日本側の提案による日本人炭鉱離職者の受け入れ問題に関する情報交換の会議が，連邦内務省で開かれている。会議に参加したのは，内務省，外務省，労働省，ハンボルナー鉱山会社（各1名）お

よびルール炭鉱企業連合（2名）の代表計6名である。

　ドイツ政府の関連機関とハンボルナー鉱山会社およびルール炭鉱企業連合を代表する人々が参加したこの日の会議では，日本の伊藤保次郎氏の提案（実際には，伊藤氏の依頼で後明庫之助氏がハンボルナー鉱山会社の重役シュテッフェン氏に宛てた手紙）が紹介されている。そこでは，日本では石炭業界の構造転換が進められる過程で，今後3年間に約10万人の炭鉱離職者が生ずること，これらの炭鉱離職者をドイツが受け入れる場合には，日本政府がその渡航旅費を負担するであろうことなどが記載されていた。

　会議では，ドイツの石炭業界は，日本側の意向に積極的に応じる用意があることを確認するが，その場合には，外交・内政・国内労働市場の動向などを考慮すること，そのうえで8項目についての確認がなされている。たとえば，炭鉱離職者の受け入れに際しては，第1次計画における政府間協定の基本原則をベースにした追加協定を結ぶこと，受け入れは日本の石炭業界の負担を軽減するための援助政策であること，往復の渡航費用と社会保障の負担問題をあらかじめ解消しておくことなどであるが，連邦労働省の意向，すなわちドイツの鉱山会社が，個別に日本の関係機関と連絡したり，接触したりすることなく，両国の石炭業界と政府間の連携のもとに進める必要があるという点が確認されている。[36]

　率直にいえば，今後3年間に約10万人の離職者が生ずる日本石炭業の構造転換のなかで，離職する炭鉱労働者をドイツの炭鉱で受け入れてほしいという日本側の提案に対して，ハンボルナー鉱山会社をはじめとする日本人炭鉱労働者を受け入れているドイツの3社は，非常に前向きであった。だが，連邦内務省などのドイツ政府機関は，慎重に事態に対応しようとする姿勢であったことがわかる。

　ハンボルナー鉱山会社と同様に，この問題に積極的に対応したのが，クレックナー鉱山会社のビクトル・イッカーン炭鉱であった。このことは，日本大使館一等書記官として赴任して間もない道正邦彦氏がクレックナー鉱山会社の常務取締役であるヨアヒム・シェーネ（J. Schöne）氏に宛てた手紙や，シェーネ氏が道正氏に宛てた文書から知ることができる。[37] たとえば，シェーネ氏の

1960年11月21日付の手紙は，炭鉱離職者派遣に関して日本側が危惧していた6つの論点に対するクレックナー鉱山会社の見解を示したものである。すなわち，1【坑内労働の経験】は「1年間あればよい」，2【家族の同伴】は「全体の人数の3分の1程度であれば，例外的に認めることは可能だが，子供の数は3人以内が原則である」，3【契約期間】は「3年であるが，本人の審査やドイツの経済状態に応じて延長は可能」，4【年齢】は「例外措置として35歳までは可能」，5【"不適格"】とみなされた労働者は，「短期的には他の職場で勤務できるが，すみやかに帰国措置をとる」，6【渡航費】は「第1次計画の口上書の規定を準用できる」という内容であった。

炭鉱離職者対策としてのドイツ派遣である第2次計画を実施するにあたって，日本にとっては，既婚者の派遣と家族同伴が可能かどうか，年齢制限にどれだけの幅を持たせることができるか，長期にわたる就労と滞在の可能性，そして渡航費の負担などが問題であった。

【1960年・日本の動向】

ところで，日本の石炭業界の将来を決定づける出来事が生じた1960年は，大きな転換の年であった。前年の1959年12月に設立された「炭鉱離職者援護会」(理事長　伊藤保次郎)が，救済を必要としていた約2万人の炭鉱離職者のための業務を開始したのは，1960年2月16日であった。[38]

他方，三井鉱山三池鉱業所(三井・三池炭鉱)では，1,200名の指名解雇に端を発し，会社側のロック・アウトに対して労働組合側は無期限ストライキ闘争で対抗した。同年1月25日からのストライキ闘争は，200日間に及ぶものであった。炭労が，同年8月10日に労使双方に提示された中央労働委員会の最終あっせん案を条件付で受諾したのは，9月に開催された「第27回臨時大会」においてであった。

1960年3月には，貝島炭鉱が「在籍鉱員の1割」に相当する680名の勇退者を募集し，明治鉱業は「880人の解雇」を通告している。4月以降には，石炭鉱業の大手各社が，相次いで勇退者や希望退職者を募集するなどの人員整理案を提示している。[39]

1960年8月30日，政府は「石炭合理化臨時措置法」を閣議で決定し，同年9

月1日から施行した。また，同9月1日には，炭鉱の整備と合理化を推進するための「石炭合理化事業団」が新たに発足した。同じ9月6日には，「石炭鉱業審議会」の中間報告書が政府に提出されている。そこには，石炭産業の生産構造を合理化する目標のひとつに炭鉱労務者の大幅な削減が含まれていた。

そうした状況のなかで，1960年10月11日には，政府の諮問機関である「雇用審議会」（会長　有沢広巳）の炭鉱離職者対策に関する最終答申が出された。それは，炭鉱離職者問題に対処するためには応急的な失業対策にとどまらず，全国的な規模での労働力の流動化（他産業への転職）を促進する思い切った転換政策の実行が必要であり，炭鉱離職者の「登録制度の採用」「職業訓練の振興」「公共投資による雇用の拡大」，住居を移転して再就職する人のための「大規模な労働者住宅の建設」「特別の機関の設置」などを主な内容としていた。

また三井鉱山は，炭鉱離職者対策の一環として「南米への移住」を計画し，1960年9月22日から約2か月間，ブラジル，パラグァイ，ボリビア，アルゼンチンなどの南米諸国へ調査団を派遣している。

【日本代表の渡独】（1960年）

日本の炭鉱離職者援護会からドイツのハンボルナー鉱山会社に，離職する日本人炭鉱労働者のドイツ派遣を打診する連絡が届いたのは，1960年10月であった。それは，日本政府と石炭業界が，大幅な人員整理を含む炭鉱合理化を明確にした時期に符合する。

同年11月29日には，渡独した日本政府と石炭業界の代表を迎えて，ルール炭鉱企業連合本部があるエッセンのグリュックアウフ・ハウスで，炭鉱離職者を対象とした第2次派遣計画に関する両国の代表会議が開かれている。日本側の出席者は，政府を代表する労働省，ボンの日本大使館，炭鉱離職者援護会および日本石炭鉱業経営者協議会の代表の計4名である。一方，ドイツ側の出席者は，ルール炭鉱企業連合（3名），エッセナー石炭鉱山会社（2名），ハンボルナー鉱山会社（1名），クレックナー鉱山会社（1名）の計7名であり，日本人炭鉱労働者受け入れ企業3社とドイツ石炭業界の経営者代表であることがわかる。

この会議の冒頭で，日本側から，ドイツへの日本人炭鉱労働者のさらなる派

遣は，ドイツにとっても日本にとっても有益であること，日本の石炭業界が今後3年間に約10万人の炭鉱労働者を解雇する予定であること，これらの日本人炭鉱労働者にとっては，ドイツで外国人労働者として3〜5年間就労する以外には，日本の炭鉱で働ける見通しはないこと，などが表明された。これに対して，ドイツ側は，現在の協定（1956年11月2日の両国政府間の協定）をベースにした新しい協定のもとに，日本人炭鉱離職者を外国人労働者として一定期間受け入れること，現在日本人炭鉱労働者を受け入れている3社で，合計1,500〜2,000名を受け入れることができることを明らかにしている。会議では，「派遣人数」「派遣される労働者」「年齢」「派遣期間（3〜5年）」「家族の呼び寄せ」「賃金などの労働条件」「社会保障」「渡航費用」「派遣機関」「連絡員」などについて話し合われた後，日本側から計画の具体化を図るためにドイツの代表が日本を訪問することが要請された。これに対するドイツ側の回答は，ドイツ政府との合意が必要であり，具体的な時期について触れるものではなかった。[45]

その後，ルール炭鉱企業連合が上級鉱山監督署に宛てた文書では，日本の石炭業界は合理化を進めるなかで，今後3年間に約10万人の炭鉱労働者を解雇する予定であり，日本政府はわれわれに，ドイツの炭鉱で1,000名余りの日本人炭鉱労働者を5年間就労させることが可能であるかを問い合わせてきた点に触れた後，11月29日の会議でルール炭鉱企業連合が日本側に提示した見解について，5点にわたって報告している。すなわち，第1に，ドイツ炭鉱業界は，この問題を日本炭鉱業界に対する一定の援助政策と理解していること，第2に，外国人労働者としての日本人炭鉱労働者の就労については既存の政府間協定の原則をベースにした追加協定を結ぶこと，第3に，ドイツ炭鉱業界は，協定の枠内で，1,500〜2,000名の日本人炭鉱労働者を外国人労働者として3〜4年間受け入れること，第4に，派遣される日本人炭鉱労働者の厳しい選抜が保証されること，第5に，渡航費と社会保障費の負担問題については，日本側は，日本政府と石炭鉱業経営者協議会との合意が取れた段階でルール炭鉱企業連合と再度協議すること，である。[46]

第4章　第1次計画の復活と第2次計画　123

【ドイツ側の対応】（1961年）

　翌1961年1月13日，ドイツ労働省のズィッハ（Sicha）氏，ルール炭鉱企業連合のカインツェル（Keintzel）氏，そしてハンボルナー鉱山会社のシュテッフェン（Steffen）氏の3者会議がボンで開かれている。これは，2月中旬に再び日本代表を迎えるに際して，ドイツ側の意見を確認するための会議である。ここでは，「炭鉱離職者の受け入れは，日本人炭鉱労働者の技術教育でなく，日本の石炭産業の援助を目的とする」という，第2次計画に対するドイツ政府（労働省）の基本的見解が明らかにされている。そのうえで，第2次計画の具体的内容について，いくつかの点が確認されている。

　たとえば，新しい計画は，従来の計画の延長線のものであること，したがって，派遣される労働者は「坑内労働の経験者」であり，年齢が「18歳～32歳までの独身者」であること，1,500～2,000名の日本人労働者は「3社に限定して割り当て」ること，就労期間は，協定では「3年間に限定」するが，本人が希望する場合には，2回を限度に1年の延長を認め，計5年が経過した後は，ドイツで他の職業に転職した場合に残留することができる。渡航費用について，ドイツの炭鉱は，1人当たり120マルク（ギリシアやスペインからの外国人労働者の渡航費と同額）を負担し，残金は日本側が負担する。帰国費用は，毎月の賃金から一定額を預金して，その費用に充てること，宿舎は「賄い付きの独身寮」とすること，連絡員の配置は必要であり，ドイツの炭鉱が現在就労している日本人労働者のなかから探すことができる(47)。ここには，日本の炭鉱離職者の受け入れも，政府間協定にもとづく期限付きの就労とするというドイツ政府（労働省）の強い意向が示されている。だが，例外的な措置として，ドイツ国内での継続的な長期就労と滞在の可能性が示されている。

【日本側の反応】（1961年）

　炭鉱離職者のドイツ派遣で，渡航費用の問題とともに日本側が危惧したのは，就労・滞在期間の延長と派遣された労働者の家族の合流の2点であった。このことは，1960年11月の両国代表会議に出席した日本側の代表者がルール炭鉱企業連合に宛てた文書で知ることができる。

　たとえば，後明庫之助（炭鉱離職者援護会の代理）氏が企業連合に宛てた書簡

では，日本側は，「協定で定める3年間の就労期間を超えてドイツの炭鉱で働くことができるかどうか，また，一定期間（最低1年以上）就労した人が家族を呼び寄せることができるかどうか」の2点に大きな関心を抱いている旨を指摘している。その理由は，日本では炭鉱を離職した若い労働者は，国内他産業部門への転職が可能であり，これらの人々がドイツの炭鉱で就労することは考えられない。問題なのは，今後3年間に解雇される約10万人の炭鉱労働者である。これらの人々がドイツに派遣された場合，3年間就労して帰国しても日本の炭鉱で再雇用される可能性はないため，3年就労後，日本に帰国する炭鉱労働者の数はきわめて限定されざるを得ない。したがって，2つの条件が満たされない場合には，既婚の炭鉱離職者がドイツでの就労を希望することはほとんどないからであった。[48]

また，同じような内容は，道正邦彦（日本大使館）氏が企業連合のカインツェル氏に宛てた手紙の添付文書でも指摘されている。この文書は，同（1961）年2月17日に予定された両国の代表会議のための日本側の第2次計画（案）と一緒に送付されたものである。そこでは，①「渡航費用」については，日本側は労働者1人当たり6万円（約700マルク）を負担できること，②「帰国費用」については，ドイツ側で負担してほしいという日本側の意向を伝えたうえで，③「人数と条件」について，現在の条件（年齢32歳までで，就労期間が3年）では，50～150名くらいの候補者しか望めないこと，したがって「本人が希望すれば3年の就労期間後もドイツに在留できること，また一定期間経過後には家族の呼び寄せが可能であること」の2条件が満たされなければ，大規模な人の派遣は困難になることが記されている。[49]

【第2次計画の性格】（両国間の認識のズレ）

日本の炭鉱離職者のドイツ派遣である第2次計画の実現には，派遣される労働者が日本の炭鉱を離職した人であるために，第1次計画とは異なる問題をはらまざるを得なかった。このことは，第2次計画に対する両国政府の基本的な認識の違いに表れている。すなわち，日本政府にとっては，第2次計画は炭鉱離職者の再雇用問題の解消策であり，したがってできるだけ多くの離職者が応募できる条件を満たす内容の協定を望んでいた。一方，ドイツ政府が危惧した

のは，すでに南欧諸国から受け入れていた外国人労働者が社会問題のひとつの争点にもなりつつあった段階であり，したがって，日本人炭鉱離職者の受け入れを可能な限り一時的にドイツに来て一定期間働いた後，帰国してくれる外国人労働者の枠内で実施したいと考えていた。できるだけ多くの炭鉱離職者を派遣したい日本側にとっては，年齢制限，就労と滞在期間，既婚労働者の派遣などの条件緩和が必要であった。

また，第1次計画は「会社派遣」の炭鉱労働者の渡航であり，したがって，必要とされた連絡員の派遣は，双方の経営者団体の負担で実現することが可能であった。だが，第2次計画は離職した労働者の派遣であり，したがって日本石炭鉱業経営者協議会が，主席連絡員や連絡員を派遣する責任を負う必要はなかった。日本の石炭業界は，形式的にも実質的にも，炭鉱離職者のドイツ派遣問題から離脱することになり，日本政府（労働省）と炭鉱離職者援護会（後の，雇用促進事業団）がこの計画の担い手になった。同時に，第2次計画でも大きな論点になったのは，片道1人当たり1,700マルクの費用を必要とした両国間の高額な往復旅費の負担問題であった。[50]

【日本代表の渡独】（1961年）

1961年2月17日には，エッセンで日本から来独した労働省職員を迎えて両国代表会議が開かれている。日本側の出席者は，他に日本大使館，主席連絡員を加えた計3名であり，ドイツ側の出席者は，受け入れ鉱山会社3社の代表とルール炭鉱企業連合代表の計6名であった。

議題は，①渡航費用，②帰国費用，③人数と条件の3点であったが，会議の冒頭で，1962年度中に，第1次計画にもとづく炭鉱労働者の派遣を達成する点が確認されている。そのうえで，第2次計画についての話し合いが行われたが，日本側からは，日本の炭鉱業界の詳細な状況についてドイツ側の理解を得るために，ドイツ代表の日本訪問を依頼するとともに，第2次計画による炭鉱離職者の派遣も，当面は少人数のグループでの派遣が可能である点が報告された。

ドイツ側からは，受け入れ可能な数は1,500から2,000名であること，および当面は少人数のグループでの派遣を歓迎する意向であること，および懸案となっている旅費負担問題については，ドイツの年金掛け金で充当する第1次計画

の方法を適用する旨が伝えられた。日本の労働省職員は，ドイツの年金掛け金を往復旅費に充当する案には否定的であった。その理由は，第2次計画で派遣される対象者は，炭鉱を離職した人々であり，第1次計画で派遣される炭鉱労働者（日本の会社に所属し，ドイツで就労している3年間も日本の年金制度に継続加入している労働者）とは異なる性格の労働者（日本の年金制度を離脱する労働者）であったからである。

したがって，この日の両国代表の会議では，炭鉱離職者の派遣である第2次計画に対する双方の見解と問題点が確認される程度に留まり，具体的な内容についての実質的な合意は得られなかった。

【ドイツ代表の来日】（1961年）

炭鉱離職者援護会の伊藤保次郎氏からハンボルナー鉱山会社に，ドイツ代表を日本へ招待する旨の連絡が届いたのは，1961年3月であった。日本訪問の日程は，4月後半であった。周知のとおり，伊藤氏は日本人炭鉱労働者のドイツ派遣では中心的な役割を果たしていた人である。

日本訪問に先立ち，同年3月29日には，ルール炭鉱企業連合およびハンボルナー鉱山会社をはじめとする3社の代表は，日本で協議する内容を準備するための会議を開いている。この会議では，その後届いた日本大使館からの連絡，ボンの連邦労働省からルール炭鉱企業連合に対する文書について討議された後，日本を訪問するハンボルナー鉱山会社の代表が話し合うべき事項について議論された。

会議の冒頭で，第2次計画は両国政府間の協定によってのみ実施されること，およびハンボルナー鉱山会社の役員で構成される代表団の日本訪問は，日本人炭鉱労働者受け入れ企業であるクレックナー鉱山会社とエッセナー石炭鉱山会社の2社も了解していることが確認されている。

そのうえで，日本を訪問するドイツ代表が日本側と話し合う具体的な点が討議された。たとえば，日本がドイツの炭鉱3社に派遣可能な炭鉱離職者の数，就労期間，各社別の割当人数と派遣グループの人数，離職者の職種や年齢，日本での選抜の基準や方法，労働契約の内容，往復旅費の財源，既婚者の派遣と家族構成，連絡員の所属先と費用負担，主席連絡員などについてドイツの受け

入れ企業3社の率直な疑問を日本側と協議し，明らかにすることが確認されている。また，ハンボルナー鉱山会社代表の日本訪問は，同社が個別的に日本人炭鉱離職者の募集や採用を行うためのものではないこと，第2次計画の実施は，ドイツ政府の関連機関と関係企業が絶えず連携して進めていくことが確認されている。(54)

　優秀な日本人炭鉱労働者を受け入れた経験のあるドイツ鉱山会社は，日本側から提案された「離職者対策」としてのドイツ炭鉱への労働者派遣を，危機的な日本の石炭業界を援助する政策と理解して，積極的に対応した。第2次計画の日本側の窓口は，政府（労働省）および炭鉱離職者援護会の意向を代表するボンの日本大使館であった。他方，ドイツ政府を代表する連邦労働省の立場は，いまだ未達成の状態にあった第1次計画，すなわち「会社派遣」の日本人炭鉱労働者の受け入れを優先することであった。だが，第2次計画，すなわち外国人労働者としての日本人炭鉱離職者の受け入れが，あたかも民間ベースで実施されるかのような新聞報道やドイツ鉱山会社代表の日本訪問に対して，ドイツ労働省は，一定の危惧を抱かざるを得なかったことが考えられる。

　他方，膨大な炭鉱離職者の発生が不可避な状況であるにもかかわらず，日本側が提起した問題点は，「就労と滞在期間の延長の可能性」や「既婚者（家族の呼び寄せ）の可能性」などの受け入れ条件の緩和や渡航費用の財源（全額負担から一部負担へ），連絡員の配置とその人件費などが中心であり，ドイツの企業にとっては，受け入れ労働者の数や年齢幅，財政負担の増加などで多くの疑問が生じていたのが現状であった。

　1961年4月から5月にかけて来日したドイツ代表は，ハンボルナー鉱山会社の重役3名である。(55) ドイツ代表は，4月25日と26日および5月9日の3回にわたって，日本の炭鉱離職者援護会（Unterstützungsverein für die freiwerdenden Bergarbeiter）役員と会談した。5月9日には，「ドイツへの炭鉱離職者の派遣計画についての情報・意見交換」に関する文書が作成され，日本側を代表して伊藤保次郎（炭鉱離職者援護会会長），ドイツ側を代表してエルンスト・シュロホフ（Ernst Schlochow：ハンボルナー鉱山会社社長）の両氏が署名している。そ

こでは，「日本人炭鉱離職者の連邦共和国への派遣（第2次計画）は，1956年の政府間協定にもとづく日本人炭鉱労働者の連邦共和国への派遣（第1次計画）とは切り離されたものであり，また第1次計画に並行して実施されるものでなければならない。したがって，第1次計画は，第2次計画によって置き換えられるものでも，変更されるものでもない」と指摘されているように，第1次計画と第2次計画の違いを明確にしたうえで，第2次計画の具体化の内容が示されている。

【確認された第2次計画】

　ここでは，この文書に依拠しながら，双方の代表がこの段階で確認した第5陣（正確には，「炭鉱離職者派遣」第1陣）の派遣計画の内容をみることにしたい。

　まず［派遣される労働者の質］については，「年齢」は18歳から35歳である。ただし，ハンボルナー鉱山会社は，「年齢40歳までの労働者を受け入れる用意があること」をカッコ付き文章で記している。「坑内労働の経験」は，原則2年以上だが，例外として1年半以上としている。「失業した時期」については，1959年1月1日以降に炭鉱から解雇された者を対象としている。また「家族構成」については，当初は未婚の労働者（unverheiratete Arbeiter）だけが派遣されるべきであるとしているが，将来的には既婚の労働者（verheiratete Arbeiter）の派遣についても交渉する余地を残している。

　［労働者の選抜］は，炭鉱離職者援護会が労働省の指導のもとに石炭鉱業経営者協議会と協力しながら行うこととし，その際，レントゲン撮影を含む健康診断を日本側で実施するとしている。［契約期間］では，労働契約は3年（ここまでは，第1次計画と同じ—筆者）とするが，ドイツ側は，契約期間終了前に個別労働者の希望を聞き，継続して就労したい労働者については契約期間を1年延長する。さらに延長した契約期限終了3か月前に当該労働者に契約延長の意志を問い，延長する意志がある場合には自動的にもう1年延長する，としている。

　派遣される労働者の［人数］について，ドイツ側は3社に各500名，合計1,500名の受け入れを希望したが，日本側は第2次計画の政府間協定締結後，1年以内に200名を派遣し，それ以降については応募者数に応じて派遣するこ

とを表明している。両国の［担当機関］は，日本側は炭鉱離職者援護会，またはそれを引き継ぐ機関であり，ドイツ側はルール炭鉱企業連合である。［旅費］の取り扱いでは，「渡航費用」は日本側が労働者1人当たり700マルクを負担し，残りをドイツ側が負担する。「帰国費用」は，労働者の賃金から毎月25マルクを預金して，その費用に充てるとしている。だが，航空運賃が値上げされたり，中途帰国者が出るなど何らかの事情で，空席が出た場合には，この資金だけで賄うのは不可能であることをドイツ側は提起している。［年金掛け金の返済］は，ドイツ側が労働者負担分の返済を調査して，日本側に知らせるとしている。

［連絡員］については，①労働者60名から100名につき1名の連絡員，したがって前者の場合の連絡員の総数は25名，後者の場合は15名を配置する。②ドイツ側は，日本側の了解を前提として，第1次計画で来独し，ドイツに在留している日本人炭鉱労働者の中から連絡員を任命する意向を示している。③報酬は，ドイツ側が支払うこと，仕事は連絡員の仕事に限定すること，また宿舎では個室が提供される。④主席連絡員をおくことの重要性については，双方ともに了解しているが，報酬，その他の内容は，ここでは記載されていない。［その他］の項目では，坑外労働に従事する見習い期間は6週間であること，賃金や休暇の査定に際して，日本での坑内労働の経験などをドイツでも同等に扱うこと，それ以外の問題については，継続して話し合うことが確認されている。[57]

長くなったが，以上がドイツから来日したハンボルナー鉱山会社役員と炭鉱離職者援護会役員との間で交わされた第2次計画についての具体的な内容である。ここに示された内容は，親日的なドイツ鉱山会社の役員との交渉であったために日本側の意向がかなり反映されている。[58]たとえば，派遣される労働者の年齢について，ハンボルナー鉱山会社に限定されるとはいえ，年齢40歳までの離職者受け入れの可能性が示されている。また，合計5年間の就労を可能とする1年ごとの2回の就労期間延長や既婚者を受け入れる可能性なども示されている。だが，こうした内容は，後にみるように，政府間協定にもとづく「ルール石炭鉱業における日本人炭鉱労働者の期限付き就労に関する第2次（補完）計画」には生かされることはなかった。さらに，ドイツにとっては往復旅費や

連絡員の人件費などの財政的負担は重いこと，派遣される炭鉱離職者の数については，ドイツ側の合計1,500名の受け入れ希望に対して，日本側の答えは協定締結後1年以内に200名と少なく，派遣者数の大きな開きが残された課題でもあった。

他方，第2次計画で予定された連絡員の数は，多い場合でも派遣労働者60名につき1名であり，労働者25名から30名につき1名の連絡員が派遣された第1次計画に比べると大幅に後退する内容であった。

【受け入れ3社の代表会議】

さて，1961年5月25日には，エッセンにあるルール炭鉱企業連合本部で，第2次計画の日本人炭鉱労働者受け入れを希望していたハンボルナー，エッセナーおよびクレックナー鉱山会社の3社代表会議が開かれている。この会議に出席したのは，企業連合代表2名と3社の代表4名の計6名であった。[59]この会議で，日本を訪問したハンボルナー鉱山会社代表から東京で協議した内容が紹介されている。

すなわち，第1次計画については，まだ200名の日本人炭鉱労働者が残されており，3社にそれぞれ60名から65名が配属される予定であること，そのうちの60名が1961年秋に，残りの140名については，おそらく1962年秋に約70名，そして1963年秋に最後の70名が来独するであろうと説明されている。

また，第2次計画で斡旋されるのは炭鉱離職者であり，1961年8月末から9月初めに約200名のグループが到着する予定であり，したがって1社当たり60名から65名になること，また1962年には600名，それ以降の3年以内に斡旋される数は700名であり，総数1,500名になる予定であると報告されている。また，第2次計画による日本人炭鉱労働者には，第1次計画のような職業教育や6か月ごとの職場の転換を行う必要がないこと，追加的な無給の休暇を付与する必要もないこと，日本人労働者本人が希望しドイツ鉱山会社が了承する場合には，契約期間の延長が可能であることが指摘されている。[60]

(3) 遅れた第2次計画（1961年6月～11月）

だが，後に明らかなように，日本にとっては炭鉱離職者対策であった第2次

計画としての日本人炭鉱労働者のドイツ派遣が，両国政府間で合意に達したのは1961年11月10日であり，それは同年5月に東京で両国代表が「第2次計画を基本的に確認」してから，半年後のことであった。以下では，この半年間に生じたできごとを追いながら，双方の側で何が問題になって計画の実現が遅れたのかをみることにしたい。それは同時に，第2次計画は実現したが，「中止」に終わらざるを得なかった事情を明らかにすることにもなる。

【年金除外措置】

日本人炭鉱離職者のドイツ派遣を実現するための課題は，第1次計画の時と同様に，渡航費用の一部負担，帰国費用の負担，連絡員の人件費，その他の必要経費などの財政問題であった。これらの財源をどのように確保するかが，受け入れドイツ石炭業界にとって，早急に解決されなければならない課題であった。ドイツの受け入れ機関であるルール炭鉱企業連合は，第1次計画と同じ方法でこの問題に対処することにした。

ルール炭鉱企業連合は，ドイツ鉱員共済組合（Arbeitsgemeinschaft der Knappschaften der BRD）との間で，第2次計画で就労する日本人炭鉱離職者は，健康保険（Krankenversicherung）と労働災害保険（Unfallversicherung）についてはドイツ国内法によって保障されていること，年金保険（Rentenversicherung）については，国家間協定にもとづき労使が合意する場合には，例外措置が法的に可能であることを確認する。そのうえで，ドイツ鉱山エネルギー労働組合（IGBE），さらに受け入れ鉱山会社3社などと協議して了承を経たうえで，日本人炭鉱離職者受け入れに伴う財政問題を，ドイツ年金保険の掛け金の労働者本人負担金（給料の8.5%）と使用者負担金（同15%）で解消することとした。すなわち，派遣された日本人炭鉱労働者のドイツ年金の負担金は，両国間の協定にもとづき，双方の担当機関の合意のもとで特別口座に預金されて帰国費用に，また，使用者負担金は，連絡員の人件費やその他の経費に充用することにした。

【ドイツ政労使の確認】

1961年6月19日には，ドイツの政労使代表会議が開かれている。そこには，連邦労働省，内務省をはじめとする政府関係省庁，ルール炭鉱企業連合，受け

入れ鉱山会社3社，ドイツ鉱山エネルギー労働組合の代表が参加している。この会議では，第2次計画を従来の口上書に沿うかたちで実施するというドイツ政府の意向が示され，新しい協定を締結するための基本点，そして財政問題に対しては労使の年金掛け金で対処することが確認されている。会議で確認された基本点は，以下の8点である。①受け入れは，3社の鉱山会社に限定する。②受け入れる日本人の上限を1,500名に固定し，鉱山会社各社が500名ずつ受け入れる。③受け入れる炭鉱労働者は，1959年1月1日以降に解雇された者とする。④会社は，受け入れがドイツ人労働者に影響を及ぼさないことを表明する。⑤受け入れ期限を，1963年12月31日までに限定する。⑥独身の労働者（ledige Arbeitskräfte）だけの受け入れを原則とする。⑦受け入れ者の年齢は，35歳を上限とする。⑧1年間の坑内労働経験を前提とする[63]。この時点で，炭鉱離職者の受け入れである第2次計画に対する政労使一体となった受け入れ国ドイツの基本方針が確立されたといえるであろう。ここでは，坑内労働の経験は「1年間」に短縮され，受け入れ総数と各社への割当人数は従来の内容が確認されているが，それ以外に関しては，受け入れ期限が1963年末までに限定されるなど，5月に東京で確認された第2次計画の内容に比べると，ドイツの受け入れ会社にとっても，日本側にとってもかなり厳しい内容になっている。

【雇用促進事業団の発足】（日本）

　第2次派遣計画の日本側の送り出し機関となった「雇用促進事業団」が発足したのは，1961年7月1日である[64]。その後，7月はじめには，石田労相がドイツを訪問し，ブランク西独労相と炭鉱離職者の派遣だけでなく，鉄鋼業などの他産業への日本人労働者の派遣問題について会談している。日本の新聞報道によれば，炭鉱離職者派遣問題では，ドイツ側の1,500名の受け入れ希望に対して，日本側は200名程度しか出せないという双方の希望に大きな開きがあること，また石炭産業以外への日本人労務者の派遣に関しては，「鉄鋼業に500人を派遣」などの報道がなされている[65]。だが，1961年秋には第2次計画による第1次派遣を実施するという両国労相のトップ会談での合意にもかかわらず，現場レベルでは，往復旅費などの財政負担をはじめとする諸問題で，両国の開きはなかなか解消されなかった。

【在独日本人労働者の問題】

　他方，ドイツでは，第１次計画で外国人労働者として就労した後も，ドイツ国内（地域社会レベル）に在留する日本人炭鉱労働者の存在を懸念する動きが生じていた。たとえば，ドゥイスブルク市がハンボルナー鉱山会社に宛てた1961年６月13日の文書によれば，日独両国政府間協定にもとづいてドイツで就労した日本人炭鉱労働者は，協定終了後はすみやかに帰国しなければならないが，現在もなお８名の日本人が滞在しているので，これらの日本人住民が早急に帰国することを求めている。

　これに対して，ハンボルナー鉱山会社は，在籍している８名の日本人炭鉱労働者の詳細な経歴を添付したうえで，滞在期間の延長許可を要請する文書を提出している。滞在延長の理由には，①いずれも優秀な日本人であり，職場でも地域でもドイツ人同僚や住民と良好な関係にあること，また，８名のうち４名はドイツ女性と結婚していること，②これらの日本人労働者の滞在を日本政府も了承していること，③現在，ドイツと日本の間では第２次計画が進められており，1961年10月には政府間協定が締結されて1962年１月には最初のグループが到着する予定であること，新たに到着する日本人炭鉱労働者の通訳や連絡員としてこれらの日本人労働者の果たす役割が大きいことなどを指摘している。

【財政問題】

　両国労相のトップ会談にもかかわらず，第２次計画が順調に進まなかったのは，旅費問題での意見の違いがあったからである。往復旅費などの経費を３年の就労期間中に支払うドイツ鉱員年金掛け金で充当するというドイツの財政案は，第２次計画がドイツにとっては短期出稼ぎ外国人労働者の受け入れ政策であることを意味する。だが，日本にとっては炭鉱離職者の再雇用問題であった第２次計画の財政案としては，合意するには困難な案であった。膨大な旅費と経費を必要とする日本人炭鉱離職者のドイツ派遣は，離職者対策であったがために持たざるを得なかった第２次計画の複雑な性格の結果，第１次計画のように順調な実施には至らなかった。

　ドイツ連邦労働省のズッハ氏が，ボンの日本大使館の道正邦彦氏に宛てた1961年８月４日付の手紙では，日本側が財政計画の３つの案（ドイツ案，日本

案，第3案）を比較検討すること，日本からの回答後，第2次計画の協定案を送付したいこと，およびドイツの受け入れ機関であるルール炭鉱企業連合は，第2次計画が遅くとも1962年1月か2月に開始されることを前提としている旨を伝えている(69)。この手紙に添付された「第2次計画のための財政的可能性」に関する文書では，計画実施に関するこれまでの協議で残されている課題は，財政問題における日本案とドイツ案の大きな違いであることが指摘されたうえで，第2次計画実施のための3つの財政計画案（ドイツ案，日本案，第3案）の詳細が掲載されている(70)。

　1961年8月25日には，エッセンで，炭鉱企業連合，エッセナー石炭鉱山会社と日本大使館の3者会議が開かれている。この会議を契機に，第2次計画は具体化へ向けて動き始めた。すなわち，すでに10月にはドイツに到着することが明らかになっていた第1次計画の日本人炭鉱労働者（第4陣）の渡航に際して，ドイツ側はできるだけ旅費を安くするために現在進められている第2次計画の炭鉱離職者の第1グループが同じ飛行機で渡航できるようにすることを日本側に要請している。同時に，第2次計画による最初のグループの派遣を遅くとも1962年1月に開始できるようにすること，第2次計画実施に伴う飛行機代や連絡員に必要な経費は年金掛け金の特別口座で賄うこと，派遣される労働者の渡航費として炭鉱離職者援護会が負担する予定の700マルクのうち100～150マルクを支度金として派遣労働者に回すことを日本側に提案している(71)。

【第2次計画（案）の確定】

　1961年9月7日に行われたドイツの政労使代表会議で，第2次計画の協定原案が確定した。この会議にはオブザーバーであるが，日本大使館から道正邦彦一等書記官も参加している。会議では，第2次計画も往復旅費などの財政問題は，基本的に第1次計画と同じ方法で対処することが確認された。同時に，1962年1月はじめに到着する予定の第2次計画の第1グループ120名の炭鉱離職者のうち，半数（60名）がハンボルナー鉱山会社に，クレックナー鉱山会社とエッセナー石炭鉱山会社にはそれぞれ4分の1（30名）が配属されることが決められている(72)。ここで決められた第2次計画の原案は，日本およびドイツの受け入れ各社で検討されることになる(73)。

たとえば，10月24日には，連邦労働省がルール炭鉱企業連合に宛てた文書には，第２次計画案に関する詳細な変更案が添付されている。そこでは，「第２次計画案」にある「炭鉱離職者援護会」（Unterstützungsverein des japanischen Kohlenbergbaus）をすべて「雇用促進事業団」（Anstalt für Arbeitsförderung [Koyo-sokushin Jigyodan]）に変更するとか，主席連絡員を配属する場合の条件となっている日本人労働者総数「600人以上」を「120人以上」に変更するなどが提案されていた。[74]

また，10月27日には，第２次計画案に関するルール炭鉱企業連合と受け入れ３社代表との会議が開かれている。そこでは，たとえば「協定原案」の第８項に関して，受け入れ会社３社は1961年10月１日から1962年３月31日の間に360名の日本人労働者（japanische Gastarbeiter）を受け入れる用意がある点が強調されている。[75]

ボンの日本大使館から，1961年11月６日付の手紙とともに日本政府の第２次計画に対する補足説明がドイツ外務省宛に，[76] また同じ文書が翌７日付の手紙とともにルール炭鉱企業連合のカインツェル氏宛に届いている。手紙に添付された「日本人炭鉱労働者の第２次派遣計画の取り扱いに関する補足説明」では，次のような内容が指摘されている。第１に，日本政府は現在進められている第２次計画をできるだけ早く実施する用意があること，第１次計画の経験から，そして特にクリスマスと新年が近づいていることを考慮すると，労働者の派遣準備に３か月半は必要であること，遅くとも11月中旬までに基本的内容で合意することができないのであれば，来年の２月末までにドイツへ第１グループを派遣することはほとんど不可能である。したがって，日本で労働者の募集を開始できるような基本的な合意が必要である。そのうえで，第２に，ドイツ側の了解を求める事項として，ドイツへの出発便は日本側が手配すること，また，第３として，第２次計画の連絡員のドイツでの確保と主席連絡員の宿舎の手配などについて，日本側の見解が示されている。[77]

【政府間合意の成立】

11月６日付の日本大使館からのドイツ外務省への連絡がただちに連邦労働省に届いたことは，11月７日付の連邦労働省からルール炭鉱企業連合本部宛の文

書で明らかである。この文書では，日本政府の要請に答え，11月10日（金）16時にドイツ外務省で日本大使館と第2次計画合意のための会合を開催すること，したがって同日15時に再度詳細な打ち合わせを行うことが記されている。[78]

　炭鉱離職者の派遣である第2次計画で日独が合意したことは，日本の新聞でもただちに報道された。たとえば，11月12日の記事「西独へ炭鉱離職者」では，来年2月ごろ240名が渡独する予定で，西独側は「きわめて期待している」と報道している。[79]また，14日付夕刊では，「政府は西独政府との間で日本人の炭鉱離職者千五百名を西独の炭鉱会社に就職させることにについて……話し合いがまとまり，14日の閣議で正式に政府間協定を結ぶことを了承した。……政府は15日から炭鉱離職者の中から西独行きの希望者募集を行う」と報道されている。[80]また，11月下旬に訪欧した福永健司労相は，11月23日にはドゥイスブルクのハンボルナー鉱山会社とカストロップ・ラウクセルのクレックナー鉱山会社のビクトル・イッカーン鉱を訪問し，翌24日にはブランク労相と会談している。[81]

（4）第2次計画・第5陣派遣までの経過

【炭鉱離職者の募集】

　1961年12月11日，日本大使館の道正邦彦氏がルール炭鉱企業連合のカインツェル氏に宛てた手紙では，すでに日本では第2次計画で派遣する労働者の募集が始められていること，日本からドイツへの労働者の輸送責任は日本側にあることの確認と健康診断は従来どおりに日本で実施すればよいかどうかを問い合わせている。[82]

　だが，ドイツでの就労を希望する炭鉱離職者の応募状況は，予想をはるかに下回り，1962年2月に予定した200名の派遣からはほど遠いことが明らかになった。そのため，同年12月13日には，日本大使館の道正氏は，以下のような内容の文書をドイツ外務省のシュミット（Dr. Schmidt）氏宛に送付している。すなわち，日本では，11月14日には日本人炭鉱労働者派遣の第2次計画の実施についての記者会見を行い，11月25日には派遣する労働者募集の準備を整え，12月1日から募集を開始し，10日には70名の応募者が見込める状況にある。だが，

この間の日本での若年労働者の不足は著しく，すでに心配していたように，現状では1962年2月までに200名の労働者を集めることは極めて困難である。日本の炭鉱労働者は若い時期に結婚する傾向が強い。したがって単身赴任でドイツへ渡航したい既婚の炭鉱労働者（verheiratete Bergarbeiter）を派遣候補者として採用できるようにしてほしい。了解が得られれば，口上書の一部を変更するなど，この点に関する相互の了解措置を依頼するという内容であった。この点について，道正氏は，同年12月27日にカストロップ・ラウクセルのクレックナー鉱山会社のユーゲンドルフ独身寮での同社幹部および連絡員との会議の席でも触れている。(84)

また，翌1962年1月に，日本大使館の道正氏は，日本外務省から届いた第2次計画案に対する日本側の修正案（10項目）と質問事項（7点）を，1月9日付手紙とともにドイツ外務省のシュミット氏に送付している。日本外務省の修正案は，語句の変更など技術的な修正であり，質問事項も計画の実施に関するもので，ドイツ側が提案した第2次計画案の性格を変更するような内容ではなかった。(85)

【既婚者の派遣問題】

1961年12月13日付で日本大使館の道正氏がドイツ外務省に依頼した「単身赴任で既婚の炭鉱離職者を派遣する可能性」に対して，連邦労働省が外務省に返信したのは，1962年1月2日である。労働省が外務省に宛てた文書は，既婚者の派遣を可能にするために第2次計画にある「独身の日本人炭鉱労働者」（ledige japanische Bergarbeiter）から「独身の」（ledige）という単語の削除を了解する内容であった。同時に，「あくまでも単身赴任が条件であり，家族の同伴や呼び寄せは，渡航費用が高額になること，住宅不足の現状から許可できないこと」が記されている。さらに，日本側は，今後3年の間に，どのようにして，いつ，何名ずつ，計画に記されている1,500名の労働者を受け入れ3社に派遣するかを明らかにすべきだというドイツ労働省の見解が示されている。(86)

ところで，第2次計画の実施に際して，ルール炭鉱企業連合と受け入れ鉱山会社3社は，1962年1月9日にエッセンの企業連合本部で，再び合同の会議を

開いている。この会議では，以下の点が話し合われた。第1に，第1次計画で来独し，就労期間終了後もドイツに滞在している日本人炭鉱労働者の滞在許可を延長してもらうための連邦内務省への対応であった。第2に，第2次計画の原案からledige（独身の）という言葉を削除すれば既婚の炭鉱労働者の派遣が可能になり，その場合，受け入れ会社にとっては，家族との別居手当，住宅手当，児童手当，さらに家族に会うための一時帰国費用を支給する問題など，困難な問題が生ずるおそれがあり，早急に連邦労働省，日本大使館，ドイツ鉱山エネルギー労働組合（IGBE）などとの連携が必要であるという点であった。その他，宿舎と賄いの費用については，特に統一的な基準を設ける必要はないこと，第2次計画の連絡員の宿舎と賄い，および賃金については，受け入れ3社とも第1次計画と同じ扱いにすることなどであった。[87]

【離職者対策としての第2次計画】

　両国政府が，炭鉱離職者対策としての第2次計画について原則的に合意したのは，1961年11月10日であった。実際に，両国政府間で公式の「口上書」（Verbalnote）が交わされて正式の政府間協定が締結されたのは，翌1962年1月30日である。「口上書」には，1956年11月2日の口上書（第1次計画）を補完するために，さらに1,500名の18歳から35歳までの日本人炭鉱労働者が3年間ドイツに派遣されること，この期限付き就労は，全24項からなる「ルール石炭鉱業における日本人炭鉱労働者の期限付き就労に関する第2次（補完）計画」（以下，「第2次（補完）計画」と略称）に従って実施されることが記されている。

　ここでは，「第2次（補完）計画」の特徴を示す点について触れることにしたい。まず，「計画の性格及び範囲」では，年齢が18歳から35歳までの1,500名以内の炭鉱労働者が3年間就労できること，就労先は3社，すなわちハンボルナー鉱山会社，クレックナー鉱山会社，エッセナー石炭鉱山会社に限られ，1社当たり500名が就労すること，日本からの送り出しの期限は1964年12月31日までとするとして，送り出し期間に一定の制限が設定されている。11月10日に合意した原案では，「18歳から35歳までの独身の1,500人」となっていたが，その後「独身の」という文言が削除された経過については，すでに触れた。

　その他，「労務者の選考」「輸送の手配」「滞在及び労働許可」「労働契約」

「見習い期間」「均等待遇」に関する項目の内容は，ほぼ第1次計画と同じである。高額な往復旅費の負担問題は，結局第1次計画で実施された方法が踏襲されることとなった。したがって，「社会保障」の項目では，ドイツ鉱員年金保険の労使掛け金を特別口座に繰り入れて，その資金で必要な往復旅費，連絡員の費用などの経費を賄うとして，その詳細な管理運営方法について記述されている。「旅費」については，往路旅費を雇用促進事業団が1人当たり600マルク（150米ドル）を負担し，ドイツの鉱山会社が1人当たり120マルク負担すること，それを上回る不足額は鉱員年金の特別口座で賄うこととされた。「連絡員」については，労働者60名（最高100名）につき1名をおくこと，その賃金は先山鉱員の平均賃金とすること，また主席連絡員1名をおくこととしている。(88)

　第1次計画にもとづく派遣は，会社派遣であったため，派遣期間中も労働者は日本企業に所属し，日本の年金制度も継続して適用されていた。したがって，ドイツにおける鉱員年金保険の労働者負担分の掛け金が，往復の渡航費用に使用されても，それほど問題にはならなかった。同時に，明瞭なことではあるが，当面であったとしても，帰国後の職場や生活面での心配はほとんどなかった。また，会社派遣であるがゆえに，石炭経営者協議会は，傘下の企業の職員のなかから連絡員を選抜・派遣し，それらの人々の賃金や帰国後の継続就労など，すべての面で責任を負うことができた。

　だが，第2次計画では，日本の石炭業界は完全にこの計画の実施責任を負う必要はなくなっている。この点は，連絡員の派遣問題をみれば，一目瞭然となる。ドイツ側が提起しているように，ドイツ語会話が可能で，しかも炭鉱の坑内労働に習熟しているのはドイツに在留している日本人炭鉱労働者しかいない。渡航費用を年金の掛け金で充当するという第1次計画の方法は，結局は第2次計画でも踏襲されることとなった。だが，第2次計画で渡航したのは日本で失業中の労働者であって，3年間のドイツでの就労期間は，日本の年金からもドイツの年金からも離脱してしまうという問題点を残すことになった。

(5) 第5陣の人々

【多様な人々】

　1962年2月に総数240名の炭鉱離職者からなる第5陣（第2次計画第1陣）を派遣するために，雇用促進事業団が応募者の募集を開始したのは，1961年12月1日であった。ところが応募状況は極めて悪く，先に見たようにボンの日本大使館は12月13日付の文書でドイツ外務省に「既婚者」の派遣が可能になる措置を要請している。たとえば，北海道夕張地区では，「応募者は，一人もいない」という状況であった。募集期間は，12月1日から20日までの20日間であったが，応募資格の制限を緩和し，妻帯者であっても単身赴任を条件に応募できることとして，翌年の1月7日まで延期されることになった。炭鉱離職者対策としての第2次派遣計画は，全国各地で募集事業が展開されたが，「対象が主として若年齢層であること，独身者であること，就労期間満了帰国後における就職に対する不安等により，必ずしも所期のとおりの応募者は得られず，国内選考，西独側最終選考を経た後辛うじて第1陣70名を決定したにとどまった」という状況であった。

　第2次計画で派遣されることになった第5陣70名は，1962年2月26日から3月2日まで，それまでの陣と同様に横浜移住あっせん所で渡航前の講習を受けた後，3月3日にドイツに到着した。予定された派遣労働者200名を大幅に下回った第5陣70名のうち半数はハンボルナー鉱山会社に，残りの半数はエッセナー石炭鉱山会社に配属された。

　第5陣で派遣された人の多くは，炭鉱離職者であった。だが，第5陣で渡独した労働者の構成は，第1次計画の炭鉱労働者派遣とは異なる性格を反映するものであった。

　たとえば，第2陣での派遣が決まっていたが，派遣直前に坑内事故で負傷したために渡独できなかった恵藤英雄［宇部興産］氏が含まれている。恵藤氏は，会社を退職して第5陣に応募し，派遣されている。また，第5陣には，第2陣で派遣されてドイツで就労した経験を持つ森山隆行（第2陣第1班）［宇部山陽無煙］，竹松政見（第2陣第3班）［日本炭鉱高松鉱］の両氏が含まれている。2度にわたるドイツの炭鉱での就労は，2つの派遣計画がまったく異なる性格の

ものであったことから可能となった。第1次計画（第1陣から第4陣まで）で渡航できた労働者は，文字どおり「独身の炭鉱労働者」であった。すでにみたように，第1次計画では，この条件を満たすために，離婚してドイツへ派遣された人が含まれていた。

第5陣では，応募者が予想よりもはるかに少なかったために，「独身の」という条件が削除された結果，既婚の炭鉱離職者（妻帯者）の渡航が可能となった。だが，その場合でも，単身赴任が条件であった。また，正確な数は不明であるが，第5陣には，炭鉱で働いたことがない，したがって坑内労働の経験がまったくない一般企業から解雇された失業者も含まれていた。

【連絡員体制】

第3陣，第4陣が就労し，さらに第5陣が派遣される状況のなかで3社で働く日本人炭鉱労働者を統括する主席連絡員として第5陣とともに日本から渡航したのが，鷹尾敏二三氏である。また，第5陣で派遣された炭鉱離職者の人々を受け入れることになったハンボルナー鉱山会社とエッセーナー石炭鉱山会社には，それぞれ1名の第5陣専属の連絡員を配属しなければならなかった。派遣労働者の通訳をはじめ，会社との各種の交渉，自動車運転免許証の取得や買物といった日常生活面での援助など，公私にわたる世話役としての2名の連絡員は，第1陣以降ドイツに派遣され，その後もドイツの炭鉱で就労している日本人炭鉱労働者のなかから選抜されることになっていた。ハンボルンのフリードリッヒ・ティッセン2／5鉱の連絡員には，第1陣で派遣され，3年の勤務を終えて帰国したが，その後1960年9月に再渡航して就労していた北村侑三郎(93)［宇部興産］氏が，またゲルゼンキルヒェンのコンゾリダツィオン鉱の連絡員には第2陣第1班で派遣されて，継続して炭鉱知識を習得するために残留して就労していた田河　博［太平洋炭鉱］氏が採用されている。

【「万睦会」の資料から】

第5陣の人々も，渡独後，近況を知らせる便りを日本へ送っている。たとえば，中塚芳夫［三井鉱山美唄鉱出身］氏は，渡独1か月後には美唄職業安定所宛に短信を送付し，ドイツの気候や食事，街の様子などを伝え，「朝4時ごろ起こされるのは苦痛ですが，会社も労務者には理解があり，愉快に仕事に励ん

でおります」(94)と記している。

　第5陣のうち半数は，ハンボルナー鉱山会社で就労した。いろいろな人がいて，まとまりを生み出すために作られたのが，「万睦会」という名の親睦会であった。この会が作られたのは，来独してから1年後であった。「万睦会」の機関紙「大和」創刊号には，「労働大臣杯の野球大会」の記事などとともに，1963年4月21日に「滞独1年を振り返って」というテーマで開かれた座談会の内容が紹介されている。

　司会は，田中信佶［三井鉱山三池鉱出身］氏で，出席者は，北島保夫［大牟田］，池田新生［直方］，山本　保［飯塚］，新坂美好［佐賀］，鵤　良明［田川］，松田勝義［長崎］の6氏で，いずれも九州出身の炭鉱離職者である。座談会では，ドイツでの生活のいろいろな点について率直な意見が披露されている。たとえば，「ドイツ人の対日感情」については，「昔，三国同盟を結んでいた為か，年配の方は親切」である。また一般に，日本人に親しみを持っているが，「第1陣が来た当時に比べると段々悪くなっている」。出席者のドイツ人に対する印象では，「勤勉で，よく働く」「だが融通がきかない」「金使いがうまい」「金を使わずに遊ぶ，そのいい例が散歩」などと述べられている。ジャガイモを主食とする宿舎でのドイツ食については，慣れた人もいれば，慣れない人もいるが，「たまにはシャケの塩焼きでお茶漬けを食べたい」という本音も出ている。職場の坑内作業については，「日本の炭坑と比較して労働条件が悪い」「生産第1で，保安は2の次だ」と厳しい指摘が相次いでいるのは，出席者が日本の大手炭鉱の離職者である結果と思われる。「残留するかどうか」については，「永住する気はないが，2～3年位であれば延長してもよい」という意見と，「妻子を呼び寄せることができるなら，永住してもよい」という意見に分かれ，「帰国後の計画」については，「独立して商売を」「他産業に移りたい」，したがって炭坑には入らないという意見が大勢を占めていた。(95)

　長くなったが，「座談会」の発言には，炭坑離職者対策として派遣された第5陣の人々の置かれた生活状況が示されている。

　また「大和」第2号（1963年秋）には，6か月の見習い期間が終了した1962年8月に請負（Gedinge）制に移行してからの各人の1年間の賃金額を調査し

た結果が掲載されている。1962年8月から1963年7月までの平均所得額の推移によると，8月は580マルクであったが，その後，請負制に慣れるにしたがって上昇し，11月には740マルクになっている。だが，1963年2月の平均所得額は440マルクまで低下している。その理由として，2月に「第1回目の職場交代制が実施された」ことと風邪が猛威をふるったことの2点が指摘されている。しかし，新しい職場に慣れるにしたがって，再び賃金も上昇し，4月の平均賃金は741マルク，5月には782マルクに回復している。他方，最高賃金額の推移では，少ない月でも約800マルク，多い月では1,200マルク以上の賃金を得ていることが示されている(96)。

　夏の有給休暇を利用して，ヨーロッパ旅行をしている点は，第5陣の人々も同様である。ハンボルナー鉱山会社で就労した人々も，1963年6月には，運転手つきのマイクロバスを借り切って17泊18日（約3週間）のドイツ，オーストリア，イタリア，フランスを周遊する旅行に出かけている。当初の予定は全員での旅行であったが，最終的に参加できたのは13名であった(97)。

【人選ミス】
　日本の会社から派遣された労働者は，全国の炭鉱で選抜され，あらかじめ国内で健康診断を受けて候補者リストに掲載される。候補者リストは，事前にドイツに送付され，ドイツ側で最終的な受け入れ炭鉱労働者が決定された後，渡航する手続きになっていた。炭鉱離職者の派遣である第5陣も，こうした従来と同様の手続きを経てドイツへ派遣された。作業条件が厳しかったゲルゼンキルヒェンのエッセナー鉱山会社に配属された炭鉱離職者の幾人かは，3年の就労を経ずに中途帰国しなければならなかったことも事実であった。だが，その背景には，ドイツの厳しい労働条件だけでなく，離職者対策としての第5陣が「辛うじて派遣された」という日本の事情があった。

　ゲルゼンキルヒェンで就労した第5陣の連絡員であった田河　博氏は，ある日，ひとりの労働者から病気のことで相談を受けた。会社の診療所で体調が悪いことを訴えても，担当医からは「病気ではないので，働ける」と言われての相談であった。連絡員の田河氏が担当医に問い合わせても，「あの日本人は病気ではなく，仮病を使っている」との返事であった。田河氏が，再度本人に面

談したところ、「日本の炭鉱で脊髄にけがをする事故にあい、入院した。完治して職安に行き、ドイツの炭鉱での就労募集があったので、応募して渡航したが、ドイツでの重労働に耐えられない」という訴えであった。

田河氏は、本人に坑内現場で悲鳴をあげて倒れるように指示した。倒れて診療所に搬送された本人を前にして、担当医に大きな病院での精密検査を受けるように依頼した。精密検査を受けたのは、近くのブッパータール（Wuppertal）市にある大きな病院であった。当時のドイツ炭鉱業界の医療制度のもとでは、炭鉱労働者が事故で負傷した場合に治療を受けられる医者は、鉱員共済組合（Knappschaft）が指定した地区担当医でなければならなかった。入院する場合も、限定された市内の病院だけであり、特に鉱員共済組合が経営する鉱員診療所（Bergmannsheil）が優先された。また私的病気でかかる医師は、地区担当医（Revierarzt）であり、鉱員共済組合以外の大きな病院で診察を受けたり、入院したりすることは困難であった。したがって、「仮病」と診断されていた労働者が大きな病院で精密検査を受けることは不可能に近かった。だが、話は連絡員から主席連絡員へ伝えられ、当時ブッパータールの病院で働いていた日本人医師の橋渡しもあって、精密検査を受けることが可能となった。「重症で、絶対安静が必要であり、坑内での重労働は無理」というのが精密検査の結果であった。こうした人をドイツへ派遣したのは、日本側の明らかな「人選ミス」であった。[98]

4 「未達成」と「中止」の炭鉱労働者派遣

(1)「未達成」の第1次計画
【「役務提供」の第1次計画】
　第1次計画で派遣された第1陣から第4陣までの合計366名の炭鉱労働者は、日本の炭鉱会社に所属したままでの、「会社派遣」の3年間の期限付き就労という意味では、基本的に同じ性格の派遣労働者であった。1957年1月に日本政府・労働省主導のもとに開始された炭鉱労働者の派遣業務は、日本の石炭業界の意向によって、第2陣の180名をもって終了された。

だが，日本人炭鉱労働者に対する高い評価と労働力不足問題を抱えていたドイツ石炭産業界の強い要請によって，第1次計画は復活され，日本側の対応も極めて敏速なものであった。だが，復活された第1次計画で渡航した第3陣と第4陣の炭鉱労働者が携帯したパスポートには，第1陣と第2陣の労働者のパスポートに記載されていた「技術修得のため」という文言はない。第3陣以降の派遣労働者のパスポートの当該部分（第1陣・第2陣の人々のパスポートで「技術修得のため」と記載されていた部分）に記載されたのは「役務提供のため」であった。

　復活した第1次計画で派遣される労働者のパスポート記載内容の変更は，第1陣派遣後に生じた日本政府が意図した「技術修得のため」という派遣の目的と現実とのズレを，未然に防止する措置であった。パスポートの渡航目的に関する記載事項の変更は，第1陣から第4陣までの「会社派遣」という共通性の中に形式的な異質性を持ち込むものであった。すなわち，実態はともかくとして，「技術修得」を前面に掲げた第1陣と第2陣の派遣目的は，第3陣から「役務提供」に変更された。このことは，第3陣と第4陣で派遣された炭鉱労働者が，「労働力を提供」するための一時的な出稼ぎ外国人労働者（Gastarbeiter）であることを明確に示すものであった。第3陣・第4陣で渡航した炭鉱労働者の多くは，このことを承知のうえで応募している。それは，当時の後進国日本の若者にとっては「夢のまた夢」であったドイツでの生活やヨーロッパでの海外経験に対する魅力がいかに強かったかを示している。

【「未達成」に終わった第1次計画】

　第4陣の派遣は，離職者対策として第2次計画の協議が進められているなかで実施された。第2次計画は，復活した第1次計画が遂行されつつある段階で浮上した，総数1,500名の炭鉱離職者の派遣という大規模な計画であった。日本人炭鉱労働者に対するドイツ鉱山会社の期待は，現役の炭鉱労働者で構成された「会社派遣」の第1次計画の完全実施であり，同時に離職者対策としての第2次計画の実現であった。ドイツの炭鉱業界が現役の炭鉱労働者に抱いた期待は，1961年秋の第4陣の受け入れ段階で示されたドイツ鉱山会社の意向，すなわち，1962年秋に約70名，さらに1963年秋に約70名が派遣されて第1次計画

は達成されるに示されていた。

　そうしたドイツ側の意向に対して，日本大使館は，第2次計画の第1陣（本書では，第5陣）の輸送問題（飛行機の手配）などを協議した1962年1月の時点で，1962年秋には約130名からなる第1次計画の最終グループが派遣される予定である旨を明らかにしている(99)。だが，1962年の秋に予定されたはずの第1次計画による日本人炭鉱労働者の派遣は，実現していない。

　翌1963年5月28日に，日本人炭鉱労働者問題に関する日独代表会議が開かれている。日本側の出席者は，日本大使館の道正邦彦一等書記官と主席連絡員の鷹尾敏二三氏の2名であるが，ドイツ側からは，連邦内務省，連邦労働省，州労働省，鉱員共済組合，鉱山エネルギー労働組合，ルール炭鉱企業連合および受け入れ3社を代表する合計14名が出席している。会議では，日本人炭鉱労働者の第1次・第2次派遣計画の進行状況が報告された後，日本代表は，ドイツ代表（ルール炭鉱企業連合と3社代表）から，炭鉱労働者のドイツでの就労計画を継続できるかどうかを問われている。これに対して，日本大使館の道正氏から，日本は，第1次計画を完全に実施し，第2次計画も継続する意向であること，1963年秋には，第1次と第2次計画からなる混成グループが派遣される予定であることが伝えられた。同時に，それに伴う連絡員の人件費問題などが第2次計画のように解消できれば，第1次計画の達成は容易であるという見解が表明されている。これに対して，連邦内務省代表から，そうした困難を解消するための方法として，ドイツに在留している日本人労働者を連絡員に採用すること，その場合，連絡員のドイツ滞在許可の延長は保証できることが伝えられている(100)。だが，1963年の秋になっても，日本からはひとりの炭鉱労働者も，炭鉱離職者も到着しなかった。

　「会社派遣」の第1次計画の実施に伴う連絡員に必要な経費（往復の旅費，人件費）は，すべて日本の石炭業界が負担することが条件であった。高額な往復旅費と人件費を必要とする複数の連絡員の派遣を義務付けられていた日本人炭鉱労働者の派遣それ自体が，日本の石炭産業界にとっては「経済的に過重な負担」となっていたことがわかる。また，すでに第1次計画が復活された段階で，一部の炭鉱会社からは，「熟練した炭鉱労働者の派遣（引き抜き）」は，日本の

炭鉱業界の厳しい現状から，「経営上の負担」であるという意見が表明されていた。すなわち，財政的にも，人的にも，日本の石炭業界は，「会社派遣」の第１次計画を完全に実施することは不可能な状況に置かれていたということができる。「500名の派遣」に対して366名の派遣に終わった第１次計画未達成という現実は，日本の石炭業界が，坑内労働を経験した独身で若い労働者を在職のまま３年間ドイツへ派遣するだけの余裕を持ち得ない状況に追い込まれていたことを示している。

　計画の復活で渡航した第３陣と第４陣の労働者の受け入れ条件は，６週間の見習い期間，６か月ごとの職場転換，先山講習の実施と先山資格取得など，第２陣までの労働者に対する処遇とまったく同じであった。1951年から1987年までの36年間，ルール炭鉱企業連合に勤め，長年にわたって労務部長の職にあったフリッツ・コルトハウス（Fritz Korthaus）氏が提供してくれた資料によれば，第１陣から第４陣までの366名の日本人炭鉱労働者のうち先山資格を取得した人の数は，ハンボルナーで122名，エッセナーで45名，クレックナーで111名の合計278名であり，極めて良い成績を残している。[101]

　だが，炭鉱の坑内作業現場が事故と隣り合わせの危険な職場であることは，日本もドイツも変わらない。第１陣から第３陣で派遣された約300名の炭鉱労働者のうち，４名が坑内事故で，１名が退社時の交通事故で亡くなっている。また，下半身不随の重症事故に会われた人や坑内事故による負傷で中途帰国を余儀なくされた人，坑内落盤事故に遭遇したが九死に一生を得た経験を持つ労働者が多いのも現実であった。

　また，「３日間の無断欠席すれば，即日解雇」という日本の炭鉱よりも厳しい職場規律のなかで，第２陣から第５陣までに派遣された計377名の労働者のなかには，ごく少数であるが，そうした規律に違反し，他の炭鉱へ配置転換された人がいたのも現実であった。[102]

（２）「中止」の第２次計画

【親日的な人々の存在】

　日本人炭鉱労働者を受け入れたドイツの炭鉱は，ハンボルナー鉱山会社のフ

リードリッヒ・ティッセン2／5鉱（ドゥイスブルク／ハンボルン），クレックナー鉱山会社のビクトル・イッカーン鉱（カストロップ・ラウクセル），エッセナー石炭鉱山会社のウンザー・フリッツ鉱，コンゾリダツィオン1／6鉱，3／4鉱であった。受け入れに当初から積極的であったハンボルナー鉱山会社には親日的な経営者や寮長が，クレックナー鉱山会社にも親日的な鉱山監督官補が存在したこともあり，労働・生活面でそれほど大きな問題はなかったと思われる。また，これらの2社に比べて，労働・生活条件が厳しかったエッセナー石炭鉱山会社には，日本人炭鉱労働者のドイツ語教育などを担当した親日的な教育係員（Ausbidungssteiger）のカール・ハインケル（Karl Heinkel）氏が存在した。

【受け入れ3社の違い】

　しかし，3つの鉱山会社のなかで，坑内労働現場の条件（斜坑での仕事が多く）が悪く，住宅条件も良くなかったのが，エッセナー石炭鉱山会社であった。たとえば，第2陣第1班でエッセナー石炭鉱山会社に派遣された高口岳彦［三井鉱山美唄鉱］氏の著書には，「劣悪な採炭切羽」に廻された人や急傾斜の採炭切羽での作業で，日本の急傾斜炭鉱出身の人々が奮闘して働いた状況についての記述がある(103)。また，第5陣で同じ炭鉱に派遣された恵藤英雄［宇部興産］氏によれば，ある日，斜度が50度の急傾斜の斜坑に4名の日本人が配属された。自治会長をしていた恵藤氏は，会社側と交渉したが「他の外国人労働者も同じような職場に配属されており，日本人だけ特別扱いすることはできない」と拒否された経験がある。配属された4名の1名と職場を交換した恵藤氏の採炭現場は，すごい急傾斜で，1日目は全く仕事ができなかった(104)。

　3社の違いは，住宅条件にも表れていた。ハンボルンとカストロップ・ラウクセルの独身寮は，会社が所有するもので，賄い付きで，それぞれの寮長も親日的な人々であった。ハンボルンの寮は1室に2〜3名，カストロップは1室1名の個室であり，3部屋ごとに共同スペースの談話室，その他スポーツ館があり，プールも備えられていてヨーロッパでも最良といわれるほどモダンな寮であった。第1陣の日本人労働者は，3年の就労を終えた帰国時に，世話になった独身寮の寮長アレキサンダー氏を日本に招待している。また，カストロップの寮長も，その後日本に招待されている。

だが，第2陣第1班の50名が最初に入居したゲルゼンキルヒェンの宿舎（ハイム・オーバーシェア）は，賄い付きであったが，1部屋に4～5名の相部屋で，寮費も割高であり，寮長も親日的な人ではなかった。したがって，日本人炭鉱労働者の側から，宿舎を変える運動が生じた。その結果，ドイツに到着してから9か月後に引っ越したのが，ゾッペホーフ労働者住宅であり，さらに宗教団体が所有していたゾンネンシャイン共同住宅である。第2陣第1班の人々は，最初の宿舎から引っ越した後は，すべて自炊生活を余儀なくされている(105)。第5陣でエッセナー石炭鉱山会社で就労した人々の場合も，はじめに入居した独身寮の寮長と日本人労働者との関係が悪くなり，途中で別の寮に転居するという似たようなできごとが生じている。

【第5陣の帰国と打ち切り「口上書」】

　周知のように，炭鉱離職者からなる第5陣の半数はハンボルナー鉱山会社で，他の半数はエッセナー石炭鉱山会社で就労した。3年の期限付き就労にもかかわらず，中途で帰国した人が多かったことが，第5陣の特徴である。1965年3月8日，エッセナーから日本に帰国した人の数は，27名であり(106)，ハンボルナーに比べてエッセナーに派遣された労働者の中から多くの中途帰国者が生じていることがわかる。

　1957年，ドイツが外国人労働者を導入し始めた早い時期に，ひとりの労働官僚のアイデアを発端として実施された日本人炭鉱労働者の「3年間の期限付き就労のための」ドイツへの派遣は，複雑な過程を経た後，1965年3月8日の第5陣58名の帰国によって，その幕を閉じた。第5陣の帰国を報道した新聞記事には，「これで32年から続いた日・西独政府間協定にもとづく日本人労務者の派遣はすべて終わった」(107)と記されている。

　「炭鉱労働者の西独派遣事業の概要」には，派遣に終止符が打たれた当時の状況が記されている。すなわち，「我が国の炭鉱は，37年度と38年度に大幅な合理化が行われ，合理化離職者が大量に発生し，炭鉱全般に離山ムードが浸透し自己都合退職者が急増したため，ビルド炭鉱を中心に基幹労働力が不足し，出炭目標の達成が困難となり，石炭鉱業各社では，坑内基幹労働者を西独へ派遣する余力がなくなり，また炭鉱離職者のうちに適格者を求めるとしても適格

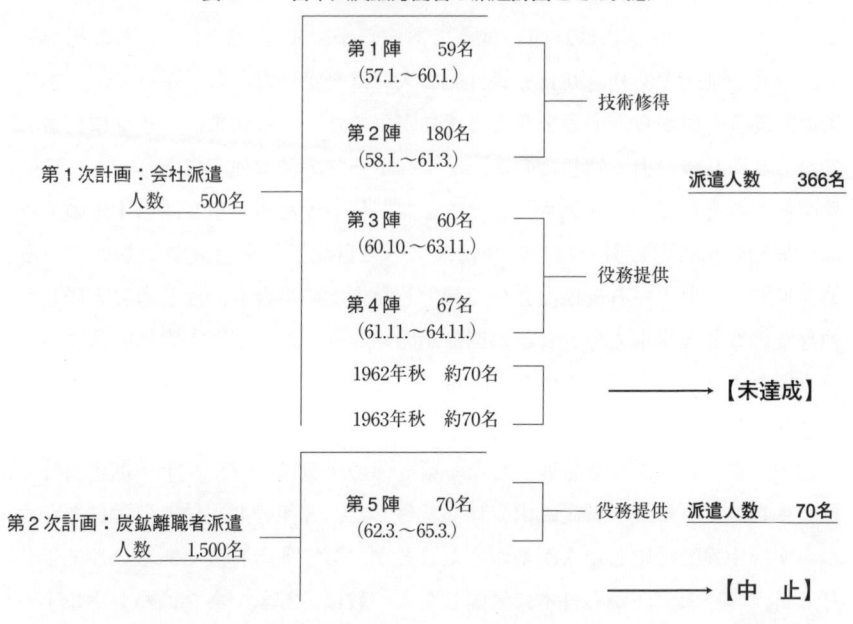

表4-1 日本人炭鉱労働者の派遣計画とその実態

第1次計画：会社派遣 人数　500名	第1陣　59名 (57.1.～60.1.)	技術修得	
	第2陣　180名 (58.1.～61.3.)		派遣人数　366名
	第3陣　60名 (60.10.～63.11.)	役務提供	
	第4陣　67名 (61.11.～64.11.)		
	1962年秋　約70名	──→【未達成】	
	1963年秋　約70名		
第2次計画：炭鉱離職者派遣 人数　1,500名	第5陣　70名 (62.3.～65.3.)	役務提供　派遣人数　70名	
		──→【中　止】	

者が極めて少なく，派遣希望者も皆無に等しい状態となったため，昭和40年3月在ボン日本大使館から西独外務省あての次のような口上書により派遣に終止符が打たれた」[108]として，1958年3月8日にボンの日本大使館からドイツ連邦共和国外務省に送られた「炭鉱労務者派独計画打ち切りに対する口上書」が掲載されている。口上書には，「日本政府は，本派遣計画発足時と比較し，日本石炭鉱業界の急激な変貌により，炭鉱労務者の深刻な不足をきたしている現状にかんがみ，遺憾ながら今後新たに労務者を派遣することが不可能となった」[109]と記載されている。

　日本人炭鉱労働者のドイツ派遣の全体像を，わかりやすく示したのが表4-1である。第1次・第2次計画を合わせると，総数で2,000名の炭鉱労働者・離職者が派遣される予定であった。数のうえでも，初期の目的に沿っていたのは，第1次計画500名のうちの第1陣・第2陣の240名であった。その後，「役務提

供」の性格が前面に出されたが，それでも第3陣と第4陣までは，「会社派遣」の労働者であったために日本の炭鉱会社が自社の優秀な労働者を派遣したこと，またドイツの受け入れ鉱山会社の2社（第3陣はハンボルナー鉱山会社，第4陣はクレックナー鉱山会社）が，日本人労働者の受け入れに積極的な会社であったことなどによって，第1次計画の趣旨から大幅に逸脱することを免れることができた。だが，それでも第1次計画の500名の派遣は，未達成のままに終了している。

他方，日本側の強い要請で計画された，受け入れ鉱山会社3社に500名ずつ，合計1,500名の第2次計画は，70名の派遣が1回実現しただけで，中止したのが現実であった。すでにみたように，第2次計画で渡航した人の大部分は，3年の就労期間終了後，日本に帰国している。第5陣で渡航した70名のうち，残留した5名を除き，1965年3月に帰国したのは58名であった。帰国した人々は，「健康で若い労働力というので日本での求人も多く，23人が住友金属，日本鋼管，トヨタ自動車など一般会社に就職，21人が炭鉱へ再就職が内定しており，残りの人々も3月いっぱいには就職先が決まる見込み」であった。[110]

(3)「終わらない」現実

第1次計画の500名が未達成に終わった背景には，石炭から石油へのエネルギー政策の本格的な展開のなかで，中小炭鉱は相次いで閉山を余儀なくされ，大手炭鉱ではスクラップ炭鉱の閉鎖とビルド炭鉱への生産の集中が進められ，坑内での基幹労働力を確保しなければならなかった状況がある。

また，総数1,500名の炭鉱離職者派遣の第2次計画が，わずか70名の1回限りの派遣で中止された背後には，この計画に対する日本とドイツ両国の思惑の違いが根底にある。すなわち，炭鉱離職者対策と位置づけていた日本にとっての第2次派遣計画は，炭鉱離職者の再就職であり，既婚労働者が将来的には家族を呼び寄せてドイツに永住することが可能な「炭鉱移民」としての派遣であった。だが，ドイツ側は，若い独身の労働者で，期限付きの出稼ぎ外国人労働者を求め，既婚者（妻帯者）の受け入れは容認したものの，「3年間の期限付き就労と単身赴任の原則」を崩すことはなかった。炭鉱離職者にとっては，ド

イツへ渡航しても，3年後の日本での再就職の保証がない状態では将来の生活の展望を見出せないこと，労働習慣や生活環境が異なるドイツで就労するよりも日本での再就職の可能性が開かれつつあった，換言すれば日本は1960年代の高度経済成長の時代を迎えていたことなどを，指摘することができる。

　日本人炭鉱労働者のドイツ派遣は，1957年1月に始まり，1965年3月に終了した。だが，それが国境を越えた人の移動である限り，「終わらない」現実が残されている。渡航者総数436名のうち，帰国した圧倒的多数の人々を待ち受けていたのは，所属会社の合理化と炭鉱閉山に伴う転職であった。他方，3年の就労後も，いろいろな理由でドイツに残留した人々は，すでに40年の歳月を経た今日もなお在独生活を過ごしている。以下，項を改めて，帰国した人々のその後と在独した人々のその後の一端をみることにしたい。

[注]
(1)「炭鉱労働者西独派遣」(『石炭労働年鑑』前掲書，昭和36年版，454頁)。
(2) 直江利良『西独派遣労務者実状報告書』(日本炭鉱労働組合『第18回臨時大会　議案書・報告書』前掲，190頁)。
(3) しばしば引用している1958年夏の座談会『西ドイツで働く日本人』での，飼手真吾(労働省審議官)氏の発言(『国民評論』前掲，1958年9月号，23頁)。
(4) 1992年2月3日(月)，ドルトムントの上級鉱山監督署(Oberbergamt/Dortmund)を訪問した際のHeinrichs氏からの聞き取りメモ。
(5)「西独に炭鉱ストはない……—第1陣52人帰る—」(『毎日新聞』1960年1月28日付)。
(6) "Japanische Bergleute verabschiedet", In: "Solinger Tageblatt" 25. Jan. 1960.
(7) "Weiterbeschäftigung von japanischen Bergarbeitern über den 1. Februar 1961 hinaus" 16. 5. 1960.
(8)「この結果，西独からの申入れは120人ないし180人となっているが，労務者の受け入れ条件がかなりきびしいため，募集の目的を60人とし，各社別に割当てを行って10月に送り出すことになった」(「60人募集を目標に—西独派遣炭鉱労務者—」『毎日新聞』1960年6月16日付)。
(9) 第1次計画の復活と第3陣派遣に関しては，「炭鉱労働者西独派遣」(『石炭労働年鑑』前掲書，昭和36年版，450-458頁)および「西ドイツ派遣炭鉱労働者について」(日本炭鉱労働組合『第29回定期大会報告書』(1960年2月5日～11日)，248-249頁)を参照した。
(10)「全国の炭山から選ばれた第3次西独派遣炭鉱労務者一行60人は，25日午前9時半，羽田

発のエアー・フランス機で出発した」(『毎日新聞』1960年10月25日付)。
(11) 日本大使館からクレックナー鉱山会社の労働部長コールマン氏に宛てた手紙 (Japanische Botschaft, An Herrn Arbeitsdirektor Koormann, Klöckner-Bergbau, den 20. Juli.1960)。
(12) この項は,1992年8月31日～9月6日に実施した北海道調査と1993年3月10日～16日に実施した九州調査(第2回)における聞き取り調査の第3陣の人々の部分を参考にしている。
(13) 1992年9月6日(日),北海道調査聞き取りメモ。
(14) 1993年3月11日(木),九州調査聞き取りメモ。
(15) この部分は,1992年9月6日(日)の山本光雄氏からの聞き取りであるが,同じ第3陣で三菱鉱業高島鉱から派遣された福田哲也氏も,「7時間労働であったが,坑口から採炭現場までの往復の所要時間を引くと,実働時間は5時間半から6時間であった。だから,慣れれば昼休みがなくても平気になった」と説明してくれた(1993年3月11日(木),九州調査聞き取りメモ)。
(16) 1993年3月11日(木),九州調査聞き取りメモ。
(17) 同上。
(18) この映画監督夫妻の来訪については,北海道で山本光雄氏,九州で井上久男氏,福田哲也氏との個別聞き取り調査で,共通して話してくれた内容である(1992年9月6日(日)の聞き取りメモ,1993年3月11日(木)および13日(土)の聞き取りメモ)。
(19) Herrn Dr.Keinzel, Btr: "Japanische Gastarbeiter für Essener Steinkohlen", Essen, den 11. 10. 1960.
(20) Ref.: MR Dr. Sicha, "Vermerk:betr. Beschäftigung japanischer Bergarbeiter im Ruhrkohlenbergbau, Besuch von Herrn Kudo am 16. 2. 1961", 15.Februar 1961.
(21) "Vermerk über eine Besprechung am 17. 2. 1961 in Essen, Glückaufhaus-betreffend Beschäftigung japanischer Gastarbeiter im deutschen Steinkohlenbergbau-", Essen, den 24. 2. 1961.
(22) Der Bundesminister für Arbeit und Sozialordung, An den UVR, "Betr:Beschäftigung jap. Bergarbeiter im Ruhrkohlenbergbau", Bonn den 22. März 1961.
(23) "Betr: Besprechung über die Entsendung japanischen Gastarbeiter am 25. 5. 1961 beim Unternehmensverband Ruhrbergbau, Essen", Castrop-Rauxel, den 27. Mai 1961
(24) An die Klöckner-Werke AG Bergbau, Victor-Ickern "Japanische Gastarbeiter", Unternehmensverband Ruhrbergbau, 11. 8. 1961.
(25) この第4陣の人々に面接調査を実施できたのは,同じ第4陣で住友石炭鉱業奔別鉱から派遣された後,ドイツで結婚してカストロップ・ラウクセルに在留している土井 操氏の援助による。
(26) 浅井一彦編『独・和・英 鉱業用語辞典』日本石炭協会(昭和36年2月28日発行)

FACHWÖRTERBUCH FÜR BERGBAU-Deutsch-Japanisch-Englisch-Japan Coal Association, Tokyo. 1961. 新書版より一回り大きいが，新書2冊分くらいの厚さでドイツ語単語から引くことができるこの辞書は，図解表示も多く，また付録には「ルール地方の炭層」，「炭質」，ドイツの鉱山会社の機構を知ることができる「職員と現業幹部」，「ノルトライン・ヴェストファーレン州の鉱山官庁」，「請負の分類」などがあり，当時のルール地域石炭業の状況を知るうえでも貴重である。

(27) 『石炭労働年鑑』前掲書，昭和31年版，433頁。

(28) "Japanische Bergleute begrüßten Olympiasieger Tajima stürmisch", Westdeutsche Allgemeine, Duisburg. 12. April 1958.および "Seine Visitenkarte ist der Olympiasieg N. Tajima betreut japanische Bergleute", Westdeutsche Allgemeine（Wanne-Eickler Tageblatt）19. April 1958.

(29) 「働き手千人の求人—西独の炭鉱から"招待状"」（『毎日新聞』1957年10月5日付）。

(30) 「西独へ"炭鉱移民"来年中に二，三男千人を」（『毎日新聞』1957年12月10日付）。

(31) 「日本人労務者千人受け入れ知らぬ　西独労働省言明」（『毎日新聞』1957年12月10日付）。

(32) "Japan will 1000 Bergleute schicken", In: "Westdeutsche Allgemeine 10. 12. 1957."

(33) 「日本炭鉱労務者」（『毎日新聞』1958年3月7日付）。

(34) "Vermerk, Betr: Japanische Gastarbeiter für den Steinkohlenbergbau", Essen, den 14. 10. 1960.

(35) 上記，1960年10月14日付の文書では，伊藤保次郎氏は，以前の三菱鉱業の社長であり，日本石炭鉱業経営者協議会会長であったことを紹介している。1957年1月の第1陣派遣後，日本の石炭鉱業経営者代表団の団長として同年7月にドイツ側と第2陣派遣について合意し，炭労の第2陣派遣拒否問題に奔走した人である。

(36) "Vermerk über die Besprechung im Bundesinnenministerium, Bonn, am 19. 10. 1960, 11:00 Uhr, Betr.: Japanische Gastarbeiter", Essen, den 21. Oktober 1960.

(37) Japanische Botschaft: "An Herrn Dr. Joachim Schöne,Vorstandsmitgried der Klöckner-Werke A.G.", Bad Godesberg, den 7. November 1960. および（Klöckner-Werke）: "Herrn Kunihiko Dosho, Erster Botschaftssekretär der jap. Botschaft", 21.11.1960.

(38) 「まず2万人対象—16日から業務開始　炭鉱離職者援護会」（『日本経済新聞』1960年2月14日付）。

(39) 「貝島，680人の勇退募集」（『日本経済新聞』1960年3月12日付），「880人の解雇通告　明治鉱業」（『日本経済新聞』1960年3月18日付），「人員整理案を提示　大手石炭各社　4月半ばから」（『日本経済新聞』1960年3月23日付）などを参照。

(40) 「来月1日から施行　石炭合理化臨時措置法」（『日本経済新聞』1960年8月30日付）。

(41) 「炭鉱の整備と合理化進める」（『日本経済新聞』1960年9月2日付）。

(42) 「石炭の生産構造を合理化」（『日本経済新聞』1960年9月7日付）。

（43）「雇用審議会　炭鉱離職者対策で答申」（『毎日新聞』1960年10月12日付）。
（44）「離職者を南米へ」（『日本経済新聞』1960年9月21日付），「離職者移民は有望　南米視察帰国報告」（『日本経済新聞』1960年11月30日付），「南米移住かなり有望　三井調査団長語る」（『毎日新聞』1960年11月30日付）。
（45）"Niederschrift über die Besprechung vom 29. Nov. 1960 in Essen, Glückaufhaus, betr. Beschäftigung weiterer jap. Gastarbeiter im westdeutschen Steinkohlenbergbau", Essen, den 13. Dezember 1960.
（46）"Betr: Beschäftigung weiterer Gastarbeiter im westdeutschen Steinkohlenbergbau", Essen, den 9. Dezember 1960.
（47）Vermerk. "Betr.: Japanische Arbeitskräfte hier: Besprechung im BAM vom 13. 1. 1961 in Bonn", Essen, den 16. 2. 1961.
（48）"Herrn Doktor Keintzel UVR, Essen", Gomyo, Tokyo. den 9. Februar 1961.
（49）"An Herrn Dr. Eduard Keintzel UVR, Essen", Kunihiko Dosho（Botschaftssekretär）Bad Godesberg, den 14. Feb. 1961.
（50）Ref.: MR Dr. Sicha, "Vermerk: betr. Beschäftigung japanischer Bergarbeiter im Ruhrkohlenbergbau　Besuch von Herrn Kudo am 16. 2. 1961". すでに明らかなように，この文書は，第1次計画がまだ未達成であることを確認したものであり，同年11月には第4陣が派遣された。この文書から，第2次計画に関するドイツ側の具体的な内容（第1次計画との相違点）を知ることができる。すなわち，派遣される労働者1,500名は，日本人炭鉱労働者を受け入れた3社に均等に割り当てられること，したがって1年以内に各社に500名が，当面150名，6か月後に150名，そして残りの200名がその後の6か月以内に受け入れられること，就労期間は3年とするが，国内労働市場と労働許可の動向に応じて延長する可能性があること，応募者は従来どおり18歳から32歳までの独身（できる限り未婚）の労働者とすること，旅費は，往路と復路のそれぞれについてドイツ鉱山会社が1人当たり120マルクを負担し，往路の残金は日本失業者援護会（japanische Arbeitslosenunterstützung）が負担し，復路については労働者本人が負担すること，連絡員は100名の労働者につき1名，したがって合計15名とすること，などである。
（51）"Vermerk über eine Besprechung am 17.2.1961 in Essen, Glückaufhaus-betreffend Beschäftigung japanischer Gastarbeiter im deutschen Steinkohlenbergbau-", Essen, 24. febr. 1961. この日の会議に日本の労働省職員と同席した2名の代表は，道正邦彦（日本大使館）氏と田島直人（主席連絡員）氏である。
（52）1961年3月22日に日本大使館の道正邦彦氏からルール炭鉱企業連合のカインツェル氏宛に届いた連絡には，第2次計画を実施するためには「新たな政府間協定が必要であること，3年間の契約期間後1年間の延長を可能とすること，帰国費用については，派遣された労働者の賃金から一定額を預金する方法で確保できること，主席連絡員は必要ないが，連絡

員についてはドイツ側で配置してほしいことなど」の日本側の意向が伝えられている (Vermerk "Betr: Japanische Gastarbeiter", Essen, den 22. 3. 1961)。

(53) An den UVR "Betr: Beschäftigung jap. Bergarbeiter im Ruhrkohlenbergbau", Der Bundesminister für Arbeit und Sozialordnung, Bonn, den 22. März 1961.

(54) Unternehmensverband Ruhrbergbau宛: "Japanische Bergleute", Hamborner Bergbau AG, 28. 3. 1961. "Vermerk: Betr: Japanische Gastarbeiter", Essen, den 7. April 1961. "Vermerk： Betr:Japan-Reise", (Steffen), Hamborn, den 30. März 1961.

(55) 第2次計画の経過について、『石炭労働年鑑』(前掲書、昭和37年版) では、次のように記録されている。「36年4月末、ハンボーン炭鉱 (第1陣・第2陣・第3陣就労先炭鉱) シュロホフ社長・テァホルスト常務取締役・シュテッフェン教育部長等3名の来日に際して、労働省・炭鉱離職者援護会 (後の雇用促進事業団) との間で計画の具体化が検討された。その後も日独当局間において石田・ブランク日独両国政府間に原則的了解が成立、同年11月10日、日独両国政府間に合意をみるに至った」(同書、348頁)。

(56) "Informations-und Meinungsaustausch über die Entsendungsplan der entlassenden Bergarbeiter nach Deutschland", Tokyo, den 9. Mai 1961

(57) Ebenda.

両国代表の会議の結果について、国内では「9月、西独へ200人―炭鉱離職者 第1陣まとまる―」という見出しで、「炭鉱離職者援護会 (伊藤保次郎理事長) は西独ルール地区の炭鉱3社から申入れのあった炭鉱離職者の短期移住について、来日したシンロホ・ハンボルニ鉱業常務と折衝した結果、200人程度の労務者を9月ごろ第1陣として派遣することになった」と報道されている。また、派遣条件については、①「18歳から40歳までの独身者」、②「移住期間は3ヵ年とし、延長の場合は1年ごとに契約を更新」、③「渡航費は日本側負担、政府の炭鉱離職者移住資金を当てる」などが紹介されている (『毎日新聞』1961年5月12日付)。

(58) "Vorschläge für die Entsendung von entlassenen jap. Bergleuten". この文書「解雇された日本人炭鉱労働者派遣に関する提案」は、日本大使館の道正邦彦氏が、ルール炭鉱企業連合のカール・アウグスト・ウルリッヒ氏宛に1961年5月31日付の手紙 (An Herrn Dr. Karl August Ullrich, Bad Godesberg, den 31. Mai 1961. Kunihiko Dosho, Botschaftssekretär) に添付された文書であり、[労働者の質] [契約期間] [人数] [担当機関] [旅費] および [連絡員] の6点について、日本側の提案が示されている。たとえば、[労働者の質] は、「年齢は18歳から40歳で、坑内労働経験は最低2年、例外として1年半、原則として1959年1月1日以降に解雇された者で、当面は未婚者に限る」と提案している。その他の主な項目については、概略以下のような内容である。[契約期間] は、3年とするが、連邦政府の許可を前提として1年の延長を可能とする。[人数] は、政府間協定締結後1年以内に、200人とし、以降、熟練労働者がいる場合に順次送り出す。[旅費] のうち、「渡航費」は、1

人につき日本側が700マルクを負担し，残りをドイツ側が調達する。「帰国費」は，個別労働者の給与から毎月25マルクを預金する。［連絡員］は，労働者60から100名につき1名とし，現在もドイツの炭鉱で働いている者のなかから選抜し，その賃金はドイツ側が支払う。「主席連絡員」は日本側で選抜し，その経費はドイツ側が支払う。
(59) この会議に出席した6名とは，ルール炭鉱企業連合本部のウルリッヒ（Dr. Ullrich），カインツェル（Dr. Keinzel），エッセナー石炭鉱山会社のシーガン（Cigan），ラックマン（Lackmann），ハンボルナー鉱山会社のシュテッフェン（Dr. Heinz Steffen），クレックナー鉱山会社ビクトル・イッカーン鉱のオブラーデン（Obladen）の各氏であり，いずれも，第1次計画以来の日本人炭鉱労働者受け入れに大きな役割を果たしていた人々である。("Betr.: Besprechung über die Entsendung japanischen Gastarbeiter am 25. 5. 1961 beim Unternehmensverband Ruhrbergbau, Essen", Castrop-Rauxel, den 27. Mai 1961).
(60) Ebenda.
(61) Abschrift Arbeitsgemeinschaft der Knappschaften der BRD: An den UVR, Essen, "Betr.: Vorübergehende Beschäftigung von jap. Bergarbeitern", Bochum, 10. Juni 1961.
(62) この件についての詳細は，以下の資料を参照した。
Vermerk: "Betr.: Beschäftigung weiterer jap. Gastarbeiter. hier: Rentenversicherung", Esssen, den 12. Juni. 1961". Vermerk: "Betr.: Japanische Gastarbeiter, hier: Reisekosten", Essen, den 16. Juni 1961. "Notiz über eine Besprechung beim Unternehmensverband Ruhrbergbau am 16. 6. 1961". Duisburg, 20. 6. 1961.
(63) "Notiz über eine Besprechung mit den Ressort-Leitern der Bundesministerien betreffend Japaner am 19. 6. 1961 in Bonn", Duisburg, 20. 6. 1961.
(64) 「労働省は労働力の円滑な移動を促進するための雇用促進事業団を7月1日から発足させるが，7日その理事長に北海道地下資源開発社長の万仲余所治氏を起用することを決めた。」(「雇用促進事業団 理事長に万仲氏」『日本経済新聞』1961年6月8日付）。
(65) 「鉄鋼は五百人目標に―日独労相一致 炭鉱へは二百人派遣―」(『毎日新聞』1961年7月7日付夕刊）。
(66) STADT DUISBURG Der Oberstadtdirektor: "Betrifft: Ausländerwesen; hier: Japanische Bergarbeiter im Ruhrgebiet", An die Hamborner Bergbau AG, Duisburg, den 13. 6. 1961. この文書には，"Japaner, die länger als drei Jahre auf der Schachtanlage Friedrich Thyssen 2/5 beschäftigt sind"（「フリードッヒ・ティッセン2/5鉱で3年以上働いている日本人」）が添付され，8名の在留日本人炭鉱労働者の経歴（生年月日，到着月日，結婚の有無，現住所など）が記されている。
(67) An die Stadt Duisburg, Ausländeraufsicht: "Japanische Bergarbeiter im Ruhrgebiet", 13. September 1961, Hamborner AG. ドゥイスブルク市から照会のあった8名の在留日本人とは，第1陣の湯地弘［三菱鉱業端島鉱］，沼田郁之介［常磐炭鉱南中郷鉱］，前園五郎［日

鉄鉱業二瀬鉱]，角道武利 [山口鉱山小城炭鉱]，北村侑三郎 [宇部興産]，第2陣第2班の内村俊雄 [日鉄鉱業二瀬鉱]，第3班の井上徳光 [三井鉱山三池鉱]，前野幸雄 [明治鉱業赤池鉱] の各氏であり，ドイツ女性と結婚して残留していたのは湯地，沼田，前園，井上の4氏である。角道，内村，前野の3氏の残留理由は「職業能力の完成のため」であるが，その後3氏ともドイツ女性と結婚してドイツに在留した。第1陣で渡独した北村氏は，3年の就労期間終了後，1960年1月23日に帰国したが，同年9月27日に再渡航し，ハンボルナー鉱山会社で就労していた。その後，日本から婚約者が渡航して結婚された。

(68) An die Klöckner-Werke AG Bergbau Victor-ckern: "Japanische Gastarbeiter", 11. 8. 1961. UNTERNEHMENSVERBAND RUHRBERGBAU

(69) Herrn Kunihiko Dosho, Botschaftssekretär bei der Japanischen Botschaft, "Durchschrift", Bonn, den 4. August 1961. Ministerialrat Dr. W. Sicha im Bundesministerium für Arbeit und Sozialordnung

(70) "Finanzierungsmöglichkeiten für ein zweites, geändertes Programm zur Beschäftigung japanischer Bergarbeiter im Ruhrkohlenbergbau".

(71) "Vermerk über eine Besprechung-betreffend Japanische Gastarbeiter - am 25. 8. 1961 in Essen, Glückaufhaus", Essen, den 25. Aug. 1961.

(72) Aktenvermerk: "Betr.: Besprechung beim Unternehmensverband Ruhrbergbau am 7. 9. 1961 bezüglich japanischen Gastarbeiter", Verwaltung, den, 8. September 1961.

(73) 1961年9月から10月にかけて，第2次計画案をめぐって，ルール炭鉱企業連合本部と受け入れ鉱山会社3社および連邦労働省との間で文書による意見や修正案の交換がなされた。

(74) An den UVR: "Betr.:Entwurf eines zweiten (Ergänzungs-) Programms zur Beschäftigung Japanischer Bergarbeiter im Ruhrkohlenbergbau", Der Bundesminister für Arbeit und Sozialordnung, Bonn, den 24. Oktober 1961. "Änderungsvorschläge für das Programm zur vorübergehenden Beschäftigung von japanischen Bergarbeitern im Ruhrkohlenbergbau".

(75) "Niederschrift über die Besprechung vom 27. 10. 1961 beim UVR betr. Änderungs-vorschläge für das Programm zur Vorübergehenden Beschäftigung von japanischen Bergarbeitern im Ruhrkohlenbergbau".

(76) An Herrn Legationsrat I. Klasse Dr. Dr. Schmidt, Auswärtiges Amt-Rechtsabteilung Bonn, Bad Godesberg, den 6. November 1961 Kunihiko Dosho, Botschaftssekretär.

(77) An Herrn Dr. Keinzel UVR Essen, Bad Godesberg, den 7. November 1961. Kunihiko Dosho, Botschaftssekretär. "Ergänzende Informationen zu den Verhandlungen über das zweite Entsendungsprogramm für japanische Berg-Gast-Arbeiter"

(78) An den UVR, z.H. von Herrn Dr. Ing. Ullrich, "Betr.: Entwurf eines zweiten (Ergänzungs-) Programmes zur Beschäftigung japanischer Bergarbeiter im Ruhrkohlenbergbau", Bonn, den 7. November 1961. Der Bundesminister für Arbeit und Sozialordnung.

第 4 章　第 1 次計画の復活と第 2 次計画　159

(79)「西独へ炭鉱離職者」(『毎日新聞』1961年11月12日付夕刊)。同じような内容を報じた記事「炭鉱離職者を西独へ——2月に第1陣240人——」が,『北海道新聞』(1961年11月13日付)にも掲載されている。

(80)「炭鉱離職者を西独へ——千五百人　話し合いまとまる——」(『日本経済新聞』1961年11月14日付夕刊)。毎日新聞では,派遣される炭鉱離職者のドイツでの労働条件として,「①賃金は少なくとも月約600マルク(5万4千円),②労働時間は週40時間(週5日制),③年次有給休暇は,年2,3週,④契約期間は3年間,⑤政府は派独者のために移住資金1人当り10万円を支出」など,詳細に報道している(「西独へ200人——2月に炭鉱離職者第1陣——」『毎日新聞』1961年11月14日付夕刊)。

(81) An Herrn Bergwerksdirektor Bergassessor a.0. Obladen, Klöckner Werke-Viktor Ickern, Bad Godesberg, den 21. November 1961. Kunihiko Dosho, Botschaftssekretär.「西独労働省に常駐員——ブ労相,福永労相に提案——」(『日本経済新聞』1961年11月25日付夕刊)。

(82) An Herrn Dr. Eduard Keinzel, Unternehmensverband Ruhrbergbau, Essen, Bad Godesberg, den 11. Dezember 1961, Kunihiko Dosho, Erster Botschaftssekretär.

(83) An Herrn Legationsrat I. Klasse Dr. Dr Schmidt, Auswärtiges Amt/Rechtsabteilung Bad Godesberg, den 13. Dezember 1961. Kunihiko Dosho, Erster Botschaftssekretär.

(84) Aktennotiz: "Betr.: Verbindungsmänner für die unter das 2. Programm fallenden japanischen Bergarbeiter", Schichtmeisterei, d. 28. 12. 1961. この会議では,第1次計画の第2陣第2班でクレックナー鉱に派遣され,その後同社に通訳として採用されていた森園勝弘[三井鉱山田川鉱]氏を,第2次計画で派遣される日本人炭鉱離職者の連絡員として採用することが決められた。その際,日本大使館から出席した道正氏から,第2次計画への現在の応募者数は約70名であり,既婚者が単身赴任でドイツに来ることができれば,2月末には200名の派遣が可能である旨が伝えられた。

(85) An Herrn Legationsrat I. Klasse Dr.Dr. Schmidt Auswärtiges Amt/Rechtsabteilung Bonn, Anlage 1. I. Änderungsvorschläge, II.Fragen, Bad Godesberg, den 9. Januar 1962. Kunihiko Dosho, Erster Botschaftssekretär.

(86) An das Auswärtige Amt, "Durchschrift", Bonn, den 2. Januar 1962, Der Bundesminister für Arbeit und Sozialordung.

(87) "Vermerk über eine Besprechung-betr. 2. Programm Japanische Gastarbeiter-am 9. 1. 1962 in Essen, Glückaufhaus", Essen, den 10. Jan. 1962.
　この会議に出席したクレックナー鉱山会社のロボック(Robok)氏の記録によれば,出席者は企業連合本部のウルリッヒ(Dr. Ullrich),カインツェル(Dr. Keinzel),シュライバー(Dr. Schreiber)の3氏,ハンボルナー鉱山会社のシュテッフェン(Dr. Steffen)氏,エッセナー石炭鉱山会社のラックマン(Lackmann)氏,クレックナー鉱山会社のオブラーデン(Obladen)氏,それとロボック氏の計7名である。会議の出席者は,日本人炭鉱

労働者の受け入れに関して，当初からドイツ石炭鉱業界で絶えず中心的な役割を担ってきた人々である。

会議の中心課題のひとつは，連邦内務省から企業連合に寄せられた苦情，すなわち第1次計画で来独した日本人炭鉱労働者のうち，相対的に多くの日本人が3年の就労期限終了後も在独していることに対する苦情についてであった。

この会議のもうひとつの議題は，「独身」だけでなく「既婚の労働者」の受け入れに伴って受け入れ会社側に生ずる問題点であった。すなわち，連合本部のカインツェル氏から，1961年12月末の最新情報によれば，ドイツでの就労に応募している独身の炭鉱労働者の数は58名でしかないこと，日本大使館の既婚者派遣の要請をドイツ労働省が許可したことが報告された。その結果，受け入れ各社にとっては，既婚者を受け入れた場合，別居手当，住宅手当，児童手当などの付加給付，さらに1年に1回の帰国手当てなどの支給問題が生じてくる。特に，家族に会うための帰国手当てを支給するとなると，その金額は1人当たり約4,000マルクであり，これでは受け入れ炭鉱にとっては日本人炭鉱労働者を受け入れる魅力はなくなってしまう。したがって，高額な一時帰国手当てを例外とする措置が可能であるかなどについてドイツ鉱山エネルギー労働組合（IGBuE）との協議が必要である，という内容であった。その他，受け入れ各社の宿舎や賄い条件，連絡員の賃金や住宅条件など，受け入れに伴って生ずる生活上の問題点が話し合われた（"Aktennotiz: Betr.: Anwerbung von japanischen Bergleuten", Schichtmeisterei,den 12. Jan. 1962 gez. Robok および "Aktennotiz: Betr.: Soziale Aufwendung für ausländische Arbeiter", Schichtmeisterei, den 12. Jan. 1962）。

(88) "VERBALNOTE der japanischen Botschaft, Bonn, vom 30. Januar 1962 - an das Auswärtige Amt, Bonn", "ZWEITES (ERGÄNZUNGS-) PROGRAMM zur vorübergehenden Beschäftigung von japanischen Bergarbeitern im Ruhrkohlenbergbau" In: Hrsg: Der Bundesminister für Arbeit und Sozialordnung "Bundesarbeitsblatt", Bonn, den 25. 1962, S.265～268. なお，これらの日本語訳は，「口上書」および「日本人炭鉱労務者のルール炭鉱における期限付就労に関する第2（補完）計画」として，『石炭労働年鑑』（前掲書，昭和37年版，350-356頁）に掲載されている。

(89) 「炭鉱離職者雇用促進事業団夕張駐在では西独の炭鉱で働く坑内夫を募集しているが，応募者が一人もなく頭を痛めている。……これまで申し込みは一件もなく，二人ほどが説明書を取りにきたていど。」（「一人もいない応募者―西独派遣坑内夫―」『北海道新聞』1961年12月20日付）。

(90) このことは，同じ夕張地区の次の記事から知ることができる。「炭鉱離職者雇用促進事業団夕張駐在では1日から西独派遣の坑内夫を募集，20日で締め切ったが一人の応募者もないため，締め切りを1月7日まで延期した。なお資格の制限を緩和し，妻帯者であっても応募（配偶者は日本に残る）できるよう変更した」（「西独派遣坑夫募集締め切り延期」

『北海道新聞』1961年12月22日付）。
(91)『石炭労働年鑑』前掲書，昭和37年版，356頁。
(92) 第5陣では，単身赴任を条件に妻帯者の炭鉱離職者の渡航が可能であり，ハンボルンで就労した人の中にも数人の既婚者が含まれていた。会社に別居手当（Trennnungsgeld）の支給を申請するために，本人が日本から取り寄せた既婚者であることを証明する書類を独文に翻訳して申請する仕事も連絡員の仕事であった（2004年12月19日（日），北村有三郎氏からの聞き取り調査メモ）。
(93) "Kitamura holt seine Braut", In: "Westdeutsche Allgemeine, 21. Jan.1961". これは，第2陣第1班の帰国を報じた記事だが，この中で，第1陣で帰国したが，1960年9月に再渡航して就労し，近いうちに日本から婚約者が到着する北村氏のことも報じている。
(94)「待遇は比較的よい　西独派遣炭鉱離職者から第一信」（『北海道新聞』1962年4月16日付）。
(95)「滞独1年を振り返って」（座談会）（第5陣［ハンボルナー鉱山会社］・「万睦会」の機関紙「大和」創刊号，1963年春）を参照。
(96)「調査報告　過去1ヶ年間の実績」（同上，「大和」第2号，1963年秋）を参照。
(97) 1992年1月31日（金），ゲルゼンキルヒェンにて，田中信佶氏からの聞き取り調査メモ。
(98) 2003年10月31日（金）〜11月5日（水）まで，ブルンスビュッテル（Brunsbüttel）での田河　博氏からの聞き取り調査メモ。ドイツの炭鉱医療制度にもかかわらず，緊急の重症患者が生じた場合などには，大使館や主席連絡員の配慮で，当時2名の日本人医師（坂口医師と石田医師）が勤務していたブッパータールのこの病院に特別対策として，入院することができた。
(99) "Vermerk, Betr.: Japanische Gastarbeiter, hier: Regelung der Flugtransporte, Besprechung am 22. Januar 1962 in der Japanischen Botschaft, Bad Godesberg", Essen, den 23. Januar 1962.
(100) "Vermerk, Betr.: Japanische Gastarbeiter, hier: Besprechung in Castrop-Rauxel, Ruhrjugenddorf am 28. 5. 1963, 15:00 Uhr", gez. Ullrich, Essen, den 5. 6. 1963.
(101) Betr.: "Abschluβbericht-japanische Gastarneiter im deutschen Steinkohlenbergbau", Essen, den 17. 8. 1965.
(102) 1963年5月2日付，道正邦彦（日本大使館一等書記官）氏がオプラーデン（カストロップ・ラウクセルのクレックナー鉱山会社/ビクトル・イッカーン鉱の鉱山監督官補）氏に宛てた手紙には，「もしも，職場規律に違反し，即時解雇されるような日本人労働者が生じた場合には，そうしたドイツ人労働者に対する措置と同じように，別の炭鉱（ハンボルナーやエッセナー）に配置転換」することを依頼する内容が記されている（Herrn Bergassesor F. Obladen, Bad Godesberg, den 23. April 1963, Kunihiko Dosho［Erster Botschaftssekretär］）。

⑽3 高口岳彦『地底の客人』前掲書，115-118頁。
⑽4 1991年7月8日（月），ゲルゼンキルヒェンで恵藤英雄氏からの聞き取り調査メモ。
⑽5 2003年10月31日（金）〜11月5日（水）まで，ブルンスビュテルで田河　博氏からの聞き取り調査メモ。
⑽6 "Unser Pütt"（エッセナー石炭鉱山会社『社内報』），Nr.3/1965, S.12.
⑽7 「炭鉱マン58人帰る―協定期間終え，西独から全員引き揚げ―」（『北海道新聞』1965年3月11日付）。
⑽8 「炭鉱労働者の西独派遣事業の概要」8頁（「全国グリュック・アウフ会の集い」―元西独派遣炭鉱労働者交歓会―　昭和59年8月14日　所収）。
⑽9 同上。
⑽ 「炭鉱マン58人帰る」（『北海道新聞』1965年3月11日付）。

第2部
日本人炭鉱労働者のその後

第5章
日本に帰国した人々

　「技術研修ではないね……働き甲斐のある生活だった」という言葉を聞いたのは，第2陣第2班で北炭楓鉱からクレックナー鉱山会社ビクトル・イッカーン鉱に派遣された斉藤鴻三氏からである。当時，最新の機械を導入して採炭していた太平洋炭鉱をはじめ，三井鉱山，三菱鉱業，住友石炭鉱業，北海道炭鉱汽船など大手炭鉱から派遣された炭鉱労働者の人々にとって，ドイツの炭鉱技術がとりわけ進んでいたわけではなかった。しかし，労働条件（週休2日制，週40時間労働や長い年次有給休暇）や労働慣行の違いなど，派遣された日本人炭鉱労働者の人々にとっては，ドイツの生活から多くの学ぶべき点があった。日本の炭住とは比較にならないほど良好な住宅事情，日本人とは異なるドイツ人的な生活習慣や考え方などは，派遣された炭鉱労働者の帰国後の生活に大きく貢献したことは間違いない。

　日本経済は，1960年代に入り高度経済成長の時期を迎えつつあった。だが，日本人炭鉱労働者が，「3年間の期限付き就労」を終えてドイツから相次いで帰国した1960年代以降の日本の炭鉱は，矢田俊文氏の時期区分によれば，国際石油資本との「競争的共存政策」の第1期（1957～61年）から第2期の「限定的な保護政策」（1962～65年），そして第3期の「漸次的撤退政策」（1966～73年）を経て，第4期の「縮小規模での生産維持政策」（1974年以降）へと転換する時期であった。すなわち，日本の炭鉱が合理化と閉山を迎えつつあった時代であり，多くの人々にとっては，ドイツから帰国して間もなく，転職を余儀なくされた時代であった。

　帰国した人々のその後を考察するまえに，1993年3月に九州を訪問した際に記入してもらった小さなアンケート調査について記述したい。

1 帰国者アンケート調査から

　表5-1は，1993年3月10日（水）から15日（月）までの約1週間，博多，飯塚，多久，長崎，大牟田，水巻の九州各地を訪問した際に，実施できた簡単なアンケート調査結果を集計したものである。合計38名のうち，37名の人には直接会って，あらかじめ用意したアンケート用紙に記入していただき，帰国後の生活（転職状況など）を聞くことができた。1名の方だけは，後日郵送してもらったものである。合計38名を渡航グループ別にみると，第1陣が7名，第2陣第1班～第3班が18名，第3陣が8名，第4陣が6名である。したがって，すべての人が，「会社派遣」の第1次計画でドイツへ派遣された人であり，第2次計画で渡独された第5陣の人は含まれていない。訪問した地域ごとの内訳は，福岡で4名，飯塚（筑穂）で10名，多久（佐賀）で2名，長崎で3名，大牟田で8名，水巻で11名の方々である。

　アンケートでは，3つの項目，すなわち，A渡航前について，Bドイツでの生活，C帰国後を設定し，表に示した関連事項についての回答を記述してもらった。アンケートでは，渡航後すぐにドイツで従事した「見習い期間の仕事内容」についても記入してもらったが，第1部の内容と重複するため省略した。まず，「募集方法」から明らかな点は，大部分の人が「上司の推薦」を受けて応募していることである。また，「選抜方法」でも「上司の推薦」が多くを占めているのは，派遣されたすべての労働者が職場の上司から信頼されていた人であり，派遣が「会社を代表する人」の「会社派遣」であったことを示している。他方，「社内掲示」という公募方法がとられた炭鉱の場合，応募者は多数にのぼり，1次試験で一般常識，数学，国語，ローマ字などの筆記を課され，2次試験で面接，3次試験で身体検査という難関を通過しなければならなかった。また，上司の推薦であっても，応募者が多数の場合には，同様の試験と面接を経て選抜されるケースが多かった。

　「応募動機」の項目では，もちろん「ドイツの炭鉱技術の習得」という記載があるが，「外国やドイツへ行きたい」，「海外やヨーロッパへのあこがれ」，

「アルプスへ登りたい」など，一言で言うと「外国への憧れ」という当時の日本の若者の率直な気持ちが強く押し出されている。渡航前の「職種」からは，すでに第1部でも紹介したが，このアンケートでも，炭鉱坑内での採炭労働を全く経験していなかった職員の人々が含まれていたことが示されている。

「職場状況」（労働内容）からは，坑内労働の主な作業である掘進・採炭・仕繰の3つの仕事を大部分の人が経験されたことがわかる。このことは，「技術修得」のための「6か月ごとの職場転換」が実施されていたことを示している。賃金は，「多い時」「少ない時」「平均」の3項目について記入してもらった。人によってバラツキがあるが，全体として，当時の日本の炭鉱労働者の賃金の1.5倍から2倍であった点を確認できる。また，多くの人が「先山講習」を受け，坑内熟練労働者の資格試験に合格して「先山」（Hauer）資格を取得していること，ドイツで自動車運転免許を得た人が多いことがわかる。「帰国後の職種」では，係員（Steiger）に昇格した人の多いことが示されている。だが，ドイツの「先山」資格では，日本の炭鉱で必ずしも職員に昇格できたわけではなかった。

2　その後の生活（転職状況）

表5-1から明らかなように，第1陣から第4陣までの「会社派遣」の炭鉱労働者は，帰国後，もとの会社に職場復帰することができた。しかし，その後の石炭合理化と炭鉱の閉山が相次ぐなかで，ドイツで働いた日本人炭鉱労働者の多くは，他産業の職場への転職を余儀なくされた。

第1陣で九州の日炭高松から派遣された白石磯久男氏は，渡航して1年半後にドイツから『第8水平坑道の第6鉱区（レビューア6）におけるホーベルの稼動状況について』という報告書を会社に提出している。この報告書は，九州の石炭業界誌に掲載された。この業績を認められた白石氏は，1960年1月に帰国してから6年間，会社が設立した鉱山学校「日炭技術専門学校」の教員になった。その後，自宅近くにある日炭高松の水巻坑口（第2高松）の坑内現場にもどって，係員として働いた。1966年2月には，この水巻坑口が廃坑になった

表5-1 ドイツで働いた日本人炭鉱労働者・アンケート調査

A 渡航前について

	出身炭鉱	渡航陣	募集方法	応募動機	募集	応募	選抜方法	職種	職歴(年)	賃金(円)
1	早良鉱業	1陣	上司推薦	外国へ行きたい	1	2	上司推薦	掘進夫	5	3万
2	日鉄北松	2陣2班	上司推薦	技術修得・外国へ	3	20	上司推薦	現場係員	3	1.5万
3	大日鉱業	2陣1班	上司推薦	鉱業部長の推薦	1	1	―	炭鉱係員	10	2.5万
4	麻生産業		上司推薦	―	3	5	上司推薦	採炭夫	5	2万
5	古河鉱業	1陣	社内掲示	技術修得・欧州興味	2	30	上司推薦・クジ引	係員助手	7	―
6	麻生産業	3陣	上司推薦	親孝行のため	3	60	上司推薦・面接	採炭夫	4	1.7万
7	古河鉱業	2陣2班	上司推薦	海外旅行ができる	1	20	試験・作文,一般	採炭機械	3	2万
8	明治鉱業	1陣	―	会社推薦	1			発破係員	10	―
9	日鉄嘉穂	3陣	上司推薦	会社命令	1	1	上司推薦	採炭夫	4	2万
10	古河鉱業	4陣	―	会社推薦	―	―	会社推薦	掘進	3	―
11	三菱鉱業	1陣	上司推薦	―	2		上司推薦	採炭	7	―
12	三菱鉱業	2陣1班	上司推薦	―	1		上司推薦	掘進	6	―
13	三菱鉱業	3陣	上司推薦	海外事情を知る	2	20	試験・国語など	採炭	2	2万
14	三井鉱山	4陣	社内掲示	長兄の薦め	1	3	試験・国語など	掘進	5	1.5万
15	明治鉱業	2陣3班	上司推薦	技術修得	3	3	上司推薦	採炭員	3	2万
16	明治鉱業	2陣3班	上司推薦	外国にあこがれ	3	3	上司推薦	坑内員	6	5万
17	三菱鉱業	3陣	上司推薦	海外渡航,外国炭鉱	2	200	試験・国語など	坑内保安	8	1.3万
18	三菱鉱業	2陣1班	社内掲示	外国生活体験,旅行	1	20	試験・面接	採炭・切羽	9	1.5万
19	三井鉱山	2陣3班	社内掲示	技術取得・外国見聞	12	30	試験・面接	坑内機械	5	1万
20	三井鉱山	4陣	上司推薦	外国に行きたかった	4	60	上司推薦	採炭夫	3	2万
21	三井鉱山		社内掲示	旅行できる	3	30	試験・算数など	掘進員	3	2万
22	三井鉱山	4陣	その他	海外へのあこがれ	4	50	上司推薦・試験	仕操工	3	2.5万
23	三井鉱山	2陣2班	社内掲示	―	8	11	試験	測量	3	2.5万
24	三井鉱山	1陣	社内掲示	友人の誘い	3	100	試験・面接・健診	仕操工	5	1.5万
25	三井鉱山	1陣	上司推薦	未知の世界へ期待	3	100	試験・常識など	坑内機械	8	―
26	三井鉱山	2陣2班	上司推薦	ドイツに行きたい	7	40	試験・国語など	企画調査	8	2万
27	日本炭鉱	1陣	社内掲示	西欧生活・アルプス	2	100	試験・常識,面接	保安・発破	11	3万
28	日本炭鉱	2陣2班	上司推薦	―	5	100	上司推薦	採炭夫	1	2.8万
29	日本炭鉱	2陣2班	上司推薦	親・兄弟の薦め	5	―	上司推薦	採炭夫	1	3万
30	日本炭鉱	2陣2班	上司推薦	兄渡独中に刺激	4	―	上司推薦	採炭夫	1	3万
31	大正鉱業	2陣2班	上司推薦	技術体得	3	10	上司推薦	掘進・採炭	4	3万
32	日本炭鉱	3陣	上司推薦	技術修得	12	50	上司推薦	掘進	5	2.2万
33	日本炭鉱	2陣3班	上司推薦	外国に行きたい	5	―	上司推薦	採炭	1	3.5万
34	三井鉱山	2陣3班	上司推薦	新技術・外国へ	13	30	試験・国語など	坑内機械	―	2万
35	日本炭鉱	3陣	上司推薦	技術修得	12	―	上司推薦	採炭	5	3万
36	日本炭鉱	4陣	上司推薦	外国を見たかった	10	60	試験・面接	掘進	3	7万
37	日本炭鉱	2陣3班	上司推薦	海外へ行きたい	5	―	上司推薦	掘進	1	2万
38	松島炭鉱	4陣	上司推薦	採掘法技術修得	1	3	試験・常識,面接	仕操工	1	3万

(1993年3月実施)

		B ドイツでの生活							C 帰国後
	鉱業所	職場状況	賃金（DM）			資格取得	下宿の有無と期間・家賃		職種
			多	少	平均				
1	H	採炭・掘進	—	—	—	先山	無		職員見習
2	H	天盤支保	600	400	600	先山	無		現場係員
3	E	採炭・仕繰	500	—	—	先山	有	5か月 150DM	採鉱係長
4	H	採炭	—	—	—		無		採鉱
5	H	ホーベル採炭	—	—	—		有	30か月 120DM	機械化係
6	H	採炭・掘進	550	300	400	先山	有	8か月 150DM	採炭夫（職員昇格）
7	H	鉄柱回収・ホーベル	480	300	—		有	2か月 —	採炭係
8	H	ホーベル・採炭・掘進	620	380	460		無		発破係員
9	H	採炭	500	400	450		無		労働省作業所
10	K	採炭・鉄柱操作	1000	600	800		無		現場係員
11	H	採炭	—	—	—		無		採炭
12	E	採炭	—	—	—	先山,車免許	無		採炭
13	H	採炭・仕繰・掘進	300	150	200	先山,車免許	無		採炭
14	K	鉄柱操作	—	—	—	先山,車免許	無		採炭
15	E	採炭・炭壁注水	800	600	700	先山,車免許	無		採炭
16	E	採炭夫	700	500	—	先山	有		採炭
17	H	採炭・仕繰・掘進	700	300	450	先山,車免許	無		坑内保安指導員
18	E	掘進・斜坑採炭	—	—	—	先山	無		採炭・現場係員
19	H	採炭・夜勤払整備	700	400	500	先山	無		採炭
20	K	採炭・電気	800	500	700	先山	無		採炭
21	H	採炭・仕繰・機械	700	500	600	先山	無		採炭
22	E	採炭工	1000	800	900	先山,車免許	無		採炭
23	K	掘進・鉄柱回収	800	500	700	先山	有	1年 45DM	営業
24	H	採炭・掘進・仕繰	500	350	400	先山	無		採炭・坑内係員
25	H	採炭・機械保全	250	150	200	機械先山	有	6か月 40DM	機械係員
26	K	採炭	900	—	700	先山	無		水力採炭
27	H	採炭	900	700	800	先山	無		技研所職員
28	E	採炭	800	650	750	先山,車免許	有	2年半 200DM	採炭係員
29	K	採炭	850	650	750	先山	有	1年半 180DM	採炭係員
30	K	採炭	1100	800	1000	先山,車免許	有	8か月 160DM	採炭係員
31	H	採炭	700	600	650	—	無		採炭
32	H	採炭	550	450	500	先山	無		掘進・保安係員
33	E	採炭	500	300	400	先山,通訳	有	6か月 ナシ	—
34	H	採炭	400	300	350	先山	無		採炭
35	H	採炭	500	350	—	先山	無		採鉱係員
36	K	採炭	1200	600	800	—	無		水力採炭
37	E	採炭	—	—	—	先山	無		採炭係員
38	K	採炭	—	—	500	先山,車免許	無		採炭

注：H＝ハンボルナー鉱山会社，E＝エッセナー石炭鉱山会社，K＝クレックナー鉱山会社

ため，退職して職業訓練所を経て，電気工事会社を経営した。1970年2月に水巻町の町議会補欠選挙に立候補し，当選して町議会議員になる。それ以降，水巻町議会議員選挙に6期連続当選して，1993年3月時点でも町議会議員である。(4)

同じ第1陣で，北海道の三井鉱山砂川鉱から派遣された佃　豊雄氏は，帰国して炭鉱を離れ，大学の通信教育を受講して教員の資格を取り，高校教師として退職されるまで教壇に立たれている。(5)

ドイツから帰国したすべての人々の帰国後の生活を記すことは不可能である。それでも，お会いして聞くことができた話の内容から，その後の状況を，敢えていくつかのケースに区分けして記述し，帰国後の状況の一端を示すことは可能である。すなわち，炭鉱合理化と閉山が相次ぐなかでも，復職した炭鉱で定年まで就労することができた場合，閉山を契機に他の炭鉱へ転職して炭鉱労働ひとすじの職業生活を全うできた場合，炭鉱が閉鎖された後，炭鉱労働とは職種は異なるが，同じ会社や系列会社の職場に転勤することができた場合，炭鉱での職場に関連する建設，電気・機械，測量，土木，運輸，道路などの職業に転職された場合，全く異なる職場へ転職した場合，閉山によって退職を余儀なくされた後，自営業に転じたり，複数の会社での仕事を経験された場合などである。

そこに共通しているのは，政府の石炭合理化政策の影響を，自力で耐え抜いた人々の歴史と現実の姿である。そのための心の支えとなったのが，ドイツでの労働・生活体験であった。

(1) 炭鉱に留まった場合

同じ炭鉱で継続して就労することができたのは三井鉱山から派遣された人に多い。たとえば，第1陣で三井三池から派遣された川崎博美，第2陣第3班の有働順士［三井三池］，第3陣の古賀恵司［三井田川］，第4陣の森田幹雄［三井三池］，中村　亨［三井山野］の各氏である。第2陣第3班の有働氏は，帰国して三池鉱に復職する。その後，1975年に有明鉱に移り，さらに1985年に新エネルギー開発機構に出向して鉱害課に勤務して1992年に退職された。第4陣の中村氏は，1964年に帰国して採炭部門で働いた後，1970年に職員に昇格し，1984年には採炭係長（Reviersteiger）へ昇進している。その後も，採炭係長として

三井鉱山の四ツ山鉱,三川鉱,有明鉱などで就労し,1991年に定年退職されている。また,第4陣で松島炭鉱大島鉱業所から派遣された山瀧保徳氏も,その後,池島炭鉱に移り,同じ炭鉱で継続して就労された。

三菱端島から第3陣で渡航した井上久男氏は,帰国して端島にもどるが,1年後の合理化で3分の2の人員整理があり,高島炭鉱へ配転になる。この時に三菱端島を退職し,三井池島炭鉱に転職し,発破係員,通気係員になり,その後,職員に昇格された。三井鉱山で22年間働いて定年退職している。第2陣第1班で三菱高島炭鉱から派遣された南園秀明氏が,同炭鉱に就職したのは1949年である。南園氏がドイツに派遣されたのは,就職して9年後の1958年から61年までの3年間である。帰国して高島炭鉱にもどり,1986年11月に閉山になるまで高島炭鉱で係員助手の仕事に従事し,閉山に伴い定年退職されている。

日炭高松から第3陣で派遣された山中千代治氏は,相次ぐ閉山と転職が続いた経歴をもつ人である。帰国して,日炭高松第1立坑に復職し,国家試験に合格して保安技術職員になる。その後,第1立坑が閉山になって第3立坑（若松鉱）に勤務されるが,ここも閉山になり第6立坑に転勤して,1971年3月まで日炭高松で就労された。同年8月には,三井山野鉱に転職するが,この鉱業所も1973年には閉山になる。三井系の掘削会社を経て,1976年に三鉱建設工業に転職し,坑外土木関係業務に従事した後,三井有明鉱に応援に行き,坑内機械・電気の保安係に従事する。その後,三井鉱山セメントの下請会社で石灰掘削業務に従事された。

(2) 同じ会社（系列会社）に留まった場合

第1陣で古河鉱業上山田鉱から派遣された宮島次郎氏は,直方鉱山高等学校を卒業して古河鉱業に就職し,職員として坑内の保安関係の仕事に携わっていた人であり,採炭・掘進・仕繰などの坑内労働の経験は全くなかった。ドイツの坑内で,はじめてスコップによる採炭労働を経験した人である。帰国してもとの職場に復帰したが,1968年に勤務していた鉱業所で,坑内爆発・火災が生じ,鉱業所はその後に閉山となった。宮島氏の勤務先は,古河機械金属になり,そのまま定年退職するまで勤務された。第2陣第2班で古河鉱業目尾鉱から渡

航した高橋嘉一郎氏は，帰国して目尾鉱に復帰して，採炭業務に従事したが，1970年に閉山した後，古河機械金属に転勤して大阪で12年働いた。その後，福岡にもどり，1993年には，古河機械金属・下山田事務所で鉱害対策の業務に従事されている。また，第4陣で古河鉱業下山田鉱から渡航した内田　健氏は，帰国して下山田鉱に復帰し，坑内現場係員として働いた。1970年に閉山した後，同年3月から1か月間，特殊鋳物製造の実習のために足尾へ行き，4月から1976年まで古河機械金属・東京本社に，1976年から1992年まで博多支社に勤務した後，同年10月から目尾事務所に転勤して鉱害賠償業務に携わっている。第1陣で渡航した宮島氏によれば，古河鉱業から派遣されてドイツの炭鉱で働いた15名のうち，古河に残ることができたのは，宮島，高橋，内田の3氏だけであった。

　三菱鉱業高島鉱業所（高島炭鉱）に就職して2年後に第3陣で渡航した福田哲也氏は，帰国後も定年で退職するまで三菱で就労された。帰国した翌年には，係員助手になり，1969年には職員に昇格し，さらに1975年に係員に，1980年には係長に昇進している。高島炭鉱が閉山したのは，1986年11月27日である。この時に，ドイツへ派遣された人の中で高島炭鉱で働いていたのが，福田氏をはじめ，南園秀明（第2陣第1班），第4陣で派遣された鬼丸春雄と河原實男の4氏であった。福田氏は，翌1987年に飯塚市に転勤し，その後三菱マテリアルに継続して勤務された。閉山後，広島市の三菱セメントに転勤されたのは河原氏である。[6]

「親孝行のために」麻生産業吉隈鉱から第3陣で渡航した城戸正則氏は，ドイツで得た手取り月給のうち毎月300DMを日本の家族に送金していた人である。また，城戸氏は，日本に帰国する前のドイツでの送別会席上で，勤務成績優秀のためにハンボルナー鉱山会社から表彰されている。帰国して1か月後には，採炭夫から職員に昇格された。その後，坑内保安技術職員甲種の国家試験に合格して，掘進係員として働かれた。1969年に吉隈鉱が閉山したため，麻生商事に転勤し約23年間勤務した。その後，麻生建販(株)に転勤された。

　第2陣第2班で日炭高松から派遣された岡田友博氏は，同じ日炭高松から第1陣で派遣された岡田昭一氏の弟である。岡田氏も，帰国して坑内保安係の国家試験に合格して係員として勤務したが，坑内事故に遭遇した後は，選炭工

場で坑外係員としての監督業務に携わった。その後，1970年に，炭鉱からの最初の出向ケースとして，日本炭鉱営繕部を独立して設立された日本地所建設に転勤し，1993年に営業部長，2003年に取締役，その後，常務取締役として勤務している。また，同じ日炭高松から第2陣第3班で渡航した林　利一氏は，帰国してもとの職場に復帰し，10数年間炭鉱で働いた後，日本地所建設に転勤している。1993年には，同社の工事現場監督の仕事に従事されている。第2陣第3班で三井三池鉱から渡航した津留崎末男氏は，帰国して三井三池鉱に復職し，その後職員に昇格して保安係員，運搬係長などの職に就かれた。1979年から，会社命令で三井セメントヒュームに転勤している。

(3) 転職した場合

　ドイツから帰国して復職したが，勤務先の鉱業所が閉山したために，多くの人が転職を余儀なくされている。比較的多くの人が転職された職場は，建設・土木関係の職場であった。第2陣第1班で大日鉱業立川鉱から派遣された鹿村龍正氏は，帰国後，大日鉱業の採鉱係長として勤務したが，1970年12月に閉山になり，翌1971年4月から前田建設に転職してトンネルやダム建設などの土木工事関係の仕事に従事した。鹿村氏は，「楽だよ，真っ暗な坑内と違って，明るい戸外での仕事は」と転職先の仕事について話してくれた。同社を60歳で定年退職した後，関連会社の営業部長の職に就かれている。第1陣で三菱上山田鉱から派遣された松岡忠夫氏は，上山田鉱が閉山されたために1961年から高島炭鉱に移り，1969年まで坑内労働に従事された。その後，高島炭鉱を離職して，職業安定所を通じて新日鉄の下請会社に就職し，荷役の仕事に携わった。この会社には，炭鉱離職者が多く働いていたため，お互いに心が通じるものがあった。松岡氏は，定年で退職されるまで，この会社で働いている。同じ三菱上山田鉱から第2陣第1班でドイツに派遣されたのが，吉田　誠（仮名）氏である。吉田氏も，上山田鉱が閉山された後，1961年から1967年まで高島炭鉱で働いた。高島炭鉱を退職した後，住友金属の和歌山工場に転職して，1967年から1977年まで転炉の仕事に従事し，1977年には福岡市にもどり，配管工事や土木工事の仕事に従事された。

ドイツから帰国して復職した鉱業所が閉山になった後，日本道路公団に転職されたのが，日炭高松から第2陣第2班で派遣された永谷義雄と第2陣第3班で渡航した小島照行の両氏である。永谷氏は，帰国して日炭高松の第1立坑に復職する。1965年に第1立坑が撤収した後，第6立坑に移籍し，その後依願退職して1967年10月から日本道路公団に転職された。九州各地の道路公団事務所に勤め，1994年から関門トンネル事務所に転勤している。また，小島氏は，1968年1月に日炭高松を退職し，同年3月から日本道路公団に就職し，大阪，京都などの管理事務所での勤務を経た後，九州の営業所で勤務された。

　第3陣で麻生産業吉隈鉱から派遣された舟田専市氏は，帰国して復職後，1962年末に麻生産業を退職し，麻生セメント系列会社に転職された。その後，自営業を経て泰平物産建材課に勤務されている。また，日炭高松第1立坑から第4陣で派遣された永沼　功氏は，帰国して第1立坑にもどり，2年間水力採炭に従事した後，第6立坑に転勤された。1971年に第6立坑が閉山したために退職し，旭興産に転職し，熱管理部での仕事やレジーム（タンクのひび割れを樹脂で補強する）の仕事などに携わっている。同じ第4陣で三井三池鉱から派遣された原田　洪氏は，ドイツから帰国して三池鉱に復職したが，その後退職して運送会社に転職された。

(4) 転職・自営などの場合

　ドイツから帰国して職場に復帰したが，閉山などの理由で炭鉱を退職した後，自営業に転換した人々，他産業への転職や自営業への転換など複数の職場を経験された人々も多い。

　ドイツから帰国した後，最も早く転職しているのが，第2陣第2班で日鉄北松鉱から派遣された服巻義行氏である。復職して3か月後の転職であったが，「炭鉱縮小に伴う労働組合を通じた本人の希望退職扱いであったため，何の問題もなく」，福岡市の丸富工業㈱に転職して6年勤務した後，住友銀行へ転職している。第1陣で早良鉱業西戸崎鉱から派遣された片山敏夫氏は，ドイツで就労した3年間の勤務状況が，無遅刻，無欠席であった人である。帰国して早良鉱業所にもどったが，1年以内には炭鉱を退職した。職業訓練所で土木技師

を学んだ後，10年間，福岡市内でタクシー運転手をする。仕事中に追突される事故にあったため，タクシー運転手を辞めている。その後は，タクシー運転手時代に，非番の日を利用して親戚の家の建築を手がけていた経験を生かして，アパートを数軒建築し，学生専用のアパートを経営し，また土木建築業を経営された。第2陣第2班で三井田川鉱から派遣された森園勝弘氏は，クレックナー鉱山会社（カストロップ・ラウクセル）での3年間の就労後，滞在を1年間延長してブレーメンの造船所で働いた。その後，クレックナー鉱山会社に復職して，日本人炭鉱労働者の通訳などの仕事に従事された。(7) ドイツから帰国した後は，タクシー営業に従事されている。日鉄嘉穂鉱から第3陣で派遣された農家出身の桑名春雄氏は，渡航後ドイツの農家の実態を知るために友人と2人で自転車を利用してハンボルン郊外の農家を訪ね歩き，ある農家に2泊して実際に農作業の手伝いを経験している。渡独して2年後に落盤事故に遭い脊髄損傷のために下半身不随になる。事故後の1年間は病院生活であったが，ドイツ人医師と看護婦の付き添いのもとに第3陣の仲間と一緒に帰国された。車椅子での生活だが，バスケットやバレーボールなどの各種スポーツ大会に参加されている。

　第1陣で三井三池鉱から派遣された貝田正實氏は，帰国後，三池鉱に復職して9年間働かれた。その後，会社の推薦で三井アルミニウム工業（大牟田市）に移籍し，長年，施設課で機械保全業務に従事された。第3陣で日高から派遣された荒井良治（仮名）氏は，帰国後，日高に復職するが，家族のすすめもあって炭鉱を退職している。1967年，愛知県豊田市のトヨタに入社して加工ラインで3年間働いた後，中間市にもどってホーロー食器工場会社に入社するが，1973年のオイルショックの影響を受けて倒産する。その後，鉄工所に入社し，プレス加工に従事するが，この会社も10年後には倒産する。1993年には，新しい鉄工所に勤務されている。日炭高松から第2陣第3班で派遣された山崎一郎氏は，ドイツで3年間就労した後も滞在を延長し，その後第5陣の人々を援助する仕事に従事された。1965年11月に帰国してから，3年間建築大工職人として働いた後，建設会社を経営している。第2陣第2班で大正鉱業から派遣された福沢龍雄氏は，帰国して大正鉱業に復職したが，1964年に鉱業所が閉山になる。当時，独身だったので同年12月に北海道の住友石炭鉱業歌志内鉱に転職さ

れた。この炭鉱が閉山される間際の1967年2月まで，採炭・仕繰の仕事に携わった。その後，3年間，北海道の鉄工所で働いた後，北九州にもどって就職し，計器盤取り付けの仕事に就かれた。その後，電気材料加工工場に転職して，定年になるまで勤務された。

　第1陣で明治平山鉱から渡航した笹尾了祐氏は，炭鉱で働いて1年後には坑内保安の国家試験に合格して2年目からは発破係員の仕事に就いていた。ドイツで先山資格を取得して帰国した後も，発破係員として働いた。帰国した時に，保安係員（職員）になるようにすすめられたが，辞退した笹尾氏は1972年に平山鉱が閉山になるまで鉱員として働いた。笹尾氏の炭鉱労働者としての生活は，27年間である。明治鉱業は，閉山した時に働いていた従業員すべてに社宅を払い下げてくれた。その後，横山電気に転職するが，しばらくして日鉄鉱業の鋳物工場で5年間働いた。この工場も，不況による人員合理化のために退職し，製薬会社に就職して薬の外交販売業務を7年間続けた後に退職した。その後は，桂川町の郷土史研究会に参加している。[(8)]

　多久市にあった明治佐賀鉱業所から第2陣第3班で派遣されたのが，田中一正，塚原　要の両氏である。帰国後，佐賀鉱に戻った田中一正氏は，1969年4月にこの炭鉱が閉山になったため，炭鉱離職者手帳を受けて職業訓練学校に通って建築技能士の資格を取得された。その後，建築会社に就職し，3年勤めてから退職する。退職後，自分で建設会社を興して1983年まで経営した。その後，現在の建設会社に就職して，設計・施工業務に携わっている。帰国して明治佐賀鉱に復帰した塚原　要氏も，1969年4月に閉山した時に退職された。半年間，大工手伝いの仕事をした後，職業安定所を通じてタイル製造会社に就職された。その後，この会社を退職して新明治鉱業に就職し，鉄柱操作の坑内作業に従事された。就職して1年7か月後の1972年にこの新明治鉱業も閉山したために，住友特殊金属に転職された。この会社に1年間勤務した後，近くに設立された繊維会社のカーペット工場に1974年に就職された。1992年に退職されるまで，この会社に勤務された。

　以上に記載した帰国した人々のその後は，1993年3月に九州各地で聞いた内

容である．この時にすでに定年で退職されていた方もいるが，当時現役で企業に勤めていた人々の多くは，その後も同じ職場に継続して勤務した後，定年退職されている．

(5) 他地域の人々

　北海道の石狩，釧路炭田地帯の炭鉱から，ドイツに派遣されてもとの職場に復帰された人も多い．また，その後の炭鉱合理化や閉山とともに転職を余儀なくされ，九州や北海道を離れて東京や首都圏地域の会社に就職された人々も多い．ドイツから帰国した元炭鉱労働者のうち，少なくとも2割以上の人々は，首都圏地域で生活している．

　ここでは，1992年8月31日（月）から9月6日（日）までの6日間，北海道の札幌，夕張を訪問して会うことのできた人々の話，同年9月20日（日）に東京で会うことができた第4陣で派遣されて，その後首都圏に在住している5人の人々の話を中心に，帰国後のその後について記載したい．

　筆者の北海道訪問は，ドイツに在住している土井　操（第4陣）［住友石炭鉱業奔別鉱］氏が同じ第4陣で三井鉱山芦別鉱から派遣された沢田　昇氏を紹介してくれたために実現した．沢田氏は，帰国直前のドイツでの坑内事故のために第4陣よりも6か月後に帰国された．帰国して，しばらく鉱山に勤めた後，旭川の建設会社に転職された．その後東京の建設会社に勤めた後，資格を生かして新潟でスキー指導員の仕事に就かれた．1970年から東京でホーベル，ドラムカッター，パンツァーなどの採炭機械を扱うドイツ系企業の日本ウェストファリア社に勤めた後，北海道にもどり，建設会社を経営されている．北海道訪問で，その後の生活について話を伺うことができたのは，第3陣，第4陣の方々である．

　第3陣で住友石炭鉱業歌志内鉱から派遣された山本光雄氏は，帰国して歌志内鉱に復職し，1年間採炭夫として働いた後，係員（職員）に昇格された．炭鉱を離職した後は，建設会社に転職されている．同じ第3陣で住友石炭鉱業赤平鉱から派遣された斉藤　茂氏も，帰国して赤平に復帰された．発破係の準係員の仕事に従事された後，保安係の国家試験に合格して係員になり，1970年ま

で勤務された。その後，自営業を経営した後，タクシー営業業務に携わっている。第4陣で住友石炭鉱業歌志内鉱から派遣された川口千尋氏は，ドイツで先山資格を取得し，帰国して歌志内鉱に復職された。その後，坑内保安係員資格を取得して係員（職員）に昇格される。歌志内鉱が閉山した後，赤平鉱に転勤になり，その後1972年から水産会社に転職されている。

釧路市の太平洋炭鉱を退職し，第5陣，すなわち炭鉱離職者派遣の第2次計画で渡独された能地　定氏は，帰国して太平洋炭鉱に再就職することができた。採炭，掘進などの坑内労働に従事された後，資材係などの地上勤務に移り，同炭鉱で継続して就労されている。同じ第5陣で派遣されたT氏も，太平洋炭鉱に再就職されている。

北海道の炭鉱である三菱鉱業大夕張鉱から第2陣第1班で派遣された對馬良一氏は，募集2名に対して応募者が40名になり，筆記試験と面接を経て選抜されての渡独であった。帰国して現職の作業員（支柱夫）に復帰された。三菱の場合，ドイツで先山資格を取得しても，甲種坑内保安係の国家試験に合格しなければ職員に登用されなかった。帰国して2年後に，この国家試験に合格し，1年間保安係助手を務めた後，1964年に職員に昇格した。1964年から現場担当の係員（Steiger）として働いたが，1973年に大夕張鉱が閉山になり，三菱鉱業本社に転勤し，その後，三菱生コンクリート，三菱鉱業セメント，三菱マテリアルに継続して勤務した後，定年退職されている。

第2陣第1班で常磐炭鉱磐城鉱から派遣された渡辺四郎氏は，帰国後，建設大学校を卒業して大成建設に就職した。その後も，建設・道路関係の仕事に就かれている。ドイツの生活で，「誇り高い生き方やものの考え方，自負心を学ぶことができた」と話してくれた。

先に触れたドイツに在住している土井　操氏の援助のおかげで，筆者は，1992年9月20日（日），東京で，北海道と九州の炭鉱から第4陣でドイツに派遣され，帰国した後，首都圏に在住されている5名に会うことができた。北海道の太平洋炭鉱釧路鉱の成田正男，九州の日鉄鉱業二瀬鉱の金永義勝，三菱鉱業高島鉱の新穂新二，日本炭鉱高松鉱の榛原孝司，福山一實の各氏である。成田氏は中央漁業公社の部長，金永氏は北三株式会社の課長，新穂氏は光ファイ

バー部品製造会社の社長，榛原氏はNTTの課長，福山氏はうどんチェーン店の店長と要職に就かれていた人々である。20歳代前半（21歳から24歳）で経験した外国生活について，どの人も「ドイツでの生活はよかった」と述べている。「ドイツの生活があったから，今日まで苦労があっても乗り越えることができた」というのが，5名全員に共通する意識である。(12)

　この項で記載したドイツで働いた日本人炭鉱労働者の帰国後の状況は，主に1992年から1993年にかけて九州，北海道，東京などで直接会って聞いた話の記録にもとづいている。多くの方は，50～60歳代の働き盛りで，まさに日本の社会の中心に位置して就労し，活躍されていた人々である。ドイツから帰国した人々が過ごした30年間の多様な就労実態は，日本の石炭業界の再編が，いかに厳しい状況のなかで実施されていったかを示している。その後，多くの方は定年退職されているが，若くしてドイツに渡航した人々は，現在もなお現役で働かれている。

3　グリュック・アウフ会

　ドイツから帰国した炭鉱労働者のその後の生活の「心の支え」となったのが，グリュック・アウフ会の存在であった。周知のように，ドイツ語のグリュック・アウフ（Glückauf）は，日本語では「ご安全に」という意味であるが，ドイツの炭鉱坑内ではもちろんのこと，ハンボルンをはじめ，炭鉱が集中していたルール地域では，日常生活の挨拶の言葉として使われていた。ドイツの鉱山歌（Das Bergmannslied）で日本の「炭坑節」に相当する歌が「グリュック アウフ，グリュック アウフ！」（Glück auf, Glück auf !）である。また，第1陣の日本人炭鉱労働者が，ドイツで結成した自治会の名称も「グリュック・アウフ会」であった。
　その後，帰国した炭鉱労働者を中心にして日本で結成されたのが，「グリュック・アウフ会」である。道正邦彦氏によれば，グリュック・アウフ会とは，「昭和32年から昭和40年までの間に，日独政府間協定に基づいて，西独に派遣

され，夫々3年間，西ドイツのルール地区の炭鉱で働いた日本人炭鉱労働者諸君，並びにその家族ぐるみの会」である。(13)

　グリュック・アウフ会が結成されたのは早く，1964年11月に第4陣が帰国して間もない同年12月であった。(14)その後，派遣された炭鉱労働者を中心に，関係した労働省職員そして主席連絡員と連絡員が参集する機会が幾度も設定され，今日に至っている。第1回全国グリュック・アウフ会である「元西独派遣炭鉱労働者交歓会」が東京で開催されたのは，1974年11月9日である。ここには，ドイツから帰国して日本全国で生活している多くの元炭鉱労働者とその家族が参集した。それから3年後の1977年8月には，帰国した炭鉱労働者をはじめ，労働省職員，連絡員で構成されたドイツ訪問団が，ハンボルンやルール各地を訪れている。それは，第1陣で派遣された炭鉱労働者にとっては，ハンボルナー鉱山会社の労働部長であったシュッテッフェン氏，下宿したドイツ家庭の知人など，ドイツ滞在時に交流のあった人々との実に17年ぶりの再会であった。(15)

　全国グリュック・アウフ会は，1974年以降，10年ごとに東京で開催されている。すなわち，第2回「全国グリュック・アウフ会の集い」—元西独派遣炭鉱労働者交歓会—が開かれたのは，1984年8月14日であり，第3回「全国グリュック・アウフ会の集い」は1994年8月13日に開催されている。国内各地からだけでなく，ドイツに在留し，生活している元日本人炭鉱労働者とその家族も参加している。また，グリュック・アウフ会新年会が，毎年1月に東京で開かれている。ここには，ドイツの炭鉱で就労し，帰国して北海道や九州に居住している人々も多数参加している。2005年1月9日（日）の集いは，「第28回グリュック・アウフ会新年会」であった。ドイツで働いた日本人炭鉱労働者は，毎年1回，そして10年に1回の大きな集いの機会を築いてきたのである。

　グリュック・アウフ会の動きは，以上に尽きるものではない。多くの派遣労働者を送り出した九州では，早くから「西日本Glück-auf会」が組織されていた。筆者がこの会の集いにはじめて参加したのは，1992年11月15日（日）に博多で開かれた「第8回西日本Glück-auf会」である。全国の集いの間を縫うようにして，西日本グリュック・アウフ会は，2〜5年に一度は開催されている。1997年11月9日（日）には第10回，2002年11月23日（土）には「第11回Glückauf会」が，福岡で開かれている．この会には，九州各地はもとより，北海道，首都圏，大阪などの国内から，またしばしばドイツからも元日本人炭鉱労働者の人々が参加している．また，札幌で「北海道グリュック・アウフ会」が開かれたのは，1993年10月8日(金)，そして2003年7月10日(木)であった．

グリュック・アウフ会の定期的な集いは，帰国した人々の多くが生活している九州，北海道，東京・首都圏で開催されてきている．第1部で明らかになった派遣された日本人炭鉱労働者の多様性は，帰国後に組織されたグリュック・アウフ会の柔軟性をもたらしている．たとえば，ゲルゼンキルヒェンのエッセナー石炭鉱山会社に派遣されたのは，第2陣第1班，第3班，第5陣のうちの100名の労働者であった．序章で触れた高口岳彦氏の著書と写真集の発行を担ったのは，「グリュック・アウフ・ゲルゼンキルヘン会」である．2000年は，1960年10月に第3陣が派遣されてから40年目の年であった．2000年9月16日(土)には，全国各地の第3陣派遣労働者を中心として「グリュック・アウフ会　第3陣ドイツ派遣40周年記念祝賀会」が東京で開催されている．

4　カナダへ渡航した日本人炭鉱労働者

筆者が，ドイツから日本に帰国した炭鉱労働者のなかから，その後カナダの炭鉱へ行った人々がいることを知ったのは，1991年3月であった[16]．カナダの炭鉱への渡航を企画したのは，ドイツで最初の主席連絡員を勤めて帰国し，その後第2次計画の実現に尽力された後明庫之助氏である．カナダへの渡航計画が生じたのは，1968年であり，ドイツへの炭鉱離職者派遣計画が中止されて間もないころであった．ここでは，すでに紹介した高口岳彦氏と栗原達男氏に依拠しながら，少しだけ触れることにしたい[17]．

カナダのアルバータ州グランド・キャシュにあるスモーキー・リバー炭鉱が開業したのは1968年である．カナダ渡航の発端は，この炭鉱を経営するマッキンタイア社から，「日本の優秀な炭鉱マンを100人以上欲しい」[18]という相談を後明庫之助氏が受けたことであった．第1陣で北海道炭鉱汽船平和鉱から派遣され，帰国して平和鉱に復職していた田井中　昇氏は，「転職するんだったら，

カナダで自分の技術を生かした方がいい，そう思って決心」(19)しての渡航であった。1970年11月，田井中氏とともにカナダへ渡航したのは，第１陣でドイツに派遣された押木　力［清水沢鉱］，第２陣第３班で派遣された渡辺直好［幌内鉱］とドイツには渡航していない高橋克明［太平洋炭鉱］の３氏である。この頃，ドイツから北海道の炭鉱に復職していた人々，たとえば對馬良一［三菱大夕張］氏や斉藤　茂［住友赤平］氏も，カナダへの渡航に誘われた経験を持っている。

その後，1972年６月には，第１陣で三井鉱山三池鉱からドイツへ派遣された本田豊明，太平洋炭鉱から派遣された斉藤　昇，第２陣第１班で太平洋炭鉱から派遣された菅原幹男とドイツへ渡航していない塚田吉郎［北海道炭鉱汽船幌内鉱］の４氏が，カナダの炭鉱へ渡航している。真冬の厳寒期には，マイナス40度にも達する厳しい自然条件にあるカナダの炭鉱へ渡航した８名のうち，７名は北海道出身であり，１名が九州出身の人であった。

第２陣第１班でドイツの炭鉱で就労した高口岳彦［三井鉱山美唄鉱］氏は，1976年10月に，グランド・キャシュを訪問している(20)。また，栗原達男氏が，カナダに渡航した日本人炭鉱労働者とその家族を訪問したのは，1985年10月のことである。

［注］
（１）1992年９月１日(火)，斉藤鴻三氏宅での聞き取り調査メモ。
（２）矢田俊文，前掲書，22-25頁。この時期の状況について，深田祐介氏は，「昭和37年10月13日，……有沢広巳氏を団長とする石炭鉱業調査団は，……「炭主油従」政策を訂正，……炭坑労務者７万乃至８万名の整理を勧告する。……炭坑労務者は，閉山と不況から，生活に困って，なだれを打って，炭坑を離れていった」と指摘している（同氏「ルールに行った鉱山男」『われら海を渡る』文藝春秋社，1980年，225頁）。
（３）１週間の間に，これだけの地域を回り，多くの元派遣労働者の人々に面接して調査することができたのは，第１陣の白石磯久男，片山敏夫，宮島次郎，笹尾了祐，松岡忠夫，川崎博美，第３陣の井上久男，福田哲也，第４陣の森田幹雄の各氏によるそれぞれの地での自動車による送迎と列車と連絡船を利用しての綿密な調査日程への協力，そして行く先々で多くの方々が集まって下さったおかげである。
（４）白石磯久男氏は，その後も２度にわたり水巻町議会選挙に当選し，合計８期，30年近く

第5章 日本に帰国した人々　183

の長期にわたって町議会議員を勤められた。
(5)「佃氏は，ドイツの炭坑で働きながら，感じたこと，考えたことを日本の若者に伝えたくて，帰国後，日大の通信教育を受けて教師の資格を取り，炭坑を離職，高校の教諭になったひと」(深田祐介，前掲書，134頁)。
(6) 高島炭鉱閉山時に就労していた4人については，栗原達男氏が，実際に当時の高島炭鉱へ出かけて取材した記録をもとに書かれた「日本—高島砿の閉山と炭鉱マンたち」(同氏『さらば日本の炭鉱—ドイツ・カナダの日本人炭鉱マン—』平凡社，1987年)に詳しい。
(7) 1961年末当時，ブレーメンの造船所で職業知識を修得するために働いていた森園勝弘氏は，第2次計画で派遣された炭鉱離職者からなる第5陣の派遣人員が多数に上り，クレックナー鉱山会社にも派遣労働者が配属された場合には，その人々のための連絡員として現地採用されることになっていた人である ("Aktennotiz, Betr.:Verbindungsmänner für die unter das 2. Programm fallenden japanischen Bergarbeiter", Schichtmeisterei, d. 28. 12. 1961)。
(8) 笹尾了祐氏は，この郷土史研究会で活躍され，以下のような業績を会報に発表されている。「遠賀川流域の方言」(嘉飯山郷土研究会会報第6号〔平成4年〕)，「筑穂炭鉱史　炭鉱用語」・「遠賀川流域の方言　II　会誌6号追補」(同研究会会報第8号〔平成6年〕)，「昔遊びいろいろ」(同研究会会誌第9号〔平成7年〕)，「遠賀川流域の方言 (III)」(同研究会会誌第10号〔平成8年〕)，「炭鉱用語解説と図解」(同研究会会報第14号〔平成12年〕)。
(9) 1993年10月8日(金)，北海道グリュック・アウフ会に参加した時の聞き取りメモ。
(10) 2003年6月17日(火)，ボッフムでの聞き取りメモ。
(11) 1992年10月20日(火)，東京での聞き取りメモ。
(12) この日の待ち合わせで，日時の設定は簡単に済ませることができたが，問題は場所の設定であった。金永氏が，「誰でも必ずわかる場所」として指定されたのは，上野公園にある西郷隆盛像の前であった。
(13) 道正邦彦「解説—2つの故郷を持つ—」(深田祐介『われら海を渡る』文藝春秋社，文春文庫版，1985年)。
(14) 1992年8月31日(月)，北海道・札幌での聞き取り調査メモ。
(15) 深田祐介「ルールに行った鉱山男」(同氏『われら海を渡る』前掲書)は，この時の状況を伝える「17年目のハンボルン」で始まる。
(16) 1991年3月12日(火)，ドゥイスブルクのヘルマン・マール(もとハンボルナー鉱山会社労働部長)氏宅で開かれた座談会での聞き取りメモ。
(17) 高口岳彦「終焉カナディアン・ロッキー」(『地底の客人』前掲書，191-195頁)。栗原達男「カナダ−ロッキー山中に生きる道産子」(『さらば日本の炭鉱』前掲書，135-198頁)。
(18) 栗原達男，同上書，146頁。
(19) 同上書，147頁。
(20) この時すでに，日本人炭鉱労働者をカナダへ呼び寄せた後明庫之助氏は，「遥か南の米国国境に近いコールマン炭鉱に移っていた」(高口岳彦，前掲書，193頁)。

第6章
ドイツに残留した人々

　ドイツで働いた日本人炭鉱労働者は，国境を越えた（国際的な）労働力移動のひとつの形態である。ある国が，人手不足を解消するために他の国から必要とされる労働力を受け入れた場合，たとえそれが，一時的・臨時的な労働力政策のもとで実施されたとしても，「外国人労働力の移動」は，その担い手である基本的な人権を備えた「人」としての外国人労働者の移動であるために，受け入れた国は，外国人労働者の一定数が残留し，定住・永住化するのを避けることはできない。このことは，国際的な労働力移動の古典的命題ということもできる。

　政府間協定にもとづいてドイツで働いた総数436名の日本人炭鉱労働者も，例外ではなかった。協定では「3年間の期限付き就労」と限定されていたが，一定数の人々は，3年の就労期限が終了した後も残留し，渡独から40年以上の歳月を経た今日もドイツに在住しているのが現実である。

　この章の課題は，ドイツに在住した人々の状況の一端を紹介することである。

1　残留した人々の動向

(1) 渡航グループ別在留状況

　表6-1は，1991年現在でドイツに在住している元日本人炭鉱労働者の全体的な状況を示している。その数は，32名である。受け入れ鉱山会社別にみると，ハンボルナー鉱山会社が23名，クレックナー鉱山会社が6名，エッセナー石炭鉱山会社が3名であり，在留者の多くが，ハンボルナー鉱山会社に派遣された人々で占められている。また，派遣労働者総数436名に占める在留者数の割合は，7.3％である。

　在留人数に差があるものの，ドイツに残留した人々は，第1陣から第5陣，

第6章 ドイツに残留した人々　185

表6-1　ドイツ在住者の状況

	出身炭鉱	渡航陣	居住地	勤務先(注)
1	山口鉱山	第1陣	フェルデ	(炭鉱)
2	三菱鉱業	第1陣	ハンブルク	日本企業
3	常磐炭鉱	第1陣	ハンボルン	(炭鉱)
4	日鉄鉱業	第1陣	ハンボルン	(炭鉱)
5	住友鉱山	第2陣第1班	―	―
6	太平洋炭鉱	第2陣第1班	ブルンスビュッテル	化学工場
7	三井鉱山	第2陣第2班	カストロップ・ラウクセル	(炭鉱)
8	―	第2陣第2班	カストロップ・ラウクセル	(炭鉱)
9	日鉄鉱業	第2陣第2班	デュッセルドルフ	日本企業
10	―	第2陣第2班	―	―
11	―	第2陣第2班	カストロップ・ラウクセル	運送会社
12	三井鉱山	第2陣第3班	ヴェーゼル	鉄鋼
13	住友石炭鉱業	第2陣第3班	カストロップ・ラウクセル	(炭鉱)
14	明治鉱業	第2陣第3班	ヴァルズム	化学工場
15	麻生産業	第3陣	ハンボルン	(炭鉱)
16	貝島炭鉱	第3陣	ヴァルズム	鉄鋼
17	古河鉱業	第3陣	ヴァルズム	炭鉱
18	三井鉱山	第3陣	ハンボルン	(炭鉱)
19	三菱鉱業	第3陣	ハンブルク	―
20	貝島炭鉱	第3陣	クレーフェ	炭鉱
21	三井鉱山	第3陣	ハンブルク	日本企業
22	住友石炭鉱業	第3陣	ヴァルズム	鉄鋼
23	住友石炭鉱業	第4陣	カストロップ・ラウクセル	(炭鉱)
24	三井鉱山	第4陣	ハンブルク	―
25	宇部興産	第5陣	ゲルゼンキルヒェン	(炭鉱)
26	―	第5陣	デュッセルドルフ	日本企業
27	―	第5陣	ハンボルン	炭鉱
28	三井鉱山	第5陣	ゲルゼンキルヒェン	建設会社
29	―	第5陣	―	―
30	―	第5陣	ハンボルン	炭鉱
31	―	第5陣	デュッセルドルフ	自営業
32	―	第5陣	ハンボルン	鉄鋼

注：(炭鉱)という表示は，定年または閉山により，すでに退職されていた人である。
　　したがって，1991年現在，現役で炭鉱で働いていた人の数は4名である。
出所：1991～92年ルール地域各地での聞き取り調査メモより作成。

すべての渡航グループから生じている。残留することになった理由は多様であるが，各陣からの在留者数とその割合を示すと，第1陣が4名（6.7％），第2陣が10名（5.5％），第3陣が8名（13.3％），第4陣が2名（2.9％），第5陣が8名（11.4％）である。

人数が一番多いのは，第2陣の10名であるが，3班に分かれて派遣された

第2陣の総数は180名であり，在留者の割合は5.5%だから，この陣からの在留者がとくに多かったわけではない。むしろ，人数・割合ともに，残留者数が比較的多数を占めているのは，第3陣と第5陣で派遣された人々である。第3陣からの在留者が多かった理由は，就労先が，第1陣の受け入れ企業と同じハンボルナー鉱山会社であったことである。この会社は，最も多くの日本人労働者を受け入れた企業であり，親日的な会社役員が多く，坑内労働条件や寮などの生活条件も良く，第1陣と第2陣で来独し，3年の就労期限終了後も残留していた人が多かったことなどを指摘することができる。

同様に，8名の在留者を生じているのが第5陣である。この陣から比較的多くの在留者が生じた理由のひとつは，第5陣が，日本の炭鉱を離職した人を対象とした第2次計画によって派遣された人々で構成されていたことである。本書の第1部でみたように，第5陣の70名は，ハンボルナー鉱山会社（ハンボルン）に35名，エッセナー石炭鉱山会社（ゲルゼンキルヒェン）に35名と，2つの会社に半数ずつに分かれて派遣された。第5陣からの在留者8名のうち，7名はハンボルナー鉱山会社で就労した人々であり，エッセナー石炭鉱山会社で残留したのは1名だけであった。第5陣からの在留者の多くがハンボルナー鉱山会社に派遣された人々で占められたのは，第3陣の場合と共通する背景があったためと思われる。

(2) 在留可能な3つのケース

ドイツで働いた日本人炭鉱労働者は，政府間協定にもとづく「3年間の期限付き就労」を前提条件としていた。第1陣から第4陣までの人々は，日本の炭鉱会社に在籍したままの「会社派遣」であった。第1陣・第2陣と第3陣・第4陣との間には，多少の温度差があるが，3年後には帰国して，所属会社の発展に寄与することが期待されていた。また，連絡員の渡航費用や人件費などの派遣に伴う諸経費は，日本の石炭業界が負担していた。したがって，日本人炭鉱労働者は，3年間の就労後，ドイツに在留することが自由に認められていたわけではない。他方，1960年当時のドイツ政府も，外国人労働者（ガストアルバイター）の受け入れは，数年間の短期出稼ぎ的性格の繰り返しであるロー

テーション政策の枠組みの中に位置づけており，外国人労働者の在留や定住化には否定的であった(1)。

日本人炭鉱労働者が，3年間の就労後にドイツに在留することは，簡単ではなかった。3年間就労していた当時，第1陣で佐賀県の山口鉱業小城炭鉱から派遣された角道武利氏が，デュッセルドルフの日本領事館に問い合わせたところ，ドイツに在留するには，①学生として残る場合，②日本の商社に勤めて残る場合，③ドイツ女性と結婚して残る場合の3つのケースでのみ可能であるとの回答を得ている(2)。ドイツに在留した炭鉱労働者の多くは，ドイツ女性と結婚して残留することになった。しかし，残留した人々のなかには，必ずしも上記の3つのケースに当てはまらない事態に遭遇して残留し，その後結婚して家庭を築いた人，また3年間の就労を終えて日本に帰国したが，その後再渡航してドイツに在留している人も含まれている。

(3) 居住地別状況

表6-2は，ドイツに在住している人々の居住地別人数を示している。在留者の多くは，継続して就労したハンボルナー鉱山会社の炭鉱があったドゥイスブルク市のハンボルン地区に居住している。また，多くが居住しているヴァルズム（Walsum），ヴェーゼル（Wesel），クレーフェ（Kreve），フェルデ（Voerde）は，ハンボルンに隣接しているか，比較的近くに位置する町である。そうした居住状況からも，ハンボルナー鉱山会社で就労した日本人炭鉱労働者から多くの残留者が生じたことが理解できる。さらに，クレックナー鉱山会社の炭鉱があったカストロップ・ラウクセル，エッセナー石炭鉱山会社の炭鉱があったゲルゼンキルヒェンを含め，在留した日本人の多くが，その後今日までノルトライ

表6-2 居住地別人数

地　名	人　数
ハンボルン	7
ヴァルズム	4
ヴェーゼル	1
クレーフェ	1
フェルデ	1
カストロップ・ラウクセル	5
ゲルゼンキルヒェン	2
デュッセルドルフ	3
ハンブルク	3
ブルンスビュッテル	1
不明	4
合　　計	32

出所：表6-1より作成。

ン・ヴェストファーレン州に位置するルール工業地域の諸都市に居住している。また，数名の在留者が，その後転職して居住することになったデュッセルドルフ（Düsseldorf）は，ドイツ国内で日本人居住者が最も多いことで有名な大都市であり，ハンブルク（Hamburg），ブルンスビュッテル（Brunsbüttel）は，ドイツ全土で見れば，ルール工業地域に比較的近い北ドイツに位置している。

2　その後の生活

【石炭危機とルール石炭(株)の設立】

　最初の日本人炭鉱労働者が派遣された1957年当時のドイツには，ルール（Ruhr），ザール（Saar），アーヘン（Aachen），イッベンビューレン（Ibbenbüren）の4つの炭田地帯があり，炭鉱総数は173鉱であった。ルール地域には，そのうちの140鉱（81％）が集中していた。日本人を受け入れた鉱山会社3社は，ドイツでも安定した経営基盤を有する大手炭鉱会社であった。

　だが，ドイツの石炭業界も，石油や天然ガスなどの新しいエネルギー資源や北米，オーストラリア，南アフリカ産の安価な石炭との国際的な自由競争のもとで，相次ぐ閉山や人員合理化が不可避の状況であった。とくに，1967/68年の不況期には，石炭危機（Kohlenkrise）と呼ばれる状況を迎えた。政・労・使を代表する委員会が作られ，2年間かけて出された結論は，「より多くのエネルギー源が必要とされる社会状況のなかで，ドイツのすべての石炭業を破棄するのは誤りである」という内容であった。その結果，1970年に，連邦政府と州政府の強力な保護政策のもとに，すべての炭鉱会社を統合したルール石炭株式会社（Ruhrkohle AG）が結成された。こうして，石炭危機は回避されたが，安価な外国炭との競争と石炭産業を維持するための国家財政負担が続くなかで，その後も，炭鉱合理化は不可避であった。

　たとえば，1957年以降の40年間のドイツ炭鉱の推移をみると，1957年に173鉱であった炭鉱数は，1967年には81鉱，1977年には43鉱，1987年には32鉱，1997年には17鉱へと激減している。

　筆者が，ドイツに在留している人々を訪問できたのは，1991年3月以降であ

表6-3 職業（勤務先）別人数

職業（勤務先）	人数	％
炭鉱	14	43.8
鉄鋼業	4	12.5
化学工場	2	6.3
建設業	1	3.1
運送業	1	3.1
日本企業	4	12.5
自営業	1	3.1
不明	5	15.6
合　計	32	100

出所：表6-1より作成。

った。当時のドイツの出炭費用は，平均して1トン当たり260マルク（DM），採炭条件のよい炭鉱でも187マルク，条件の悪い炭鉱では398マルクであった。それに対して，ポーランド，オーストラリア，南アフリカなどの外国炭の出炭費用は，1トン当たり100マルク以下であり，したがってドイツ国内には1,000万トン以上の石炭が貯炭状態にあった。[5]
安い外国炭の搬入を，炭鉱労働者が身体を張って阻止しようとする動きがあったのも，このころであった。

【職業（勤務先）別状況】

　独身の若い労働者を条件とした炭鉱労働者の派遣は，たとえ「期限付き就労」を前提としても，ドイツ女性との結婚による残留者を生ずるのは自然の成り行きであった。総数436名のうちの残留者数32名は，決して多数であったとは思われない。

　表6-3は，在留した日本人の職業（勤務先）状況を示している。残留した後も，炭鉱労働に従事した人の割合は，44％である。それは，日本に帰国した炭鉱労働者のうち，定年退職するまで炭鉱労働に従事できた人の割合よりも大きかった。両国政府の石炭産業政策の相異の結果と思われる。だが，ドイツに残った日本人炭鉱労働者のその後も，多様である。半数以上の人が，鉄鋼，化学，建設，運送，あるいは日本企業などへ転職している。

(1) 炭鉱に留まった場合

　1957年1月に渡航した第1陣59名のうち，3年の就労期限が終了した後もドイツに残留したのは，角道武利［山口鉱業小城鉱］，湯地　弘［三菱鉱業端島鉱］，沼田郁之助［常磐炭鉱南中郷鉱］，前園五郎［日鉄鉱業二瀬鉱］の4氏であった。角道氏のドイツ残留は，帰国する少し前に所属していた日本の山口鉱業が倒産

したためであった。他の３氏の在留は，いずれもドイツ女性との結婚であった。その後，日本航空に転職した湯地氏を除く３氏は，ハンボルナー鉱山会社に継続して勤務された。

【ハンボルナー鉱山会社】（ハンボルン）

　沼田郁之助氏は，在留した後，エッセンの鉱山学校（Bergschule）に通うことになった。１週間のうち，３日間は坑内労働，３日間は鉱山学校に通う生活が４年半つづくことになる。1966年に，掘進係員（Steiger）の国家試験に合格して，職員（Angestellte）に昇格し，以降，定年退職するまで掘進係員の仕事に従事された。前園五郎氏が在留し，結婚後に居住した住宅は，フリードリッヒ・ティッセン２／５鉱（F.T.2/5鉱）の立坑（Schacht）に近く，自転車で通勤する日々であった。先にみたように，ハンボルナー鉱山会社に在留した人の数は，計23名であった。最も多くの在留者が住んでいたハンボルンでは，「日本人会」が組織された。１か月５マルクの会費を集めて，土・日曜日には家族ぐるみで集まったり，溜まった会費でバス旅行を企画するなどの交流が長くつづいた。子どもが大きくなったり，鉄鋼会社に転職する人が出たりして，勤務形態の違いから，土・日曜日であっても，集まることが困難になり，日本人会は解散になった。その後も，在留している日本人とその家族の世話役として中心的な役割を担っているのが前園五郎氏である。

　1970年のルール石炭会社（Ruhrkohle AG）の設立に伴い，ハンボルナー鉱山会社もルール石炭会社に統合されることになった。その後の炭鉱合理化の中で，日本人炭鉱労働者の多くが就労していたフリードリッヒ・ティッセン２／５鉱は，1976年に閉山になった。ハンボルナー鉱山会社に在留した人々の勤務先（職場）は，以降，同社が所有していたハンボルンに程近いディンスラーケン（Dinslaken）にあるローベルク鉱（Zeche Lohberg）になり，退職されるまでこの炭鉱で就労することになった。

　ドイツに残留した後，転職することなく炭鉱で就労していたのは，ハンボルンで９名，カストロップ・ラウクセルで４名，ゲルゼンキルヒェンで１名の合計14名である。1991年の時点で，現役の炭鉱労働者として坑内労働にたずさわっていたのは，第３陣で派遣された稲津　勉［古河鉱業］と執行龍美［貝島炭

鉱］，第5陣で派遣された坂口年夫，林　信雄の4氏であり，ハンボルナー鉱山会社に派遣された人々である。この時点における4氏の勤務先は，ローベルク鉱であった。[7]

第3陣で貝島炭鉱から派遣された執行龍美氏は，中学を卒業してすぐに貝島炭鉱に就職し，在職したまま1年間貝島塾（鉱山学校）に通い，その後昼間は炭鉱で働きながら夜間高校を卒業し，夜間の大学に進学したころに，上司の推薦でドイツ派遣に応募して来独することになった。この時の応募者は，4名で，派遣されたのは執行氏と有吉伸昭氏（ドイツに在留し，その後鉄鋼会社に転職された）の2名であった。在留した執行氏は，3年間の派遣就労期間中に先山鉱員（Hauer）の資格を取得していたが，その後，1968年には電気先山鉱員（Elektrohauer）の資格を取得した。さらに，鉱山学校に進み，係員の国家試験に合格して電気係員（Elektrosteiger）としてローベルク鉱で働いていた。[8]

【クレックナー鉱山会社】（カストロップ・ラウクセル）

在留した後も，クレックナー鉱山会社の炭鉱で就労していたのは，第2陣第2班で派遣された井上慎一，今出　武，第2陣第3班で派遣された副島伸之，第4陣で派遣された土井　操の4氏である。

三井鉱山山野鉱から渡独された井上慎一氏は，3年の就労期限終了後の1961年3月に結婚して在留された。井上氏も，炭鉱で採炭夫（Hauer）として働きながら2年間，週3日，毎回3時間の夜間学校に通って電気先山鉱員（Elektrohauer）の資格を取る。その後の3年間は，鉱山専門学校（Bergfachschule）に通い国家試験に合格して電機技師の資格を取られた。この3年間は，1週間交替で，坑内労働に従事する日々と鉱山学校に通学する日々であった。1973年には，坑内電気係員（Elekrosteiger）に昇格して，炭鉱が閉山になる1990年まで電気係員（6～7名の電気係鉱員を使う責任者）として勤務された。[9]

第4陣で派遣されて，同じクレックナー鉱山会社に在留したのが，住友石炭鉱業奔別鉱出身の土井　操氏である。第4陣67名は，全員がクレックナー鉱山会社で就労した。まとまりが良かったためか，第4陣で派遣されてドイツに残留した人は比較的少ない。土井氏は，在留した後，坑内採炭労働に従事しながら，2年間，夜間の技術学校に通学した。炭鉱でのみ有効な鉱山電気技師

(Zechenelektroniker)の資格を取って、職員（Angestellte）に昇格し、その後炭鉱が閉山されるまで職員として就労した。したがって、在留後のドイツでは、職場でも、住宅でも、家庭生活でも「何の問題もなかった」。[10]

カストロップ・ラウクセルのクレックナー鉱山会社／ビクトル・イッカーン鉱は、井上慎一氏や土井 操氏が派遣された当時は、個人所有の会社であったが、1970年には、他の鉱山会社と合併してルール石炭会社（Ruhrkohle AG）になった。その後、ビクトル・イッカーン1／2鉱は閉山になるが、ビクトル3／4鉱は継続し、在留した人々も同じ炭鉱で就労することができたが、1990年には3／4鉱も閉山になり、カストロップ・ラウクセルにあった炭鉱はすべて閉山された。井上氏は、1990年3月に、土井氏は、同年9月に退職されている。

【エッセナー石炭鉱山会社】（ゲルゼンキルヒェン）

総数100名を受け入れたエッセナー石炭鉱山会社に派遣されてドイツに在留した人は、3名であり、他の2社に比べると少なかった。ドイツ在留後も、継続してゲルゼンキルヒェンの炭鉱で就労されたのは第5陣で渡独して在留した恵藤英雄氏だけであった。宇部興産沖の山鉱出身の恵藤氏は、第2陣に選抜されていたが、派遣前に坑内事故で負傷したために渡独を断念せざるを得なかった。その後、恵藤氏は宇部興産を退職して、炭鉱離職者対策の第5陣に応募して派遣された。1965年に3年の就労期限が終了した後、ドイツ女性と結婚して在留された。ドイツに渡航して10年後に再開したのが、特技であった卓球である。地域社会における卓球コーチの活躍を認めてくれた会社は、毎日一番方の勤務体制を組んでくれるようになり、午後には自宅近くの体育館で卓球コーチとして活躍することができた。1991年には、すでに長年勤務したルール石炭会社のフーゴー炭鉱（Hugo Bergwerk）を退職されている。[11]

(2) 転職した場合

1962年3月の第5陣で派遣されたのが、三井鉱山三池・三川鉱出身の田中信佶氏である。田中氏は、1960年の三池争議で解雇された後、当時の日本ではドイツへ行ける機会などなかったため、炭鉱離職者対策の第5陣に応募して、渡独された。3年の就労期限が終了した1965年3月以降も、ハンボルナー鉱山会

社で坑内労働に従事された。だが，炭鉱での仕事は危険を伴うため，1年後には，炭鉱を辞めて建設会社に転職し，パワーシャベル（Bagger）の運転手の仕事に就いた。(12)

　第2陣第3班で三井鉱山三池・宮之浦鉱からハンボルナー鉱山会社に派遣された井上徳光氏は，在留後も炭鉱で働きながら，係員（Steiger）に昇格する資格をとるために鉱山専門学校（Fachhochschule）に通っていた。1970年にルール石炭会社が設立された後も，ドイツの炭鉱に将来性を感じられなくなった井上徳光氏は，フリードリッヒ・ティッセン鉄鋼会社（Friedrich Thyssen Stahl）に転職された。転職したのは，1971年5月3日のことである。井上氏が鉄鋼会社へ転職するに伴い，鉱山学校も辞めたため，跡をついで鉱山学校に通って電気技師の資格を取り，電気係員に昇格したのが，先に紹介した執行龍美氏である。井上徳光と田中信信の両氏は，同じ三井三池出身であり，筑穂鉱山学校時代からの知り合いである。(13)

　在留した人の転職先は，ルール工業地域内の鉄鋼，化学，建設，運輸などの職場であった。ドイツに在留した人の転職の特徴は，転職先に日本企業がみられることである（表6-3参照）。たとえば，第1陣で派遣された人のなかで最も早く在留を決めた湯地　弘氏は，在留後ハンボルナー鉱山会社に3年間勤務した後，日本航空ドイツ支店に転職された。その後，湯地氏についで日本航空に転職しているのが，第3陣で三井鉱山三池鉱から派遣されていた永岡知之氏である。(14) 両氏は，転職後ハンブルクに居住している。転職先の日本企業のもうひとつの会社は富士フィルムであり，この会社で働いていたのが，第2陣第2班で日鉄鉱業二瀬鉱から派遣された内村俊雄と第5陣で渡航した小松　茂の両氏である。(15)

(3) 再渡航した人

　1991/92年の時点でドイツに在留していた32名の元日本人炭鉱労働者のうち，少なくとも4名は，協定にもとづく3年間の就労期限を終えて，日本に帰国した後，個別的にドイツに再渡航して就職し，在留された。そのうちのひとりが，住友石炭鉱業赤平鉱から第3陣で渡航した山本勝栄氏である。

第3陣で派遣された山本勝栄氏は，3年の就労期間が終了する1963年にドイツで結婚する。ドイツ女性と結婚した日本人炭鉱労働者のなかで，妻を伴って帰国したのは山本氏だけであった。住友赤平鉱で働いて3年半後の1967年6月に，山本氏は妻と共にドイツへ再渡航して在留している。高口氏によれば，山本氏のドイツへの旅立ちは「排他的閉鎖社会に対する無言の抵抗」(16)であった。それは，山本夫妻にとっての「本当の意味での帰国」であったと思われる。ドイツに到着した山本勝栄氏は，ただちに鉄鋼会社に就職し，製鉄所に勤務された。

住友石炭鉱業奔別鉱を離職して第5陣で派遣された諸角道夫氏も，3年の就労期限終了後，日本に帰国し，再びドイツへ渡航して在留していた人のひとりである。ドイツにもどり，炭鉱で働いた諸角氏は，その後，自営業に転換して豆腐製造販売業を経営された。(17)

3　余儀なくされた残留

(1) 倒産による残留

日本人炭鉱労働者の多くは，ドイツ女性との結婚を契機として在留された。だが，やむを得ずドイツに残留し，その後結婚して，在留した人々がいたことも事実である。そのひとりが，就労期間中に在職していた日本の炭鉱が倒産した角道武利氏である。

【ドイツ派遣と残留】

角道氏は，高校を卒業後，九州の炭鉱に就職された。伊万里，調川などの勤めた4つの炭鉱は，いずれも小さな炭鉱であったため，閉山（倒産）と転職を繰り返したが，念願であった佐賀県の小城炭鉱に転職することができた。小城炭鉱で，係員になるための甲種国家試験にも合格し，係員助手をしていたとき，ドイツへ派遣する鉱員を募集する社内掲示が出された。この募集に応募した人は，12名であったが，山口鉱山小城炭鉱から派遣されたのは，角道氏ひとりだけであった。会社からは，ドイツから帰国したら，係員に昇格することが約束されての派遣であった。こうして角道氏は，1957年に派遣された第1陣59名の

ひとりとして渡航された。

　角道氏がドイツ残留を決意したのは，3年の就労期間中に所属会社であった山口鉱山が倒産し，「帰国しても，日本で仕事を探すのは困難だと思った」(18)からである。どうすればドイツに残れるかを日本領事館に問合せた角道氏は，自分が在留する理由を「学ぶため」に見出した(19)。「職業知識を完成させるために」角道氏は，その後もハンボルン鉱山会社で就労し，ドイツ女性と結婚して在留することになった。

【その後の生活】

　だが角道氏は，坑内の採炭現場で10年くらい働いたころ，けがをしたり，心臓に負担を感じたりするようになった。ドイツは，「資格社会であること」を熟知していた角道氏は，1か月の有給休暇期間のうちに，ドゥイスブルクの技術専門学校に通って，溶接工（Schweiβer）の資格を取ることができた。そのための情報を提供してくれたのが，第2陣第2班で渡航したが，当時すでに派遣されたドイツの炭鉱から姿を消していた丸尾熊五郎氏である。ある日，角道氏は，ドゥイスブルクの工場で溶接工として働いていた丸尾氏に偶然出会うことになった。この時，溶接工の仕事を学び，資格をとるために必要な技術専門学校を教えてくれたのが丸尾氏であった。

　溶接工の資格を取り，労働部長であったヘルマン・マール氏に地上勤務の仕事に移りたい旨を相談した結果，感心したマール氏の計らいで，その日から溶接の職場に異動することができた。厳しい坑内労働から溶接の仕事に移り，収入も上がり，身体も楽になった角道氏は，家族のためにと思って，土木工事のアルバイトに出かけ，家庭にいる時間が少なくなっていった。そうした生活が，離婚する原因になったのかも知れなかった。

　ドイツでは離婚すると，給与の7分の3を別れた妻に支払わなければならなかった。角道氏は，離婚の原因が，自分にないことを裁判で証明して勝訴し，給与の一部（3／7）を支払う必要はなくなったが，それまでの2年間の生活は厳しいものであった。

【30年ぶりの帰国】

　筆者が，角道武利氏にはじめて会ったのは，1991年7月である。すでにハン

ボルナー鉱山会社を定年で退職されており、また再婚してハンボルンに程近い小さな町、フェルデ（Voerde）に転居されて以降のことである。それは、角道氏が、1987年の春に30年ぶりに日本に帰国してから間もない頃であった。帰国は、昔の会社の同僚が飛行機代として集めてくれた資金で実現した。フェルデは、オランダの国境に近い町である。フェルデ駅から汽車に乗り、国境の駅エンメリッヒ（Emmerich）で国際列車に乗り換えれば、アムステルダム駅に出ることができる。角道氏が利用したのは、アムステルダムから日本への直行便がある比較的料金の安いオランダ航空の飛行機であった。福岡県直方市の姉の家で、高齢となった母親と6週間暮らすことができた。

【退職後の生活】

　退職後は、年金を受給しての生活が一般的であることは、ドイツも日本も変わらない。ドイツは、手厚い年金制度が整備された国である。退職後の年金は、日本と同じで、現役時代の職業、職位、勤続年数などの条件の違いによってひとりひとりが受給する年金額はすべて異なってくる。1991年当時、一般企業を退職した人の年金額は月平均2,100マルクであり、一般の炭鉱労働者が受給していた年金額は月平均で2,500マルクであった。[20] 炭鉱で、係員などの職務に携わっていた人の賃金は月5,500〜6,000マルクであるが、年金額は月平均3,000〜3,500マルクである。日本に比べて、ドイツでは物価は安定しているから、ゆとりある生活が可能である。

　角道氏が引っ越していたフェルデの住宅は、社会住宅（Sozialwohnung）に指定され、家主には役所からの補助金が出されていて家賃を低く抑えられていた建物の1階部分にある広さ80平方メートルある3DKの住宅である。バルコニー下の庭にはバラなどの花が植えられ、地下には居住面積に比例した広さの地下室があり、住宅脇には専用のガレージが並んでいる。炭鉱を退職されていた角道氏も炭鉱労働者の年金を受給していたが、離婚理由の如何を問わず19年間一緒に生活していた離婚した妻に、19年分の年金額の7分の3を支払わなければならなかった。したがって、角道氏が受け取る年金額は、一般の鉱員年金よりも低額にならざるを得なかった。

　角道氏は、車で通勤可能な近くにあるUPS社（アメリカ系の小荷物運送会社）

で週5日午前中2時間,清掃作業の仕事に従事されていた。もちろん,週末とは別に年間6週間の有給休暇が保証された職場である。再婚した妻は,週6日,早朝2時間,フェルデ駅のレストランの清掃作業の仕事に自転車で通勤されていた。週末には,自家用車のベンツ大型車で,住宅の上階に居住している妻の両親を伴ってケーフェレア(Kevelaer)やクサンテン(Xanten)などの近くの町へでかける日々であった。[21]

(2) 身代わり残留

ドイツに残留することを余儀なくされ,その後結婚されて,現在もなおドイツに在留しているのが,第2陣第1班で北海道釧路市の太平洋炭鉱からエッセナー石炭鉱山会社(ゲルゼンキルヒェン)に派遣された田河 博氏である。

【派遣と残留】

田河氏は,両親と6人兄弟姉妹の次男で,父親も長兄も太平洋炭鉱に勤めていて,炭労の活動家でもあった。田河氏がドイツへ渡航したのは,22歳の時であった。ドイツ派遣の話が生じたのは,炭労の役員になることを要請されていた時期であり,組合役員になるか,ドイツへ行くか考え,「一度,外国へ出たいという気持ち」が強く,ドイツ派遣に応募することになった。会社側は,組合運動に積極的であった田河氏の応募に乗り気であった。

3年間の就労期限が終わる頃,田河氏は,「もっとドイツの生活を経験し,見聞を広める」ために所属会社の太平洋炭鉱を辞職して,残留することになった。したがって,ボンの日本大使館が了承したうえでの「職業知識を完成させる」ための滞在期間延長による在留であった。

在留してほぼ1年後,田河氏がエッセナー石炭鉱山会社に継続して勤務していた1962年3月に第2次計画による第5陣の半数がゲルゼンキルヒェンに派遣されてきた。この第5陣の連絡員になることをドイツの会社から依頼されたのが,田河 博氏である。それから3年間,第5陣の鉱員と同じ寮に住み,会社側との交渉や労働・生活面での世話役としての連絡員の仕事に従事した。

【身代わり残留】

3年間の就労期間を終えた第5陣の帰国に伴い連絡員の仕事が終わる田河氏

は，帰国便のエール・フランス機を手配し，自身の帰国後の就職先もドイツ企業の東京支店に決まっていた。デュッセルドルフ空港発の帰国便では，全員座席について人数確認の点呼も終え，出発の確認を終えたその時に，エール・フランス職員が「もうひとり，日本に帰りたい人がいる」ことを田河氏に伝えてきた。日本へ帰る公的な飛行機は，これが最後であることを知って空港に駆けつけてきたのが，第4陣でクレックナー鉱山会社に派遣され，3年の期限終了後，姿を消してドイツ女性のところに在留していた元日本人鉱員であった。

だが，すでに座席分の搭乗券は，すべて埋まっていたため，駆けつけたこの日本人鉱員に自分の搭乗券を譲ったのが田河氏であった。日本に帰りたい一心で必死の思いで空港に駆けつけてきた元鉱員を帰国させるために，田河氏は，自分の日本での就職も，帰国する機会も失ったことになる。こうして，「身代わり残留」状態での田河氏のドイツ在留生活が始まることになる。

【その後の生活】

帰国を断念した田河氏は，当時ルール地域の炭鉱で働いていた韓国人労働者を顧客とする食料品販売業を営むことにした。車1台に必要な食品を積んでの移動販売業である。だが，掛売りでの取引が多く，資金繰りがつかなくなり，やめざるを得なくなった。

職業安定所（Arbeitsamt）などで仕事を探していた田河氏に声を掛けてくれたのが，当時ドイツに在留していた日鉄鉱業北松鉱出身の山浦啓伸氏であった。わずかな情報を頼りにして，人手を探していた化学工場の人事課を訪ねると，「炭鉱で働いていたのであれば」ということで，すぐに採用してもらうことができた。化学工場で働いていた田河氏は，ドイツの機械メーカーから日本人顧客相手の通訳の仕事を頼まれることになった。会社と交渉して，夜勤に配転してもらい，夜勤を終えて翌朝帰宅してから，背広に着替えて通訳に出かける日が続くことになった。通訳に出かけるために毎朝，黒塗りのベンツの迎えで出かける日がつづいて1週間後，異様を感じた住民の通報で，田河氏は外国人警察署から呼び出しを受けることになる。

ドイツでは，外国人が滞在して就労するためには，滞在許可（Aufenthaltserlaubnis）と労働許可（Arbeitserlaubnis）の2つの許可証が必要であった。化学

工場に勤めて1年になるが，「身代わり残留」で在留していた田河氏は，滞在許可がないオーバーステイの外国人労働者であった。さいわい，当時交際していたドイツ女性（その後の田河氏の妻）の父親は，退職前の職業が警察官であったため，田河氏の滞在許可問題は解消し，もとの化学工場に復帰して，勤務することが可能となった。

【北ドイツへ】

田河氏が勤めた化学工場は，カストロップ・ラウクセルのクレックナー系列の化学工場（Chemie Victor）であった。その後，この会社がフェーバー（VEBA）化学会社の傘下に入ったため，田河氏はゲルゼンキルヒェンのフェーバー化学会社[22]のアンモニア製造工場に転勤することになった。1970年当時のフェーバー化学工場の従業員数は，約3,000名であったが，1976年には，それを500名規模に縮小して，北ドイツのエルベ河口に位置するブルンスビュッテルに最新工場を建設して移転することになった。田河氏は，ブルンスビュッテルに2階建てレンガ造りの典型的なドイツ住宅を建てて家族と共に転居し，以降退職されるまで，化学工場に勤務された。[23]

ここに記載した内容は，最後の田河氏の場合を除くと，主として1991年3月から1992年2月までの約1年の間に，ドイツに在留している元日本人炭鉱労働者の方々を訪ねて，聞いた内容にもとづいている。ドイツに在留した元日本人炭鉱労働者の人々の生活の一端に過ぎない以上の内容から，在留している人々がお互いに支え合って生活してきている実態を知ることができる。

在留後も多くの人は，ドイツの炭鉱で坑内労働に従事された。ここで特筆されるべき点は，在留して炭鉱で働きながら，鉱山学校に通って資格をとり，係員（Steiger）に昇格した人が3名もいたことである。沼田郁之助（第1陣）氏は，鉱山技師（Bergbauenginier）の資格をとって掘進係員に，井上慎一（第2陣第1班）と執行龍美（第3陣）の両氏は，電気技師（Elektrikenginier）の資格をとって電気係員に昇格された。炭鉱に継続して勤めた人々も，1991／92年には定年，または早期定年で退職されていた人が多く，現役で働いていた炭鉱労働者は4名であった。それに比べて，鉄鋼，化学，運送，日本企業などに転職

された人々の多くは，それぞれの職場で現役として就労していた。そこには，人員合理化と閉山の厳しい状況に置かれてきた石炭業界とその他業界との違いが示されている。

　長年炭鉱労働に従事した人の家の居間には，勤続25年で表彰され，記念として贈呈された坑内ランプや壁掛皿が飾られている。住み慣れた炭坑住宅を買い取って，現在も持ち家として居住している人もいる。建設会社に転職した人は，週末や長い休暇を利用して，また会社の同僚の助けも借りて，6か月かけて自分で平屋建ての大きな住宅を建てられた。住宅の中心に位置する中庭には池があり，椿の木が植えられている。在留した多くの人々に共通しているのは，1970年代，1980年代に4週間や6週間の長期有給休暇を利用して，家族を伴って日本の郷里にもどり，奈良や京都への旅行や，共にドイツへ派遣されて帰国した仲間と再会できた「里帰り」の経験である。

　筆者が，この研究課題に取り組んで間もないころ，派遣当時にハンボルナー鉱山会社で日本人炭鉱労働者を迎えた経験のあるヘルマン・マール氏は，「ドイツに在留している日本人には，何の問題もない」と言われた[24]。また，レギーネ・マテアス・パワー氏（Frau Dr. Regine Mathias-Pauer）は，「日本人炭鉱労働者は，高度な熟練鉱員（hochqualifizierte Arbeiter）であった。在留した日本人も，ドイツ社会に溶け込んだ生活を送っている」と述べられた[25]。ドイツ社会で，日本人炭鉱労働者の就労と生活を知るドイツ人の，日本人労働者に対する評価である。

[注]
(1) そうしたドイツ政府の意向は，日本人に対しても同様であり，第2次計画の具体化と実施の遅れにも表れていた（本書第4章3－(3)「遅れた第2次計画」【在独日本人労働者の問題】および，注(66)，注(67)を参照）。第1陣で帰国し，再渡航して1961年当時，ハンボルナー鉱山会社で働いていた北村侑三郎氏は，第5陣の連絡員を勤めた後，家族と共に日本に帰国している。
(2) 1991年7月13日（土），角道武利氏からの聞き取りメモ。
(3) 1991年12月3日（火），ヘルマン・マール氏からの聞き取りメモ。H．マール氏は，1957

年に第１陣が派遣されたハンボルナー鉱山会社の炭鉱労働者であり，当時，同社の労働組合の委員長であった。その後，同社の経営協議会委員，議長，さらに労働部長を勤めた。ルール石炭（株）が結成された後，ゲルゼンキルヒェンにあったフーゴー炭鉱（Hugo Bergwerk）に転勤して，1989年に退職されるまで労働部長であった。

　統一ドイツが誕生したのは，1990年10月3日（水）である。H．マール氏は，1992年からツビッカウ（Zwickau）にあるエルツゲビルゲ石炭エネルギー会社（Erzgebirgische Steinkohlen-Energiegesellschaft）[esteg] の労働部長を引き受けて赴任し，東ドイツの経済復興に尽力された。

(4) 1957年以降のドイツ炭鉱数の5年ごとの数値は，1957年173鉱，1962年128鉱，1967年81鉱，1972年59鉱，1977年43鉱，1982年37鉱，1987年32鉱，1992年22鉱，1997年17鉱，2002年10鉱山である（Statistik der Kohlenwirtschaft E.V.: "Der Kohlenbergbau in der Energiewirtschaft der BRD", 1990, 1991, 2002 各年版より）。
(5) 1991年3月12日（火），H．マール氏宅で，第1陣で常磐南中郷鉱から派遣されて残留した沼田郁之助氏からの聞き取りメモ。
(6) 角道氏の残留について，『われら海を渡る』では次のように記されている。「角道氏は，佐賀県多久市にある小炭坑，山口鉱業の小城鉱業所出身だったが，山口鉱業は石炭不況と合理化促進の大波をまともにくらって倒産，角道氏は帰るべき場所を失った。……角道武利氏は，まる3年の契約の期限が近づくとともに，帰国の意思を放棄，ドイツ在留を決意する」（深田祐介，前掲書，219頁）。
(7) 1991年12月4日（水），神下輝明氏宅での聞き取りメモ。
(8) 1991年12月5日（木）～6日（金），執行龍美氏宅での聞き取りメモ。
(9) 1991年12月8日（日），井上慎一氏宅での聞き取りメモ。
(10) 1991年3月13日（水），土井　操氏宅での聞き取り調査メモ。
　調査研究を始めて，最初に連絡がとれた在留している元日本人炭鉱労働者が，土井　操氏であった。土井氏から直接，ニュルンベルクの筆者に電話があったのは，1991年2月23日（土）であった。面識のない者どうしの出会いの場所として土井氏が提案されたのは，ボッフムの鉱山博物館正面入り口であった。
(11) 1991年3月14日（木），恵藤英雄氏宅での聞き取りメモ。
(12) 1991年12月10日（火），田中信佶氏宅での聞き取りメモ。
(13) 1991年12月10日（火），井上徳光氏宅での聞き取りメモ。
(14) 1991年7月13日（土），角道武利氏宅での聞き取りメモ。
(15) 1991年12月4日（水），神下輝明氏宅での聞き取りメモ。
(16) 高口岳彦『地底の客人』前掲書，190頁。
(17) 1991年3月14日（木），恵藤英雄氏宅での聞き取りメモ。
(18) 1991年7月13日（土），角道武利氏宅での聞き取りメモ。

(19) 本章はじめの部分の項，(2)「在留可能な3つのケース」を参照。
(20) 1992年1月30日（木），ルール石炭会社／ノルトライン・ヴェストファーレン本部・人事部（Ruhlkohle AG/Nordrhein-Westfahlen・Personen Abteilung）のフィッシャー氏（Herr Fischer）からの聞き取りメモ。
(21) ここに記載した内容は，1991年7月13日（土）～14日（日），10月12日（土）～13日（日），そして1992年2月1日（土）～3日（月）の3回訪問したフェルデの角道氏宅での聞き取りメモによる。
(22) フェーバー化学会社は，アンモニア製造法のハーバー・ボッシュ法の特許を取っている会社で，1978年には世界一のアンモニア生産工場を所有していた（2003年10月31日（金）～11月5日（水），田河　博氏宅での聞き取りメモ）。
(23) すでに注（22）に明らかなように，田河氏の在留についてのこの項は，2003年10月から11月にかけてブルンスビュッテルの田河氏宅を訪問して聞いた内容にもとづいている。1991／92年当時の調査では，田河　博氏がドイツに在留していたことはわかったが，住所等を知ることはできなかった。
(24) 1991年3月12日（火），ヘルマン・マール氏宅での聞き取りメモ。
(25) 1991年3月15日（金），ドイツ鉱山博物館での電話メモ。レギーネ・マテアス・パワー氏は，当時はボン大学で仕事をされていたが，その後ドゥイスブルク大学の教授を経て，現在（2005年）は，ボッフムのルール大学東アジア学部日本史学科の教授（Prof. Dr. Regine Mathias-Pauer）である。

第7章
日本の年金受給問題

1　問題の所在―渡航費用とドイツ年金適用除外措置―

　ドイツで働いた日本人炭鉱労働者は，表3-2「日本人炭鉱労働者の推移」（第3章に掲載）から明らかように，1957年から1965年にかけての8年間に第1陣～第5陣に分かれて渡航し，就労した。周知のように，第1陣から第4陣までの第1次計画は，「会社派遣」での渡航であった。他方，第2次計画で派遣された第5陣は，「離職者対策」としての渡航であった。
　いずれにしても，ヨーロッパの先進国ドイツは，アジアの極東にある日本からはるか遠方に位置する国であり，当時の一般の日本国民にとっては，ドイツに居住してヨーロッパ各地を旅行できる生活は，「夢のまた夢」の時代であった。だだ，地理的に遠いだけでなく，そこにはヨーロッパ諸国と後進国日本との間に横たわる生活水準の違い，大きな経済格差の存在があった。

【渡航費問題の解消】
　日本人炭鉱労働者のドイツ派遣が浮上し，具体化されるなかで大きな障害となったのが，日本とドイツの間の高額な往復旅費（飛行機代）を誰が負担するのか，どのように捻出するかであった。それを解消するための苦渋の策が，ドイツでの3年の就労期間中に労使双方が拠出するドイツ鉱員年金保険掛け金を特別口座に預金して，溜まった資金を往復渡航費に充当するという方策であった。この方策は，当時の日本とドイツには，国家間の年金協定が存在していなかったために可能な方法であった。
　第1次計画による炭鉱労働者の派遣は，日本の会社（炭鉱）に在籍したままでの「会社派遣」の労働者であり，ドイツでの3年の就労期間が終了した場合，帰国してもとの会社（炭鉱）に復帰することが前提であった。したがって，日

本の年金制度は，派遣された炭鉱労働者が不在であった3年間も継続して適用されることになった。高額な渡航費問題を解消する苦渋の策は，この限りでは，日本とドイツの相互の会社と派遣された労働者本人にとっても最善の策であった。

【いくつかの問題点】

だが，そうした解消策も，いくつかの問題をはらまざるを得なかった。すなわち，第1陣から第4陣までの「会社派遣」の炭鉱労働者にとっての「最善の策」は，第2次計画の「離職者対策」によって派遣された第5陣の炭鉱労働者にとっては，そうではなかった。日本で失業してドイツに派遣された人々にとっては，3年間の就労期間は，ドイツの年金保険も日本の年金保険も適用されない3年間にならざるを得ないものであった。

さらに，前章で紹介したように，その数は比較的少数に留まったとはいえ，ドイツに在留して定住し，永住している元日本人炭鉱労働者の人々にとっての問題がある。第1次計画であれ，第2次計画であれ，ドイツに在留している人々にとっては，ドイツの会社での在職期間は，残留した時点から始まる。したがって，ドイツ年金制度への加入も，この時から始まるのであって，日本から派遣された3年間の就労期間は，ドイツの年金制度の適用対象外に置かれていた。だから，在留した日本人労働者が受け取るドイツの年金額は，全く同じ期間在職したドイツ人労働者よりも3年間の在職期間相当分だけ低額にならざるを得ない。

しかも，これらの人々は，ドイツに派遣される以前に，すでに日本の炭鉱で一定の在職期間を有していた。すなわち，派遣された日本人炭鉱労働者は，日本の炭鉱で少なくとも1年半から3年の坑内労働を経験していることが原則であった。したがって，独身で年齢の若い人が対象とされたが，派遣される時点で，短い人でも2～3年，長い人では10年以上，日本の炭鉱で働いていた人が大部分であった。たとえば，高卒で炭鉱に就職して，1957年に年齢26歳で渡航した人の場合，日本での在職期間は8年，派遣期間の3年を合算すれば，日本の炭鉱での在職年数は，計11年間である。あるいは，1960年の第3陣で派遣さ

れた人は，年齢20歳であったが，中卒で炭鉱に就職したために，派遣時の日本の炭鉱での在職期間は5年，派遣期間の3年を合算すれば，日本の炭鉱での在職年数は，計8年間である。

　日本とドイツには国家間年金協定（国際通算制度）がないために，ドイツに在留し，定住している元日本人炭鉱労働者は，自分たちがドイツに派遣される以前に日本の炭鉱に在職していた期間加入し，負担した掛け金に対する日本の年金を，ドイツの社会保険庁に申請することも，支給してもらうことも不可能であった。

　筆者がドイツに滞在した1990年～1992年当時，在留している元日本人炭鉱労働者の人々の多くは，50歳代の年齢に達していた。1960年10月に，第3陣で北海道の三井鉱山美唄鉱から派遣され，3年間の就労期限後もドイツに在留していた神下輝明氏から，「日本で働いていた期間の厚生年金が支給されるのかどうか，どうすれば受け取れるのかを調べてほしい」と依頼されたのは，1991年12月4日（水）のことであった。[1]

2　日本の年金受給問題

【1992年】

　ドイツに在住している元日本人炭鉱労働者の日本の年金支給問題に携わることができたのは，帰国して約1か月後の1992年4月末であった。東京の社会保険庁年金管理課への電話での問い合わせから，始めることにした。

　社会保険庁年金管理課は，非常に親切に対応し，以下のように説明してくれた。すなわち，「厚生年金は複雑で，ひとりひとりの記録を調べて，受給資格要件（支給要件）を満たしているかどうかがわからなければ，支給されるかどうかは答えられない」，ということであった。そこで，各個人の記録を調べて，受給資格の有無を知るためにはどうすればよいかを聞くことになった。この質問に対する答えは，「各個人の記録は，勤めていた事業所（鉱業所）のあるところの社会保険事務所にあるはずだから，受給資格があるかは管轄の社会保険

事務所に問い合わせればわかる」，その際，①年金手帳の年金記号番号，②氏名と生年月日，③最後に働いていた事業所の名前と所在地，④就労期間（何年何月から何年何月まで働いていたか）を知らせれば，記録の有無や受給資格の有無を調べてもらうことができる。なお，①の記号番号がわからなくても，②～④がわかれば調べてもらうことは可能，とのことであった。だだし，本人以外が問い合わせる場合には，本人からの委任状が必要である旨も伝えられた。[2]

筆者が当時（1992年）居住していたのは，神奈川県川崎市内であった。神下氏については，日本での勤務先，在職期間（入社年月日と退職年月日）はわかっていたが，所轄の社会保険事務所の所在地も不案内であったために，社会保険庁の話を頼りに，翌日，川崎社会保険事務所に出かけることにした。

川崎社会保険事務所は，JR川崎駅から徒歩10分ほどの所にある。事務所では，前日の社会保険庁の話を説明し，結果的には神下氏の「記録と受給資格の有無」を聞くことになった。29年前に北海道の炭鉱を退職し，しかもドイツに在住している人の年金についての問い合わせに，対応された職員が困惑されてもしかたのないことであった。しかし，具体的な資料（氏名，勤務先，在職期間）があったために，記録と受給資格の有無については，コンピューターでその場で検索してくれることになった。その結果，ほぼ本人に間違いない記録のあることが明らかになった。ただし，「本人からの委任状がなければ，記録や具体的な内容についてはお知らせできない」とのことであった。この点は，社会保険庁からもあらかじめ教示されていたことである。

この日，川崎社会保険事務所で対応してくれた職員が，副長の齊藤佐奈江氏である。記録を見ながら，あれこれ思案し，計算して，本人が60歳になった時（1994年）以降，受給資格があることなどを非常に親切に教えてくれた。同時に，本人からの委任状になる「年金相談依頼状」と「承諾書」「厚生年金保険被保険者期間調査申出書」「厚生年金保険年金手帳再交付申請書」など，今後必要な書類をそろえて提供してもらうことができた。[3]

日本とドイツの間で必要な書類の往復が終わった後，再び川崎社会保険事務

所を訪ねることができたのは，6月中旬であった。社会保険事務所職員の齊藤氏は，その場で「年金手帳」を再発行し，前回の記録が本人のものであることを生年月日で確認した後，「被保険者記録紹介回答票」を打ち出して，記録の各項目について丁寧に説明してくれた。神下氏が実際に在職した期間（実期間）は，132か月（11年）であるが，坑内夫であったため，特別に加算される期間44か月が加えられて，合計176か月（14年6か月）が年金掛け金期間として計算されることが記載されていた。

この日の訪問で問題となったのが，神下氏は，いつ日本の国籍を離脱したかという点であった。年金支給の条件となる加入期間は，25年である。神下氏の場合，年金掛け金期間の14年6か月に，カラ期間（年金額には反映しないが，任意に加入していたとされる期間）が10年6か月以上あれば，年金を受給する資格条件は満たされる。だが，カラ期間は，日本国籍を有している期間でなければ合算できない，ということであった。そして，これから必要な書類として社会保険事務所から指示されたのが，最近の日付の日本の「戸籍謄本」とドイツにある日本大使館または領事館が発行してくれる「海外在住証明書」の2点であった。[4]

同年8月6日（木）に，ドイツから届いた最近の「戸籍謄本」（日本）とドゥイスブルク市役所の「住民票」（Meldebescheinigung）を手にして，再び社会保険事務所を訪れることになった。その結果，神下氏の場合，日本国籍を喪失するまでの期間が154か月であり，したがって176か月プラス154か月で合計330か月になり，年金を受給する資格条件である300か月（25年）をクリアしており，日本の炭鉱で働いていた期間に相当する年金受給権が60歳（1994年）になった時点で生ずることが明らかになった。[5]

【1994年】

こうして神下氏が60歳の誕生日を迎えた後の1994年3月末には，必要な書類等をすべて準備して，川崎社会保険事務所で年金裁定請求手続きを行い，「年金給付裁定請求書の受付のご案内」を受け取ることができた。それは，1994年3月30日（水）のことであり，1992年4月に初めて相談に訪れてから，終始この問題で親身になって対応してくれた齊藤佐奈江氏が，社会保険事務所を退

職される前日であった。この時の齊藤氏の説明では、「実際に年金をもらえるまでには、少なくとも4か月くらいの時間がかかる」とのことであったが、神下氏が日本の年金を受給できたのは、申請から3か月後の1994年6月からであった。

　日本の年金受給問題では、ドイツに在住している神下氏との間でいろいろな書類や手紙を交わすことが必要であった。神下氏の便りから、ドイツに在留している人々の状況を知ることができた。
　ひとつは、第1陣で渡航した沼田郁之助と角道武利の両氏や第2陣で渡航した前野幸雄氏も、すでに日本からの年金を受給しているという朗報であった。もうひとつは、前章で紹介した第3陣で派遣された山本勝栄氏が、日本の年金を受給できるか心配しているという知らせであった。山本氏の場合、受給可能なドイツの年金が、在留した他の日本人の人々よりもさらに低額にならざるを得ないからであった。もちろん、神下氏の場合と同じ条件が満たされていれば、日本の年金を受給する資格があることは間違いないはずである旨を伝えてもらうことはできたが、それ以上答えることは不可能であった。

3　遺族年金の支給問題

【1996年】

　1996年の夏期休暇を利用して7月25日（木）から8月15日（木）の約20日間、4年ぶりにドイツへ調査研究旅行に出かけることが可能になった。20日間の滞在日程もほぼ決まった7月中旬、第1陣で渡航した前園五郎氏からの手紙が届いた。手紙は、「7月はじめに、神下輝明氏が逝去されたこと」の知らせであった。
　1996年7月27日（土）、4年ぶりのドイツで、フェルデ（Voerde）の角道武利氏宅を訪問することができた。日本の年金を受給されるようになっていた角道氏夫妻の生活には、以前よりも「ゆとり」を感ずることができた。角道氏の妻は、毎日続けていた早朝（午前6時～8時）の清掃作業の仕事を辞めて、両親

と過ごす生活に専念することができるようになっていた。

　日本人炭鉱労働者が，ドイツへ派遣される前の日本の炭鉱における職歴はひとりひとり違っているから，受給できる日本の年金も皆異なっている。また，渡独前の日本の炭鉱での在職期間は限られているから，支給される年金に限度があることは言うまでもない。しかし，ドイツに在留した人々にとって，日本から支給される年金が「生活にゆとり」をもたらすために貢献していることも事実である。その理由のひとつは，年金加入時期と年金受給時期との生活水準の差を埋め合わせる各種スライド制を年金制度が維持しているからである。他方では，日本の経済発展を根底とした日本円の国際的な価値の高騰，とりわけ1985年の「プラザ合意」以降続いた円高は，マルク安の傾向を示すことになる。円高が進んだ背景には，日本人炭鉱労働者が派遣された後進国日本が，30数年後には先進国日本へ脱皮した経済発展がある。したがって，1996年時点で，日本からの年金受給額が，1か月10万円であると仮定すれば，ドイツでは1,400マルクを受給することができる。それは，日本に比べて物価が安定して，暮らしやすいドイツでは生活に「ゆとり」をもたらしてくれる。

　角道氏を訪問する度に，必ず一緒に出かける場所が，近くにレストランと駐車場のあるライン川河畔（Götterswicker Hamm）であり，近くに住んでいる沼田郁之助氏宅である。この時に，角道武利氏から依頼されたのが，「ドイツの年金が少ない自分が死んだ後，残される妻に日本の遺族年金が支給されるかを調べてほしい」という遺族年金の支給問題であった。在住している日本人の世話役であった前園五郎氏によれば，7月に亡くなられた神下氏の妻への遺族年金受給に必要な書類は日本領事館を通じて提出し，回答待ちの状態であるとのことであった。

　ドイツから帰国した筆者は，角道氏に依頼された内容を思案したあげく，年金問題の専門家である旧知の島田とみ子氏の援助を仰ぐことにした[9]。島田氏は当時，伊豆・月ヶ瀬リハビリテーションセンターに通っていたにもかかわらず，筆者の依頼に親切に応じてくれて，ただちに厚生省（当時）との仲介の労をとってくださった。その結果，同年9月20日（金）には，厚生省から「神下

輝明，角道武利両氏ともに，日本の老齢年金を受給していた，または受給している事例なので，［配偶者であること］と［同居していること］を証明する文書を添えて申請すれば，残された妻に遺族年金（老齢年金の4分の3）が支給される」という答えを得ることができた。その後，山本勝栄氏については，「日本での就労期間が120か月あり，ドイツに在留後も日本国籍であれば，残りの期間（60歳になるまで）がカラ期間として計算されるので，日本の老齢年金が支給される。ドイツにある日本領事館が手続きをしてくれた」との回答を受け取ることができた。

ドイツ在住の前園氏から，「神下未亡人と山本君の年金の件，すでにOKだそうです」[10]という連絡が届いたのは，1996年10月28日（月）のことであった。

【日独社会保障協定】

島田とみ子氏から，ドイツに在住している人々の年金受給と遺族年金受給問題の朗報に対する返書が届いたのは，12月に入ってからのことであった。そこには，9月以来の手紙でしばしば指摘されていた日独年金通算協定（社会保障協定）が，翌1997年には成立する見込みであると記載されていた。日本とドイツ両国政府が，年金保険の二重払いや掛け捨てを防ぎ，相互の国の年金制度加入期間が認められる社会保障協定で基本的合意に達したのは，1997年であった。[11]その後，協定締結のための交渉を経て，日独社会保障協定（Abkommen zwischen Japan und der BRD über Soziale Sicherheit）が発効したのは，2000年2月1日である。

【その後】（2001〜2002年）

2001年の夏にフェルデの角道武利氏宅を訪問したのは，1997年夏以来だから4年ぶりのことであった。元気に迎えてくれた角道氏は，以前から頼まれていた住居管理人（ハウスマイスター：Hausmeister）を引き受けていた。同氏が居住している建物の28世帯の管理人であり，地域住民の人々の信頼がなければ，つとまらない仕事である。「UPSの月収670マルクに対して，ハウスマイスターは560マルクだから，UPSの方がいいんだけど」と言いながらも，本音はハウスマイスターの仕事で満足しているのがよくわかった。筆者が，2003年4月から1年間ドイツに研究滞在できることを知って，「2階にある57平方メート

の2DKの小さい住宅が空いていて,家賃も1か月744マルク(約4万5千円)だから,入りませんか」と誘ってくれたのもこの時であった。(12)

　本書の「まえがき」で触れたように,角道氏死去の知らせは,それから5か月後の2002年1月12日(土)の夜であった。2002年1月10日(木)の,あまりにも突然の逝去であった。この年の夏(9月4日)に,再び角道氏宅を訪問したが,約束していた再会は不可能であった。この日,筆者を迎えてくれたのは,角道氏の妻と娘婿のカール・ハインツ・シュールケン(Karl-Heinz Schürken)氏であり,フェルデに住んでいる彼は,ヴァルズム(Walsum)にあるアウグスト・ビクトリア/マール炭鉱(Zeche Augst-Victoria/Marl)の電気係員(Elekrosteiger)である。生前に,角道氏から依頼されていた妻への日本の遺族年金支給問題で奔走されたのが,近くのハンボルンに在住している沼田郁之助氏である。筆者が訪問した折には,妻のウルズラ・角道(Frau Ursula Kakudo)氏のもとには,すでに本人名義の日本の年金証書が届いていた。(13)

[注]
(1) 1991年12月4日(水),神下輝明氏宅での聞き取りメモ。高口岳彦氏は,神下氏の在留について次のように記している。「1963年(昭和38年),三井美唄炭鉱はビルド・アンド・スクラップ政策の下で閉山,同鉱出身の神下さんは,この年に3年間の労働契約を終えたが,独逸女性と結婚して日本へは帰らなかった」(高口岳彦,前掲書,187頁)。
(2) 1992年4月27日(月),社会保険庁年金管理課との電話メモ。
(3) 1992年4月28日(火),川崎社会保険事務所,訪問メモ。
(4) 1992年6月15日(月),川崎社会保険事務所,訪問メモ。
(5) 1992年8月6日(木),川崎社会保険事務所,訪問メモ。
(6) 1994年3月30日(水),川崎社会保険事務所,訪問メモ。
(7) 1995年1月25日付け森宛の手紙。
(8) 本書第6章2-(3)「再渡航した人」を参照。
(9) すでに東海大学教授を退官されていた島田とみ子氏は,『年金入門』(岩波新書,1991年),『年金入門 新版』(岩波新書,1995年),その後,自身の闘病記録を綴った『転んだあとの杖―老いと障害と―』(未来社,2000年)の著者である。
(10) 1996年10月28日着,前園氏からの絵はがき。
(11) 「日独が社会保障協定―滞在5年以内は年金加入を免除―」(『日本経済新聞』1997年9月23日付)。

（12）2001年8月18日（土），角道武利氏宅での聞き取りメモ。
（13）2002年9月4日（水），角道武利氏宅，訪問メモ。

終　章
ドイツの外国人炭鉱労働者

　1955年のイタリアとドイツの政府間協定を契機として始まった日本人炭鉱労働者のドイツ派遣は，計画された派遣労働者総数2,000名に対して，実際に派遣された人数は436名であり，第1次計画は「未達成」，第2次計画は「中止」が実態であった。

　ドイツは，外国人労働者の受け入れ国（Einwanderungsland）である。イタリアと協定を締結した後も，経済発展とともに生じた深刻な労働力不足を解消するため，国外に労働力供給源を求める外国人労働力受け入れ政策は，1960年代に入るとますます強化され，いわゆる「ガストアルバイター時代」を迎えた。すなわち，スペイン，ギリシア，トルコ，ポルトガル，そしてチュニジア，モロッコ，さらにユーゴスラビア（旧）といった国々と政府間協定を結び，ドイツ連邦労働庁の出先機関である労働事務所（Arbeitsamt）を海外の主要都市に開設して，外国人労働者の募集活動を展開したことはよく知られている。[1]

　この章の課題は，ドイツの炭鉱における外国人炭鉱労働者の歴史的な推移を考察すること，およびその中で日本人炭鉱労働者が占めていた位置（役割）を明らかにすることである。

1　ドイツの炭鉱と外国人労働者

(1) 炭鉱就労者数の動向

　表 終 - 1 は，ドイツの炭鉱における炭鉱就労者総数，坑内労働者数，外国人炭鉱労働者数およびその国籍別人数などの推移を示したものである。日本人炭鉱労働者が派遣された1957年の炭鉱就労者総数は，60万人を超え，石炭産業が当時のドイツ経済の重要な基幹産業の一翼を担っていたことがわかる。だが，この年を頂点にして以降，その数は，一貫して減少していることが示されてい

214　第2部　日本人炭鉱労働者のその後

表 終-1　ドイツの炭鉱における国籍別外国人労働者数

(各年度末)

年度	炭鉱労働者総数	坑内労働者	外国人総数	割合(1)%	外国人坑内労働者	割合(2)%	トルコ	ユーゴスラビア	イタリア	モロッコ	スペイン	オランダ	ギリシア	オーストリア	韓国	フランス	チュニジア	ハンガリー	ポーランド	その他	うち日本	無国籍
1957	607,349	384,340	12,075	2.0	9,933	2.6	…	1,084	2,840	…	22	1,807	90	881	…	433	…	665	560	1,572	59	2,121
1958	585,546	366,906	12,515	2.1	10,924	3.0	…	1,897	3,093	…	28	1,416	90	881	…	299	…	673	580	1,644	239	1,914
1959	531,770	327,471	9,458	1.8	8,109	2.5	…	1,108	2,196	…	…	1,320	78	738	…	251	…	538	533	1,261	234	1,435
1960	490,190	296,988	11,902	2.4	9,444	3.2	…	876	3,944	…	219	1,273	1,330	762	…	230	…	440	501	1,225	240	1,102
1961	465,038	278,812	17,260	3.7	14,394	5.2	338	870	4,617	…	3,281	1,288	2,836	739	…	271	…	394	482	1,129	143	1,015
1962	433,582	256,011	19,617	4.5	16,115	6.3	1,294	1,060	3,711	403	4,246	1,078	4,264	672	…	238	…	354	465	894	212	938
1963	412,035	242,082	21,682	5.3	17,873	7.4	4,625	1,521	2,812	882	3,166	1,027	4,316	650	126	192	…	329	461	684	156	890
1964	398,547	233,393	27,134	6.8	22,833	9.8	10,199	1,798	2,342	2,397	2,722	950	2,685	623	1,057	180	1	310	455	585	97	824
1965	376,996	216,857	27,241	7.2	23,024	10.6	10,640	2,129	2,277	2,246	2,366	883	1,704	567	2,185	176	7	276	376	570	36	841
1966	333,855	186,640	22,720	6.8	19,082	10.2	8,393	2,406	1,941	1,845	1,525	830	1,201	494	2,063	162	5	248	350	486	34	774
1967	287,270	159,467	14,610	5.1	12,008	7.5	4,903	1,741	1,324	989	825	719	723	431	1,116	145	2	205	326	477	32	684
1968	264,012	145,070	12,712	4.8	10,327	7.1	5,222	1,340	1,090	658	612	683	598	415	514	129	2	186	286	348	29	627
1969	254,059	137,121	17,826	7.0	13,578	9.9	9,499	2,196	957	1,187	553	623	592	373	231	128	4	177	310	264	24	655
1970	252,742	138,308	25,836	10.2	21,112	15.3	16,338	2,616	958	878	549	610	572	348	1,388	130	81	161	305	272	21	623
1971	244,388	133,480	29,003	11.9	24,345	18.3	19,997	2,241	910	635	517	523	507	325	1,966	113	88	140	273	259	17	549
1972	220,611	118,847	25,728	11.7	20,914	17.6	18,080	1,520	834	531	468	463	425	303	1,889	102	48	134	219	225	14	506
1973	204,500	110,345	26,785	13.1	22,482	20.4	19,805	1,245	774	556	447	430	363	297	1,771	95	29	128	176	210	14	469
1974	204,917	109,923	29,554	14.4	24,728	22.5	21,467	1,424	796	552	481	464	394	309	2,172	107	19	441	157	207	13	455
1975	202,324	107,931	29,423	14.5	24,808	23.0	21,652	1,372	812	534	474	454	400	313	1,963	220	292	124	140	228	12	445
1976	196,435	104,173	28,236	14.4	23,681	22.7	21,185	1,368	812	522	492	412	390	310	1,494	181	242	125	111	198	11	394
1977	192,015	102,003	27,116	14.1	22,822	22.4	20,413	1,302	790	527	469	393	364	293	1,433	166	200	112	98	212	12	344
1978	183,779	98,778	25,705	14.0	21,802	22.1	19,564	1,258	785	513	458	366	328	277	1,155	157	171	100	84	204	11	285
1979	182,278	96,621	24,979	13.7	20,808	21.5	19,256	1,198	803	497	438	365	311	286	762	184	156	96	67	285	11	275

終　章　ドイツの外国人炭鉱労働者　215

年	炭鉱就労者総数				坑内労働者																
1980	186,822	99,718	26,051	13.9	21,548	21.6	20,485	1,189	834	504	431	383	320	302	395	276	154	96	63	376	11	243
1981	187,995	101,640	27,028	14.4	21,980	21.6	21,639	1,175	832	496	446	387	322	295	311	247	154	87	63	349	11	225
1982	185,114	99,843	26,937	14.6	22,154	22.2	21,749	1,159	806	496	444	369	311	292	288	231	150	82	65	301	14	194
1983	178,814	96,912	26,847	15.0	21,977	22.7	21,877	1,112	778	487	442	367	296	291	267	220	146	78	59	259	14	168
1984	169,176	91,584	23,735	14.0	19,342	21.1	19,202	1,011	728	481	395	348	275	281	162	218	122	66	53	241	13	152
1985	166,225	90,072	23,968	14.4	19,377	21.5	19,581	971	699	476	374	349	254	271	159	240	122	58	47	228	14	139
1986	164,073	88,441	24,245	14.8	19,351	21.9	19,982	931	676	478	347	352	250	265	153	235	126	50	44	228	14	128
1987	156,483	84,719	23,890	15.3	19,064	22.5	19,916	873	625	442	318	326	217	246	146	237	125	39	47	215	11	118
1988	147,751	80,434	23,131	15.7	18,573	23.1	19,485	803	562	411	280	295	194	228	144	229	121	35	38	207	10	99
1989	138,903	76,020	22,375	16.1	17,887	23.5	18,972	772	523	388	235	267	173	210	140	225	121	25	40	196	8	88
1990	130,255	69,639	21,461	16.5	16,967	24.4	18,315	720	477	360	208	248	159	196	130	222	115	22	40	179	5	70
1991	122,871	65,264	20,463	16.6	16,080	24.6	17,485	704	449	334	197	232	142	182	123	211	111	22	41	168	4	62
1992	114,986	61,072	18,866	16.4	14,811	24.3	16,209	632	408	275	162	206	106	173	111	199	109	12	29	153	(4)	58
1993	106,288	55,406	16,669	15.7	12,675	22.9	14,297	(3)556	367	197	145	187	106	155	98	184	105	11	25	136	. .	105
1994	99,128	50,909	14,666	14.8	10,967	21.5	12,559	487	340	160	131	170	89	138	89	180	93	9	21	126	. .	74
1995	92,578	47,163	13,107	14.2	9,770	20.7	11,248	422	309	135	120	156	75	127	80	174	80	9	17	106	. .	49
1996	85,170	42,616	11,429	13.4	8,227	19.3	9,770	365	297	120	107	124	65	113	77	161	74	8	17	96	. .	35
1997	78,101	38,120	9,815	12.6	6,963	18.3	8,352	321	268	96	89	103	64	99	65	154	65	7	15	88	. .	29
1998	71,842	35,050	8,811	12.3	6,163	17.6	7,485	281	244	82	84	92	60	93	58	145	57	7	11	84	. .	28
1999	66,414	31,909	7,776	11.7	5,581	17.5	6,602	230	225	72	80	77	57	87	45	133	48	6	10	83	. .	21
2000	58,082	25,545	6,216	10.7	4,482	17.6	5,234	181	194	56	73	68	50	76	26	119	39	(5) . .	(5) . .	100	. .	(5) . .
2001	52,576	22,930	5,371	10.2	3,948	17.2	4,545	142	173	44	70	59	47	64	12	108	22	. .	. .	85	. .	. .
2002	48,673	21,554	4,907	10.1	3,671	17.0	4,199	121	155	36	62	52	44	51	4	96	18	. .	. .	69	. .	. .

注：(1) 炭鉱就労者総数に占める外国人労働者の割合。(2) 坑内労働者総数に占める外国人坑内労働者の割合。(3) 下記出所 Statistik der Kohlenwirtschaft では、1993年版から国籍表示がユーゴスラビア (Jugoslawen) から、旧ユーゴスラビア (ehem. Jugoslawen) へ変更されている。(4) 1992年以降は、その他国籍に含まれる。(5) 2000年以降のハンガリー、ポーランド、無国籍は、その他国籍に含まれる。

出所：Statistik der Kohlenwirtschaft e.v. "Der Kohlenbergbau in der Energiewirtschaft der Bundesrepublik Deutschland" 各年版、および1991年10月30日に Bundesanstalt für Arbeit のヘラー氏 (Herr Heller) から入手した資料をもとに作成。

る。先にも触れたが、ドイツの石炭産業も必ずしも、絶えず好況局面を迎えていたわけでなかった。1957年に稼動していたドイツの炭鉱数は、173鉱であったが、この年以降、炭鉱数の減少を反映するように、炭鉱就労者総数も減少している。

たとえば、5年ごとのそれぞれの数をみると、1957年の炭鉱数は173鉱で、就労者総数は約60万7,000人であったものが、1962年には128鉱で約43万3,000人、1967年には81鉱で約28万7,000人、1972年には59鉱で約22万人、1977年には43鉱で約19万2,000人、1982年には37鉱で約18万5,000人、1987年には32鉱で約15万6,000人、1992年には22鉱で約11万5,000人、1997年には17鉱で約7万8,000人、そして2002年には炭鉱数はわずかに10鉱になり、就労者総数は約4万8,000人にまで減少している。

問題は、このように炭鉱の数と炭鉱就労者総数が一貫して減少しているにもかかわらず、ドイツの炭鉱の労働力不足は解消されず、1957年以降、ほぼ30年以上にわたって、むしろ外国人炭鉱労働者の数と割合が増加していった点である。それは、ドイツの自国民労働者が、危険を伴う炭鉱での労働、とりわけ肉体的に過酷な重労働を強いられる坑内労働を忌避してきた結果である。

このことは、炭鉱就労者総数と外国人炭鉱労働者総数の推移、後者の前者に占める割合の推移、さらに坑内労働者総数に占める外国人坑内労働者数の占める割合の推移をみると明らかになる。たとえば、1960年以降、外国人炭鉱労働者数は絶えず増加し、炭鉱就労者総数に占める割合も絶えず上昇している。たしかに、1967年から1969年までの3年間には、外国人炭鉱労働者の数と割合は減少している。この時期は、ドイツ経済が不況を迎えた時期であり、炭鉱業界も例外ではなかった。「石炭危機」(Kohlenkrise) を打開するために、1970年には個別炭鉱会社を統合して「ルール石炭会社」(Ruhrkohle AG) が設立された。第2陣第3班で渡航して、在留していた井上徳光氏が、炭鉱から鉄鋼へと転職したのもこのころのことであった。1960年代末の不況期における外国人炭鉱労働者の減少は、当時のドイツの外国人労働者が、ドイツ経済における「景気変動の緩衝装置」(Konjunkturpuffer)・「危機緩衝装置」(Krisenpuffer) としての役割を担わされていた結果である。

1970年にルール石炭会社が設立されて以降、外国人炭鉱労働者の数は、再び増加している。外国人炭鉱労働者がドイツ石炭業界で果たした大きな役割は、以下の点に示されている。すなわち、1970年代中頃から1990年代中頃までの約20年間における炭鉱就労者総数に占める外国人労働者の割合は、15％前後で推移していること、しかも、坑内労働者数に占める外国人炭鉱労働者の割合は、1973年には20％以上に上昇し、1991年には坑内労働者の4名に1名（24.6％）を占めていたことである。

(2) 外国人炭鉱労働者の推移

表 終-1は、ドイツの炭鉱で働いた国籍別外国人炭鉱労働者数の推移を、また、この表をもとに作成した表 終-2は、外国人炭鉱労働者の国籍別構成を示している。1950年代には、比較的多くのオランダとフランス国籍の外国人労働者が働いていたこと、またその後も両国からの一定数の労働者が就労して続けているのは、ドイツの炭鉱の多くが両国との国境に近い地域に位置しているからである。

ところで、ハンボルンナー鉱山会社で働くために、70名のイタリア人炭鉱労働者がドゥイスブルク駅に到着したのは、1955年12月10日の早朝であった[3]。ドイツとイタリアの政府間協定が成立したのは1995年12月20日であるが、すでに翌1956年4月には、「日本は、ローベルク炭鉱に労働者を派遣したい」という報道がなされている[4]。日本人炭鉱労働者の第1陣59名が派遣されたのは、1957年1月である。1957年以降、ドイツの炭鉱で働いた外国人炭鉱労働者の国籍別推移の特徴を、以下4つの時期に区分して考察することにしたい。

【1957～1961年】

この時期の特徴は、外国人炭鉱労働者の国籍がイタリア、オランダ、ユーゴスラビアの3か国中心から、イタリア、スペイン、ギリシアの3か国へ移行していることである。それは、1960年にギリシア、スペインとの政府間協定が締結された結果であり、1960年代中ごろまでのドイツの外国人炭鉱労働者の多くは、これら3か国の国籍の人で占められていた。日本人炭鉱労働者の多くが就労したのも、この時期が中心である。日本人労働者が派遣されたのは、ドイツ

表 終-2　ドイツの炭鉱における外国人労働者の国籍別構成比

(%)

年度	トルコ	ユーゴスラビア	イタリア	モロッコ	スペイン	オランダ	ギリシャ	オーストリア	韓国	フランス	チェコスロバキア	ハンガリー	ポーランド	日本	その他	無国籍	計
1957	―	9.0	23.5	―	0.2	15.0	0.7	7.3	―	3.6	―	5.5	4.6	0.5	12.5	17.6	100
1958	―	15.2	24.7	―	0.2	11.3	0.7	7.1	―	2.4	―	5.4	4.6	1.9	11.2	15.3	100
1959	―	11.7	23.2	―	―	14.0	0.8	7.8	―	2.6	―	5.7	5.6	2.5	10.9	15.2	100
1960	―	7.4	33.1	―	1.8	10.7	11.2	6.4	―	1.9	―	3.7	4.2	2.0	8.3	9.3	100
1961	2.0	5.0	26.7	―	19.0	7.5	16.4	4.3	―	1.6	―	2.3	2.8	0.8	5.7	5.9	100
1962	6.6	5.4	19.2	2.0	21.6	5.5	21.7	3.4	―	1.2	―	1.8	2.3	1.1	3.4	4.8	100
1963	21.3	7.0	13.0	4.1	14.6	4.8	19.9	3.0	0.6	0.9	0.0	1.5	2.1	0.7	2.4	4.1	100
1964	37.6	6.6	8.6	8.8	10.0	3.5	9.9	2.3	3.9	0.7	0.0	1.2	1.7	0.4	1.8	3.0	100
1965	39.1	7.8	8.4	8.2	8.7	3.2	6.3	2.1	8.0	0.6	0.0	1.0	1.4	0.1	2.0	3.1	100
1966	36.9	10.6	8.5	8.1	6.7	3.7	5.3	2.2	9.1	0.7	0.0	1.1	1.5	0.2	2.0	3.4	100
1967	33.6	11.9	9.1	6.8	5.6	4.9	5.0	3.0	7.6	1.0	0.0	1.4	2.2	0.2	3.0	4.7	100
1968	41.1	10.5	8.6	5.2	4.8	5.4	4.7	3.3	4.0	0.7	0.0	1.5	2.3	0.2	2.5	4.9	100
1969	53.3	12.3	5.4	6.7	3.1	3.5	3.3	2.1	1.3	0.5	0.5	1.0	1.7	0.1	1.3	3.7	100
1970	63.2	10.1	3.7	3.4	2.1	2.4	2.2	1.4	5.4	0.5	0.3	0.6	1.2	0.1	1.0	2.4	100
1971	68.9	7.7	3.1	2.2	1.8	1.8	1.8	1.1	6.8	0.4	0.2	0.5	0.9	0.1	0.8	1.9	100
1972	70.3	5.9	3.2	2.1	1.8	1.8	1.7	1.2	7.3	0.4	0.1	0.5	0.8	0.1	0.8	2.0	100
1973	73.9	4.6	2.9	2.1	1.7	1.6	1.4	1.1	6.6	0.3	0.1	0.5	0.7	0.0	0.8	1.7	100
1974	72.6	4.8	2.7	1.9	1.6	1.6	1.3	1.1	7.4	0.4	1.5	0.4	0.5	0.0	0.7	1.5	100
1975	73.6	4.7	2.8	1.8	1.6	1.5	1.4	1.1	6.7	0.7	1.0	0.4	0.5	0.0	0.7	1.5	100
1976	75.0	4.8	2.9	1.9	1.7	1.5	1.3	1.1	5.3	0.6	0.9	0.4	0.4	0.0	0.7	1.4	100
1977	75.3	4.8	2.9	2.0	1.6	1.5	1.3	1.1	5.3	0.6	0.7	0.4	0.4	0.0	0.7	1.3	100
1978	76.1	4.9	3.1	2.0	1.8	1.4	1.3	1.1	4.5	0.6	0.7	0.4	0.3	0.0	0.7	1.3	100
1979	77.1	4.8	3.2	2.0	1.8	1.5	1.2	1.1	3.1	0.7	0.6	0.4	0.3	0.0	1.1	1.1	100

終 章　ドイツの外国人炭鉱労働者　219

年															計
1980	78.6	4.6	3.2	1.9	1.7	1.5	1.2	1.2	1.5	1.1	0.6	0.4	0.2	0.0	1.4	0.9	100
1981	80.0	4.4	3.1	1.8	1.7	1.4	1.2	1.1	1.2	0.9	0.6	0.3	0.2	0.0	1.3	0.8	100
1982	80.7	4.3	3.0	1.8	1.6	1.4	1.2	1.1	1.1	0.9	0.6	0.3	0.2	0.0	1.1	0.7	100
1983	81.5	4.1	2.9	1.8	1.7	1.4	1.1	1.1	1.0	0.8	0.6	0.3	0.2	0.0	0.9	0.6	100
1984	80.9	4.3	3.1	2.0	1.7	1.5	1.1	1.2	0.7	0.9	0.5	0.3	0.2	0.0	1.0	0.6	100
1985	81.7	4.0	2.9	2.0	1.6	1.4	1.1	1.1	0.7	1.0	0.5	0.2	0.2	0.1	0.9	0.6	100
1986	82.4	3.8	2.8	2.0	1.4	1.5	1.1	1.1	0.6	1.0	0.5	0.2	0.2	0.1	0.9	0.5	100
1987	83.4	3.7	2.6	1.8	1.3	1.4	1.0	1.1	0.6	1.0	0.5	0.2	0.2	0.0	0.9	0.5	100
1988	84.2	3.5	2.4	1.8	1.2	1.3	0.9	1.0	0.6	1.0	0.5	0.2	0.2	0.0	0.9	0.4	100
1989	84.8	3.5	2.3	1.7	1.2	1.2	0.8	0.9	0.6	1.0	0.5	0.1	0.2	0.0	0.8	0.4	100
1990	85.3	3.4	2.2	1.7	1.0	1.2	0.8	0.9	0.6	1.0	0.5	0.1	0.2	0.0	0.8	0.3	100
1991	85.5	3.5	2.2	1.6	1.0	1.1	0.7	0.9	0.6	1.0	0.5	0.1	0.2	0.0	0.8	0.3	100
1992	85.9	3.3	2.1	1.4	0.9	1.1	0.7	0.9	0.6	1.1	0.6	0.1	0.2	(1) —	0.8	0.3	100
1993	85.8	3.3	2.2	1.2	0.9	1.1	0.6	0.9	0.6	1.1	0.6	0.1	0.2	—	0.8	0.6	100
1994	85.6	3.3	2.3	1.1	0.9	1.2	0.6	1.0	0.6	1.2	0.6	0.0	0.2	—	0.9	0.5	100
1995	85.8	3.2	2.4	1.0	0.9	1.2	0.6	1.0	0.6	1.3	0.6	0.1	0.1	—	0.8	0.4	100
1996	85.5	3.2	2.6	1.1	0.9	1.1	0.6	1.0	0.7	1.4	0.6	0.1	0.1	—	0.8	0.3	100
1997	85.1	3.3	2.7	1.0	0.9	1.1	0.6	1.1	0.6	1.6	0.6	0.1	0.2	—	0.9	0.3	100
1998	85.0	3.2	2.8	0.9	0.9	1.0	0.7	1.1	0.7	1.6	0.6	0.1	0.1	—	1.0	0.3	100
1999	84.9	3.0	2.9	0.9	1.0	1.0	0.7	1.1	0.6	1.7	0.6	0.1	0.1	—	1.1	0.3	100
2000	84.2	2.9	3.1	0.9	1.2	1.1	0.8	1.2	0.4	1.9	0.6	(2) —	(2) —	—	1.6	(2) —	100
2001	84.6	2.7	3.2	0.8	1.3	1.1	0.9	1.2	0.2	2.0	0.4	—	—	—	1.6	—	100
2002	85.6	2.5	3.1	0.7	1.3	1.1	0.9	1.0	0.1	1.9	0.4	—	—	—	1.4	—	100

注：(1) 1992年以降は，「その他」に含まれる。(2) 2000年以降のハンガリー，ポーランド，無国籍は，その他に含まれる。
出所：表 終-1 より作成。

が外国人労働者を導入しはじめた初期の段階であった。

【1962～1969年】

　1960年代の外国人炭鉱労働者の特徴は，ドイツ経済全体のなかでの外国人労働者の動向を反映していると思われる。ひとことで言えば，「炭鉱労働者の国際化」の一層の進展ということができる。たとえば，1965年9月に開催された鉱山エネルギー労働組合（IG-Bergbau und Energie）の「外国人労働者大会報告書」では，次のような指摘がなされている。「現在のドイツ鉱山業では，61か国から3万2千人の外国人労働者が働いている。主な外国人労働者の国籍は，トルコ，スペイン，ギリシア，イタリアの4か国である。これらの国に続いて多いのが，ユーゴスラビア，モロッコ，韓国（Korea），そしてチリ」である。同時に，そこでは，「鉱山エネルギー労働組合の外国人労働者の組織率は，1964年12月31日には25％であったが，1965年6月30日には35％に上昇したこと」が報告されている。

　その後，1960年代末には，外国人炭鉱労働者のほぼ半数が，トルコとユーゴスラビアの2か国の労働者で占められるに至っている。その結果，従来のイタリア，スペイン，ギリシアの3か国中心であった外国人炭鉱労働者は，これら2か国を中心とするものに移行した。

【1971～1994年】

　トルコがドイツと政府間協定を結んだのは，1961年である。それ以降，経済危機の時期を除き，トルコ人炭鉱労働者は急増している。そして，1970年代以降のドイツの炭鉱の外国人労働者の大多数はトルコ人で占められるようになり，今日に至っている。ドイツ政府が，1973年に外国人労働者の募集停止措置をとった後も，トルコ人炭鉱労働者は大きく減少することなく，むしろ増加傾向を示しているのが特徴である。その結果，外国人炭鉱労働者数に占めるトルコ人労働者の割合は，1976年には75％，1982年には80％以上に上昇している。また，注目すべき点は，坑内労働者数に占める外国人坑内労働者の割合が1973年以降増加し，1991年には約25％に上昇していることである。

　他方，1970年代以降の外国人炭鉱労働者の国籍別構成の特徴は，トルコ，ユーゴスラスラビア，韓国の3か国が中心になっていることである。1960年代中

ごろに2,000名を超えた韓国人炭鉱労働者は，絶対数は減少しているものの，1973年にはトルコについで2番目に多かったことがわかる。だが，1970年代末以降，その数は急激に減少している。その理由は，韓国人炭鉱労働者の場合，以下に述べるように，日本人炭鉱労働者と同様に「3年間の期限付きの就労」に限定されていたからである。

【1995年以降】

この時期の特徴は，炭鉱就労者総数の減少と歩調を合わせるように，外国人炭鉱労働者総数も一貫して減少していることである。それは，相次ぐ炭鉱の閉山と人員合理化を内実とするドイツの石炭産業の縮小の結果である。

2　韓国人炭鉱労働者の受け入れ

「あのころは，いい時代（schöne Zeit）だった」と遠い昔を懐かしむように語ってくれたフリッツ・コルトハウス（Fritz Korthaus）氏は，韓国人炭鉱労働者受け入れの背景について，「日本人炭鉱労働者が来なくなったから，韓国人炭鉱労働者が受け入れられるようになった。韓国との協定内容は，すべて日本との協定を参考にして作って，受け入れられた」と話してくれた[6]。すでに表終-1・表終-2から明らかなように，日本人炭鉱労働者数が減少し始めた時期に，韓国人炭鉱労働者の受け入れは始まっている。また韓国人労働者の全体的な動向は，人数の面でも，就労期間の面でも，日本人炭鉱労働者をはるかに凌ぐものであった。以下，この点についてみることにしたい。

韓国人炭鉱労働者の受け入れが話題にのぼったのは，1961年であった。たとえば，1961年5月には，ソウルでドイツと韓国の関係機関の間で，18歳から30歳までの350名の若い炭鉱労働者が韓国から派遣される可能性について話し合われている[7]。だが，計画が具体化したのは，1963年に入ってからであった。

(1) 計画の具体化（1963年）

1963年4月，ボンの日本大使館の労働担当官（Arbeitsattache）と話をした韓国大使館職員から，クレックナー鉱山会社宛に，以下のような内容の1通の文

書が届いた。すなわち、日本大使館の話では、クレックナー鉱山会社では、計画的に日本人炭鉱労働者が就労していること、また、ハンボルナー鉱山会社とエッセナー石炭鉱山会社を合わせると、これまでに合計370名の日本人炭鉱労働者が受け入れられ、さらに230名が受け入れられる予定であるが、種々の理由から来ることができなくなったという話である。韓国政府としても、現在、韓国人を炭鉱労働者としてドイツへ派遣したいと考えており、貴社で働いている日本人労働者と同じ条件で韓国人労働者を受け入れてもらうために、どうすればよいかを知らせて欲しいという内容の文書であった。[8]

これに対して、翌5月には、クレックナー鉱山会社役員から韓国大使館宛の返書が送付されている。そこでは、クレックナー鉱山会社は、基本的に日本人炭鉱労働者と同じ条件で韓国人労働者を受け入れる用意があること、今後の扱いについては、日本人労働者は両国政府間協定にもとづいて就労しており、したがってドイツ労働省などと連携しているドイツ炭鉱企業連合（UVR）との連絡が必要である旨を伝えている。[9] 同時に、クレックナー鉱山会社は、ドイツ炭鉱企業連合本部宛に、韓国大使館とのいきさつを報告している。[10] その後、8月には、韓国政府が、この年（1963年）の12月には500名の炭鉱労働者をドイツに派遣する計画であり、さらにドイツ政府と協定を締結して合計1,500名の韓国人労働者を派遣する予定であることが公表されている。[11] また、韓国政府によれば、ドイツでの就労を希望する韓国人炭鉱労働者数は、2,894名に達するという報道がなされている。[12]

(2) 韓独政府間協定

「西ドイツの石炭鉱業における韓国人炭鉱労働者の期限付き就労に関する計画」[13]が発効したのは、1963年12月16日である。以下、協定の内容について若干紹介することにしたい。

【政府間協定の内容】

韓国人炭鉱労働者のドイツの炭鉱での3年間の期限付き就労の目的は、職業知識の習得と完成である。ドイツ政府は、この協定を「開発援助協定」（Entwicklungshilfe-Abkommen）としており、日本人の場合と同様、韓国人炭鉱

労働者の受け入れも一時的な援助政策の一環として位置づけていた。派遣される労働者数は，そのつど両国政府間で協定するとなっており，確定した人数の記載はない。派遣される労働者の年齢は，20歳から35歳までであり，韓国で最低1年以上の坑内労働の経験が条件とされていた。また，派遣期間の3年が経過した後は，ドイツに滞在できないことが明記されている。その他，募集から応募，選抜に至る過程，出発前の健康診断の実施，労働契約，到着後の最初の6週間はドイツ語習得のために坑外作業に従事すること，特別口座の開設，食事と賄い，連絡員の配置など，ほとんどの内容が，炭鉱労働者派遣に関する日本とドイツの政府間協定に準じており，先に紹介したコルトハウス氏の話を確認できる内容である。

　むしろ，この協定には，日本人炭鉱労働者を受け入れた経験から，ドイツ側が学んだ積極的な側面が生かされている。たとえば，それは，派遣労働者総数が確定されていないこと，坑内労働経験年数が1年と短いこと，あるいは出発前に韓国であらかじめ2か月間のドイツ語教育がほどこされることなどに示されている。

【韓国人炭鉱労働者の到着】

　最初の韓国人炭鉱労働者250名が，2つのグループに分かれてドイツに到着したのは1963年12月末であった。先に到着したのは120名であるが，そのうちの63名がアーヘンにあるエッシュバイラー鉱山会社アドルフ鉱（Grube Adorf des Eschweiler Bergwerkvereins）に，残りの人がハンボルナー鉱山会社に受け入れられた。[14]その後に到着した130名は，ゲルゼンキルヒェンとヴァンネ・アイケルにあるエッセナー石炭鉱山会社の炭鉱とカストロップ・ラウクセルにあるクレックナー鉱山会社の炭鉱に受け入れられた。[15]したがって，韓国人炭鉱労働者の大部分は，日本人炭鉱労働者が就労していた鉱山会社3社で受け入れられたことがわかる。

　1964年8月の段階では，少なくとも400名以上の韓国人炭鉱労働者がドイツの炭鉱で就労しており，同年9月末にはさらに400名が新たに到着することになっていた。[16]また，翌1965年の報道によれば，すでに過去3年間に合計2,090名の韓国人炭鉱労働者が受け入れられているが，両国政府間の新しい協定によれ

ば，1965年度中にさらに1,000名の労働者が受け入れられることになっている。[17]

さらに1970年2月18日には，韓国とドイツ両国の新しい政府間協定が発効している。この時の協定でも，新たに1,000名の韓国人炭鉱労働者を受け入れる旨が記載されている。[18]

(3) 派遣された韓国人炭鉱労働者

「1963年以来，ドイツへ来た韓国人炭鉱労働者の数は，ざっと5,000人で，ルールとアーヘンにある炭鉱で働いた」と説明してくれたのは，1964年末に25歳の時に韓国から炭鉱労働者として派遣され，そのままドイツに在留していた李ジョンウィ（Jung-ui Lee）氏である。[19]李氏によれば，ドイツで働いた約5,000名の韓国人炭鉱労働者のうち，約3分の1はドイツに残留し，約3分の1はカナダの炭鉱に働きに行き，そして約3分の1が韓国に帰国したとのことである。[20]

【統計数字から】

ドイツの炭鉱で働いた外国人炭鉱労働者数の国籍別推移を示した表 終-1で明らかなように，外国人炭鉱労働者のなかで韓国人炭鉱労働者は大きな位置を占めている。特に，1960年代中ごろから1970年代末にかけての韓国人炭鉱労働者は，量的（数）にみただけでも，ドイツの炭鉱で果たした役割は大きい。その前提となったのが，同じアジアに位置する国からドイツへ派遣された日本人炭鉱労働者の存在であったことも明らかである。だが，韓国から派遣された炭鉱労働者の規模は，日本人のそれとは比較にならないほど大きかったことも事実である。

1963年に始まる韓国人炭鉱労働者の数は，ただちに1,000名から2,000名以上に増加している。1969年には，231名まで減少したが，翌1970年の協定を経て再びその数は増加し，2,000名規模の数を回復している。表 終-1に示される派遣総数が436名であった日本人炭鉱労働者数の推移から，次のように推定することが可能である。すなわち，約15年の長期にわたって，日本人労働者数よりも一桁多い1,000名から2,000名規模の数を維持していた韓国人炭鉱労働者数の推移は，先に紹介した李氏の「ドイツに派遣された韓国人炭鉱労働者総数は，約5,000人であった」という指摘を裏付けている。

【残留した韓国人炭鉱労働者】

　すでにみたように，250名の韓国人炭鉱労働者の最初のグループがドイツに到着したのは，1963年12月末であった。このグループで派遣された人のうち，3年後の1966年12月現在で就労していたのは212名であった。協定によれば，3年経過後には，このグループの韓国人労働者はすべて帰国しなければならなかった。だが，最初のグループで渡航したうちの65名の滞在は，1967年3月末までの3か月間延長されることになった。滞在を延長された65名のうち，4名はすでにドイツ女性と結婚し，2名は通訳として継続して滞在することが認められた人々であった。[21]

　日本人に比べて，派遣された炭鉱労働者の母数が多い韓国人の場合には，ドイツに残留し，継続して滞在する人の数もより多くなることは，一般的に想定することができる。このことは，韓国人炭鉱労働者のその後の推移，すなわち1992年であっても，現役労働者数が100名を超えていることからも明らかである。

　また，日本人炭鉱労働者の場合と同様，ドイツ女性と結婚して，残留した韓国人炭鉱労働者の存在を想定することができる。だが，韓国人の場合には，ちょうど時期を同じくして，韓国から大勢の看護婦（当時の呼称）が出稼ぎ労働者としてドイツで就労していた。したがって，韓国人炭鉱労働者の場合，韓国人どうしで結婚して家庭を持ち，ドイツに残留し，定住を認められて，今日に至っている人が多い。1991年当時，ゲルゼンキルヒェンのフーゴー炭鉱で働いていた李氏も，そうした韓国人女性と結婚して，在住していたうちのひとりである。[22]

　筆者は，1991年から1992年にかけて，しばしばルール地域を訪問したが，いつも利用していたボッフム駅から徒歩5分ほどの小さなホテル・コルピングハウス（Kolping-Haus）で，ドイツ人宿泊客から「あなたは，韓国人（Koreaner）ですか」としばしば聞かれた経験がある。そうした経験からも，アジア系外国人でルール地域に居住している人の場合，韓国国籍の人が多いことがわかる。

3 おわりに

　1957年に始まった日本人炭鉱労働者のドイツ炭鉱での就労は，残留した炭鉱労働者を考慮に入れれば，少なくとも1990年代中頃まで続くことになった。派遣された人の数は，決して多かったとはいえない。当初意図された派遣目的の是非を問うことは，長い時間的経過を経た今日，それが「期限付きの就労」であったが故に意味がないと言えるのかもしれない。
　だが，ドイツで働いた日本人炭鉱労働者の存在が，国家（政府），企業，労働者のそれぞれの当事者にとってもつ意味が改めて問い直されるべきである。すなわち，それが，日本とドイツ両国政府間の協定にもとづいて実施された計画であった以上，それぞれの国（政府）と両国間にとっての歴史的意味（たとえば，「両国の友好・親善に寄与」など）が問い直される必要がある。
　また，送り出した日本の石炭産業（炭鉱各社）と受け入れたドイツ石炭産業（炭鉱各社）のそれぞれにとっての意味が問い直されるべきであるとも思われる。たとえば，終章から明らかなように，日本人炭鉱労働者の派遣は，少なくとも受け入れドイツ石炭産業（炭鉱各社）にとっては，その後の韓国人炭鉱労働者の受け入れの基礎となった点で，大きな意味をもっていた。
　そして，最後に「ドイツでの3年間の労働と生活」が，派遣された炭鉱労働者個々の人々にとってもつ意味である。3年の就労後，大部分の人は，帰国してもとの職場に復帰した。
　厳しい現実の中で，ドイツでの労働・生活体験を梃子にして新しい職場に転身した人もいれば，炭鉱労働一筋に職業生活をまっとうすることができた人もいる。だが，帰国した多くの人は，転職を余儀なくされ，その後の職業生活は，決して一様であったと言えないが，「ドイツでの3年間の経験」を生かした人が多いのも事実である。
　日本に帰国した人に較べて，ドイツに在留した人々にとっては，炭鉱で継続して就労することが可能であった。2003年4月から1年間，ルール地域にあるボッフムに滞在していた時に，ドイツに在留している元日本人炭鉱労働者の幾

人かの方々を訪問することができた。「身代わり残留」と呼べるような経過を経て、ドイツに在留した田河 博氏は、「羽をのばした人生だった」と言われる。沼田郁之助氏は、昔を懐かしむようにして「いい時代（schöne Zeit）だった」と言われる。この言葉は、派遣当時、受け入れドイツ炭鉱企業連合本部に勤めていたコルトハウス氏の言葉と重なる。ドイツに在留した人々にとっての半世紀の生活は、「どこでも人は皆同じ、『住めば都』と言いますよネ」という前薗五郎氏の言葉に凝縮されている。

　日本の炭鉱は、国内最大炭鉱であった三井石炭鉱業三池鉱業所（三井三池鉱）が1997年3月30日に閉山されて以降、北海道の太平洋炭鉱釧路鉱と長崎県の松島炭鉱池島鉱の2炭鉱を残すだけとなった。だが、2001年11月29日に、九州最後のヤマであった池島炭鉱が閉山し、翌2002年1月30日には最後の炭鉱であった太平洋炭鉱が閉山されて、国内で稼動する炭鉱は事実上姿を消した。

　本章（216頁、および（注）2を参照）で示したように、今日のドイツで稼動している炭鉱は、10鉱である。2003年9月、ドイツ炭鉱業界は、2006年初めに、このうちの2炭鉱、ディンスラーケン／オーバーハウゼン（Dinslaken/Oberhausen）のローベルク・オスターフェルト（Lohberg・Osterfeld）炭鉱とザールラント（Saarland）のヴァルント・ルイーゼンタール（Warndt・Luisenthal）炭鉱を閉山する方針を明らかにしている。また、炭鉱業界の2012年までの炭鉱合理化案（年間総産出高を2002年の2,600万トンから1,600万トンに、炭鉱従業員数を45,500名から20,000名に削減）を受けて、ドイツ政府は2012年までに多額の炭鉱補助金の支給を明らかにしている。

[注]
（1）すなわち、1960年にはスペイン、ギリシア、そしてトルコ（1961年）、ポルトガル（1964年）さらにはチュニジア（1965年）、モロッコ（1966年）などのアフリカ諸国、また1968年には旧ユーゴスラビアと政府間協定を結び、外国人労働者を積極的に受け入れた。この外国人労働者受け入れ政策は、1973年11月23日の募集停止まで続いた。
（2）すなわち、ルール地域にあるヴェスト（West）鉱、ローベルク／オスターフェルト（Lohberg/Osterfeld）鉱、ヴァルズム（Walsum）鉱、プロスパー-ハニール（Prosper/Haniel）鉱、

リッペ (Lippe) 鉱，アウグスト-ビクトリア (Augst-Victoria) 鉱，オスト (Ost) 鉱の7炭鉱，フランス国境に近いザール地域にあるエンスドルフ (Ensdorf) 鉱，ヴァルント/ルイーゼンタール (Warndt/Luisenthal) 鉱の2炭鉱，そしてオズナブリュック (Osnabrück) 近郊のイッベンビューレン (Ibbenbüren) 鉱の合計10炭鉱である (Steinkohlenbergwerke in Deutschland, Stand: Januar 2002, 2003年7月10日 (木) ドイツ鉱山博物館にて入手した資料)。

(3) "Bergbau holte sich doch Arbeiter aus dem Ausland", in: "Neue Ruhr-Zeitung, Ausgabe: Duisburg", 10. Dez. 1955.

(4) "Japan will Bergleute auf Lohberg anlagen", in: "Westdeutsche Allgemeine, Ausgabe: Dinslaken-Wesel, 9. April 1956.

(5) IG-Bergbau und Energie: Protokoll über die "Arbeitstagung über Probleme der ausländischen Arbeitnehmer" am Montag, den 20. September 1965. S.2-3.

(6) 1991年12月11日 (水)，コルトハウス氏からの聞き取りメモ。

(7) "Südkoreaner für den Ruhrbergbau", in: "Neue Ruhr Zeitung", Essen, 5. Mai 1961.

(8) An die Victor-Ickern-AG: "Koreanische Bergarbeiter", Tai Kyung Kim (Attache) Koreanische Botschaft Bonn, den 24. 4. 1963.

(9) An die Koreanische Botschaft: "Einstellung koreanischer Bergarbeiter", Klöckner-Werke AG Bergbau, 14. 5. 1963.

(10) An den UVR : "Einstellung koreanischer Bergarbeiter", Klöckner-Werke AG Bergbau, 14. 5. 1963.

(11) "Koreaner im Ruhrbergbau", aus Ruhrkohle-Pressespiegel Nr. 154 v. 14.8.1963.

(12) "Südkoreaner für Ruhrbergbau", Hohenloher Tagblatt, 9. Sep. 1963.

(13) "Programm zur vorübergehenden Beschäftigung von koreanischen Bergarbeitern im westdeutschen Steinkohlenbergbau", In: Amtliche Nachrichten von BArbBI. Nr.5/1964, S.143.

(14) "250 Bergleute aus Korea wollen deutschen Hauerschein erwerben", in:Ruhr-Nachrichten, Essen, 23. Dez. 1963. "250 koreanische Bergleute eingetroffen", in: Allgemeine Zeitung der Lüneburger Heide, Uelzen, 23. Dez. 1963.

(15) "Deutscher Bergbau erwartet 2000 Koreaner", in: Herner Zeitung, Kreisblatt für den Stadtkreis Herne, 28. Dez. 1963.

(16) "400 weitere Koreaner für den Bergbau", in: Mittelbayerische Zeitung, Regensburg, 6. 8. 1964.

(17) "Bergarbeiter aus Südkorea", in: Allgäuer Anzeige-Blatt Immenstadt, 20. Juni 1965.

(18) "Bekanntmachung der Vereinbarung über die Zulassung koreanischer Bergarbeiter zur vorübergehenden Beschäftigung im deutschen Steinkohlenbergbau" in: Bundesarbeitsblatt 10/1970, S.680.

終　章　ドイツの外国人炭鉱労働者　229

(19)・(20)　1991年7月12日（金），李氏からの聞き取りメモ。したがって，当時フーゴー炭鉱（Hugo-Berkwerk）で現役の職員として働いていた同氏の年齢は，51歳である。

(21)　Der Bundesminister für Arbeit und Sozialordnung: "Niederschrift über die Ergebnisse einer Besprechung wegen der Rückführung der im Dezember 1963 in der Bundesrepublik Deutschland eingetroffenen I. Gruppe koreanischer Bergarbeiter am Dezember 1966 im Bundesministerium für Arbeit und Sozialordnung", Bonn, den 19. Dezember 1966.　この文書には，4つの受け入れ鉱山会社で滞在延長されることになった65名の韓国人炭鉱労働者の各企業別人数が記載されている。すなわち，ハンボルナー鉱山会社が37名，クレックナー鉱山会社が24名，エッセナー石炭鉱山会社が2名，そしてエッシュヴァイラー鉱山会社が2名であった。

(22)　自らの経験をもとに語ってくれた李氏によれば，だから「韓国人の場合は，ラッキー（Glück）であった。韓国人炭鉱労働者で結婚してドイツに滞在したかなりの人は，その後，いろいろな企業に転職したり，食料品店やレストランなどの自営業を営んで在留している」（1991年7月12日（金），同氏からの聞き取りメモ）。

(23)　「三井三池鉱の歴史に幕・再生に動き出す人模様」（『日本経済新聞』1997年3月30日付），「月も泣いてる最後の入坑・三池鉱きょう閉山」（『日本経済新聞』1997年3月30日付），「光と影 炭鉱マン思い様々・三井三池鉱，124年の歴史に幕」（『日本経済新聞』1997年3月31日付）を参照。

(24)　「九州最後のヤマ閉山・池島炭鉱，42年の歴史に幕」（『日本経済新聞』2001年11月29日付夕刊），「最後のヤマ・最後の採炭，太平洋炭砿 歴史に幕」（『日本経済新聞』2002年1月9日付夕刊）を参照。

(25)　"Zwei Zechen vor Schließung", In: "Westdeutsche Zeitung", 19. September 2003.　この記事によれば，2002年のローベルク・オスターフェルト炭鉱の従業員数は3,200名，石炭産出高は210万トン，ヴァルント・ルイーゼンタール炭鉱は2,400名（同），180万トン（同）である。

(26)　"17 Milliarden Euro für die Steinkohle", In: "Südeutsche Zeitung", 12. November 2003.

主な参考文献・資料

A 和文資料

1. 林　昭『現代ドイツ企業論―戦後東西ドイツ企業の発展―』ミネルヴァ書房, 1972年
2. 矢田俊文『戦後日本の石炭産業―その崩壊と資源の放棄―』新評論, 1975年
3. 出水宏一『戦後ドイツ経済史』東洋経済新報社, 1978年
4. 伊藤定良『異郷と故郷―ドイツ帝国主義とルール・ポーランド人―』東京大学出版会, 1987年
5. 戸原四郎・加藤栄一編『現代のドイツ経済―統一への経済過程―』有斐閣, 1992年
6. 労働省『西独派遣労働者必携』1956年
7. 大平成美訳/石炭総合研究所編『炭鉱で働く人のために―ドイツ炭鉱鉱員就業案内―』日本産業協力連盟, 昭和31年 (1956年) ("Für unsere Mitarbeiter", Hrsg.: Steinkohlenbergwerk Friedrich Heinrich AG., Kamp-Lintfort)
8. 労働省職業安定局編『職安広報』第7巻第10号 (1956年10月号)
9. 労務行政研究所『労政時報』第1395号 (1956年10月12日号)
10. 日本ILO協会『世界の労働』1956年11月号
11. 日本労働研究所『日労研資料』第9巻第31号, No.361 (昭和31年11月21日)
12. 日本炭鉱労働組合『第16回臨時大会資料』1956年10月18日～21日
13. 日本石炭鉱業経営者協議会『石炭労働年鑑』昭和31年版 (1957年) ～昭和40年版 (1965年)
14. Glückauf会 総務部『Glückauf会 議事録』(1957年～1961年6月)
15. 日本炭鉱労働組合『第17回定期大会 議案書・報告書』1957年5月13日～17日
16. 同上　『第18回臨時大会 議案書・報告書』1957年10月28日～31日
17. 日本労働研究所『日労研資料』第11巻第3号, No.399 (昭和33年2月1日)
18. 国民評論社『国民評論』昭和33年9月号 (1958年)
19. 日本炭鉱労働組合『第21回臨時大会 議案書・報告書・資料集』1958年9月25日～28日
20. 朝日新聞社『週刊朝日』昭和34年1月18日号 (1959年)
21. 日本炭鉱労働組合『第29回定期大会報告書』1960年2月5日～11日
22. 主婦と生活社『週刊女性』第4巻第8号 (通巻第136号) 昭和35年2月21日号 (1960年)
23. 浅井一彦編『独・和・英　鉱業用語辞典』日本石炭協会, 1961年 ("Fachwörterbuch für Bergbau", Japan Coal Association, Tokyo 1961)
24. 山本勝栄/ハイディ・車田譲治編『愛はこの炭鉱に永遠に』("Brücke der Liebe zwischen Ost und West") 鶴書房, 1965年
25. 毎日新聞社『カメラ毎日』(CAMERA MAINICHI) 1976年3月号
26. 国際協力事業団『海外移住』No.454, 1986年2月号
27. 深田祐介『われら海を渡る』文藝春秋社, 1980年

28 同上書，文春文庫，1984年
29 栗原達男『さらば日本の炭鉱―ドイツ・カナダの日本人炭鉱マン―』平凡社，1987年
30 鷹尾敏二三『西独派遣炭鉱マンの想い出』片山印刷，1988年
31 高口岳彦『地底の客人』("Gastarbeiter unter Tage")―グリュックアウフの日々―グリュックアウフ・ゲルゼンキルヘン会，1992年
32 高口岳彦編『我がゲルゼンキルヘン 1958/1961』("Unser Gelsenkirchen 1958/1961") グリュックアウフ・ゲルゼンキルヘン会（Glückauf-Gelsenkirchen-Bund, Japan），1994年

B 独文資料

1 Paul Wiel: "Wirtschaftsgeschichte des Ruhrgebietes-Tatsachen und Zahlen-", Hrsg.: Siedlungsverband Ruhrkohlenbezirk, Essen, 1970
2 Ulrich Herbert:"Geschichte der Ausländerbeschäftigung in Deutschland 1880 bis 1980-Saisonarbeiter, Zwangsarbeiter, Gastarbeiter-", Verlag J.H.W. Dietz Nachf., Berlin・Bonn, 1986
3 Lothar Elsner/Joachim Lehmann: "Ausländische Arbeiter unter dem deutschen Imperialismus 1900-1985", Dietz Verlag Berlin, 1988
4 Günter Streich/Corneel Voigt:"Zechen Dominanten im Revier-Geschichte・Gegenwart Zukunft-", Nobel-Verlag, Essen, 1999
5 Tilo Cramm: "Bergbau ist nicht eines Mannes Sache-Das Bergwerk Victor-Ickern in Castrop-Rauxel", Klartext Verlag, Essen, 2000
6 Mannesmann: "Haushaltsbuch eines Konzerns", 9/1960
7 Hamborner Bergbau AG:"Bilderwörterbuch für ausländische Bergleute" (Gaijin Koin Muke Sashiezuki Tangosyu) Deutsch/Japanisch,Doitsugo/Nihongo, Duisburg-Hamborn, 1960
8 Hamborner Bergbau AG: "Gebrauchsanweisung zum Kohlenoxyd-Filter-Selbstretter" (Gasumasuku Toriatsukaiho), Deutsch/Japanisch, Doitsugo/Nihongo, 1961
9 Hamborner Bergbau AG:"Auszug aus der Bergverordnung A. für mittlere u. kleine Seilfahrtanlagen B. für Hauptseilfahrtanlagen" (Kogyokisoku bassui A.Chyu,syo, jinin-syokosetsubi B.Syuyo, jininsyokosetsibi), Deutsch/Japanisch, Doitsugo/Nihongo, 1962
10 Hrsg: Der Bundesminister für Arbeit und Sozialordnung, "Bundesarbeitsblatt" 1953, 1955, 1956, 1957, 1962, 1963, 1964, 1970, 1980, 1983, 1985, 1988, 1990, Verlag W. Kohlhammer
11 Unternehmensverband Ruhrbergbau: "Zahlen zur Betriebsstatistik" 1956-1970
12 Statistik der Kohlenwirtschaft E.V.: "Der Kohlenbergbau in der Energiewirtschaft der BRD", 1975, 1988, 1989, 1991, 1992, 2002, 2003, Essen und Köln
13 Bundesanstalt für Arbeitsvermittlung und Arbeitslosenversicherung: "Ausländische Arbeitnehmer-Beschäftigung,Anwerbung,Vermittlung Erfahrungsbericht-1968", und 1969, 1970, 1972, 1974, Nürnberg
14 Hrsg:Statistischen Landesamt Nordrhein-Westfalen, "Die Ausländer in Nordrhein-

Westfalen nach Staatsangehörigkeit, Alter und Familienstand (Ergebnisse der Volkszählung am 6. Juni 1961)" in: "Sonderreihe Volkszählung 1961, Heft 6, Beiträge zur Statistik des Landes Nordrhein-Westfalen", Düsseldorf, 1964
15 Hrsg.: Landesamt für Datenverarbeitung und Statistik Nordrhein-Westfalen, "Die Ausländer nach Staatsangehörigkeit, Alter, Familienstand und Religionszugehörigkeit am 27. Mai 1970 (Ergebnisse der Volkszählung 1970)", in: "Sonderreihe Volkszählung 1970, Heft 6, Beiträge zur Statistik des Landes Nordrhein-Westfalen", Düsseldorf, 1974
16 "Jahrbuch des Deutschen Bergbaus-Das Handbuch für Bergbau und Energiewirtschaft-" 1958～1966, Verlag Glückauf GMBH・Essen
17 "Jahrbuch 88/89-Bergbau Öl und Gas Elektrizität Chemie-", Verlag Glückauf GmbH, Essen
18 "Jahrbuch 1992-Bergbau Öl und Gas Elektrizität Chemie-", Verlag Glückauf GmbH, Essen
19 "Jahrbuch der europäischen Energie-und Rohstoffwirtschaft 2003", Verlag Glückauf GmbH, Essen

調査訪問機関

A 日本国内
1 夕張・石炭の歴史村，夕張市石炭博物館（Yubari Coal-Mine Museum），北海道
2 九州大学石炭研究資料センター，福岡県
3 日本炭鉱労働組合本部，東京都

B ドイツ国内
1-1 Deutsches Bergbau-Museum, Bochum
1-2 Bergbau Archiv
2 Bibliothek der Industriegewerkschaft Bergbau und Energie, Bochum
なお，この鉱山エネルギー労働組合図書館の資料は，1998年に，下記9-1の Bibliothek des Ruhrgebiets, Bochumに移管された。また，IG Bergbau und Energie は，1997年にIG Chemie-Papier-Keramik および Gewerkschaft Leder と組織を統合して IG Bergbau, Chemie, Energie（IGBCE）になった。組合員数は，83万人で，DGB 傘下の3番目に大きな組合である。
3 Bergbau Bücherei, Essen
この鉱山図書館も，1998年に，下記9-1の Bibliothek des Ruhrgebiets, Bochum に統合されている。
4 Institut für Zeitungsforschung, Dortmund
5 Landesoberbergamt Nordrhein Westfalen, Dortmund
6-1 Ruhrkohle AG, Essen
6-2 Unternehmensverband Ruhrbergbau
6-3 Gesamtverband des deutschen Steinkohlenbergbaus
7 Ruhrkohle Westfalen AG, Dortmund
8 Bergwerk Hugo, Gelsenkirchen-Buer
真夏の1991年7月12日（金）と真冬の1992年1月31日（金）の2度，Grubenfahrt（坑内見学）を実現してくれた鉱業所（炭鉱）であるが，2000年4月に閉山された。
9 Haus der Geschichte des Ruhrgebiets, Bochum
9-1 Bibliothek des Ruhrgebiets
9-2 Archiv für Soziale Bewegungen
9-3 Institut für Soziale Bewegungen
10-1 Bundesanstalt für Arbeit, Nürnberg
10-2 Bibliothek der Bundesanstalt für Arbeit
10-3 Institut für Arbeitsmarkt und Berufsforschung

あ と が き

　ドイツで働いた日本人炭鉱労働者の調査・研究を始めたのは，1990年12月にドイツ連邦労働庁（Bundesanstalt für Arbeit）（ニュルンベルク）で両国の政府間協定に接してからであった。

　2003年4月からボッフムにあるルール大学社会学部に1年間研究滞在することで，本書の執筆は可能となった。突然の要望にもかかわらず，筆者を受け入れてくれた同大学ルッドガー・プリース（Prof. Dr. Ludger Pries）教授の好意による。

　本書のベースとなっている貴重な資料を提供してくれたのが，ボッフムのドイツ鉱山博物館・資料室である。その便宜をはかってくれたのが，エヴェリン・クロッカー（Frau Dr. Evelyn Kroker）氏であり，2003年には彼女の後任として働いていたミヒァエル・ファレンコップフ（Dr. Michael Farrenkopf）氏である。鉱山博物館は，ボッフム駅から地下鉄でふた駅先の「ドイツ鉱山博物館駅」の前にある。改札を抜けてエスカレーターで地上へ出れば，目の前に巨大な立坑ヤグラ（巻上げ塔）があり，その下に2階建ての大きなレンガ造りの鉱山博物館正面入り口がある。その前には，広い緑の芝生があり，博物館脇には大型バス用の広い駐車場がある。鉱山博物館の職員の方々は，毎日のように通ってくる筆者を，いつも笑顔で迎えてくれた。

　ルール地域図書館（Bibliothek des Ruhrgebiets）があるルール地域歴史館（Haus der Gescichte des Ruhrgebiets）は，地下鉄のボッフム駅で乗り換えてふたつ先の「劇場（Schauspielhaus）駅」から徒歩2分程のところにある。ここでは，当時の外国人炭鉱労働者に関する多くの新聞記事を閲覧することができた。2003～04年のボッフム滞在の前半期間は，主にこのふたつの施設に通う毎日であった。研究を始めてから長い時間が経っていたが，本書を執筆できると感じたのは，そうした日々を繰り返していた頃であった。

　だが2003年12月，ボッフム滞在中の筆者にとってひとつの悲しい出来事が生

じた。長年にわたって調査研究を支えてくれたヘルマン・マール氏が，12月13日に死去されたとの知らせであった。ドゥイスブルク・ハンボルンに近い小さな教会で行われた葬式で，マール氏が，統一後の東ドイツの経済発展のためにツビッカウの炭鉱に単身赴任されたのは，1992～97年の5年間であったことを知った。

　本書は，ドイツに派遣されて帰国した人，残留した人の多くの方々の援助によって出版することができた。記録を残すことに意義を見出し，調査研究を支援して下さった方々に心からの謝意を表したい。

　本書の意図は，できるだけ客観的に派遣された炭鉱労働者の全体像を浮き彫りにすること，同時に「期限付き」であったとしても，それが「人の移動」である限り，「終わらない現実」がある点を示すことであった。たくさんの資料と聞き取り内容とを照合すると，不備な箇所や足りない部分があると思うが，読者の皆様の忌憚のないご意見や感想を寄せていただければさいわいである。

　末筆ながら，本書の出版を快諾して下さった法律文化社，そして原稿の遅れを辛抱強く待っていただいた同社編集部の田靡純子氏には大変お世話になった。心から御礼申し上げたい。

2005年4月

森　廣正

■著者略歴

森　廣正（もり　ひろまさ）

1943年　東京都に生まれる
1966年　法政大学経済学部卒業
1976年　法政大学大学院社会科学研究科博士課程単位取得退学
現　在　法政大学経済学部教授（「社会政策論」担当）

主　著　『現代資本主義と外国人労働者』大月書店，1986年
　　　　『国際労働力移動のグローバル化―外国人定住と政策課題―』（編著）法政大学出版局，2000年

Japanische Bergarbeiter in Deutschland
Geschichte und Gegenwart
Hiromasa Mori

2005年6月20日　初版第1刷発行
2007年6月20日　初版第2刷発行

ドイツで働いた日本人炭鉱労働者
――歴史と現実――

著　者　森　廣正
発行者　秋山　泰

発行所　株式会社　法律文化社
〒603-8053　京都市北区上賀茂岩ヶ垣内町71
電話 075（791）7131　FAX 075（721）8400
URL: http://www.hou-bun.co.jp/

©2005　Hiromasa Mori　Printed in Japan
印刷：西濃印刷㈱／製本：㈱藤沢製本
装幀　前田俊平
ISBN4-589-02850-6

五十嵐 仁著
この目で見てきた世界のレイバー・アーカイヴス
―地球一周：労働組合と労働資料館を訪ねる旅―
A5判・450頁・4935円

アメリカを皮切りに計33カ国の労働組合と労働資料館を、1年半の歳月をかけて見聞した貴重な旅行記。世界中の労働組合・資料館に関わる資料集としても付加価値の高い1冊。「法政大学大原社会問題研究叢書」として刊行。

久野国夫編
産業と労働のニューストーリー
―IT・グローバル化としごとの未来―
A5判・280頁・2625円

IT革命が雇用構造に与えた影響を明らかにし、「社会的セーフティ・ネット」をキーワードとした新たな社会経済システムを考える。生産労働の変化、人事管理、労働市場などフィールドワークをもとに検証、21世紀型モノづくりを提起する。

山崎修嗣著
戦後日本の自動車産業政策
A5判・120頁・1785円

戦後自動車産業の政策立案・実施過程において、官民の相互作用が大きな役割を果たしたことを実証的に分析する。主に、部品産業に対する政策展開の融資対象企業を明らかにし、その政策効果を検証する。

加藤正治著
現代ホワイトカラーの管理と労働
―企業労働の理論的・実証的研究―
A5判・248頁・3570円

オフィス・オートメーションにより質・量的に増大しているホワイトカラーの変化を理論的・実践的に分析し、今後の研究課題を提示。今日的争点である能力主義管理の根拠と内容を考察し、熟練と管理機能の差異を明らかにする。

幸　光善著
現代企業労働の研究〔改訂増補版〕
―技術発展と労働・管理の視点を中心に―
A5判・432頁・7980円

世界的な構造不況が続くなか、産業・企業レベルでの再編・淘汰が行われ深刻な社会的問題が生じている。90年以降の日本鉄鋼企業の雇用・賃金動向と人事管理、および英国の動向を増補し、今日の実態と問題点を描出する。

――法律文化社――

表示価格は定価（税込）価格です